LE CORPORATISME DANS L'AIRE FRANCOPHONE AU XXÈME SIÈCLE

La collection **CONVERGENCES,** publiée avec l'appui d'un comité de lecture franco-allemand, réserve une place privilégiée à des ouvrages relatifs aux périodiques culturels et politiques considérés comme expressions de l'opinion publique, des mouvements d'idées, des mentalités ainsi que des phénomènes culturels et sociaux pris dans leur ensemble.

CONVERGENCES est une collection d'esprit pluraliste et interdisciplinaire. Elle est vouée à la fois à la rencontre des méthodologies et des champs disciplinaires en lettres et sciences humaines ainsi qu'à l'étude des phénomènes d'interculturalité envisagés sous leurs formes les plus diverses.
La collection est ouverte à des travaux qui concernent de manière prioritaire – mais non exclusive – l'aire culturelle germanique, les relations franco-allemandes et les transferts culturels.

Collection publiée sous la direction de Michel Grunewald

C O N V E R G E N C E S

Vol. 66

LE CORPORATISME DANS L'AIRE FRANCOPHONE AU XXÈME SIÈCLE

Etudes réunies par
Olivier Dard (éd.)

PETER LANG
Bern • Berlin • Bruxelles • Frankfurt am Main • New York • Oxford • Wien

Information bibliographique publiée par «Die Deutsche Nationalbibliothek»
«Die Deutsche Nationalbibliothek» répertorie cette publication dans la «Deutsche Nationalbibliografie»; les données bibliographiques détaillées sont disponibles sur Internet sous ‹http://dnb.d-nb.de›.

Ouvrage publié avec le soutien financier de la Maison des Sciences de l'Homme Lorraine (USR CNRS 3261).

ISBN 978-3-0343-1066-6
ISSN 1421-2854

Hochfeldstrasse 32, CH-3012 Berne
info@peterlang.com, www.peterlang.com, www.peterlang.net

Imprimé en Suisse

Remerciements

Le présent ouvrage est issu de l'atelier «Le corporatisme dans l'aire francophone au XXe siècle» qui a eu lieu les 30 et 31 mars 2011 à l'Université Paul Verlaine-Metz.

Ce colloque a été organisé par la Maison des Sciences de l'Homme Lorraine (USR CNRS 3261) en partenariat avec le Centre interdisciplinaire de recherche sur la citoyenneté et les minorités (CIRCEM) de l'Université d'Ottawa.

Nous remercions très vivement pour son soutien financier et logistique la Maison des Sciences de l'Homme Lorraine.

Le présent ouvrage a été composé par M. Rudy Hahusseau, que nous tenons ici à remercier très vivement pour son aide et son dévouement.

Table des matières

Conclusion

Introduction

Introduction

Olivier DARD
Université Paul Verlaine-Metz
MSH Lorraine

L'ouvrage proposé sur le corporatisme dans l'aire francophone (nous entendons ici outre la France, la Belgique, le Canada, le Luxembourg et la Suisse) s'inscrit dans le projet de recherches intitulé *Droites radicales: figures, réseaux, influences et transferts* (DRFRIT) conduit dans le cadre de l'axe 4 de la Maison des sciences de l'homme Lorraine (MSH Lorraine) et qui concerne les droites radicales et les transferts politico-culturels à l'œuvre principalement dans la première moitié du vingtième siècle.[1] Produit d'un atelier qui clôture une recherche collective entreprise en 2007, le volume s'inscrit dans une perspective thématique en analysant un des points majeurs du contact entre les droites radicales françaises et étrangères, le corporatisme. Ce dernier constitua l'armature principale de leur projet économique et social et, par-delà celles-ci, un des faits historiques du siècle dernier considéré comme «le siècle du corporatisme», dans le prolongement du célèbre ouvrage de Mihaïl Manoïlesco.[2]

Le corporatisme a fait l'objet de travaux mais ceux-ci sont souvent dispersés et d'une ampleur variable selon les pays considérés. En France, l'histoire du corporatisme au XXe siècle n'a pas fait l'objet d'une synthèse. On

1 Articulés sur les personnalités majeures du nationalisme français, différents colloques ou ateliers ont successivement examiné les cas des figures majeures de l'Action française (Charles Maurras, Jacques Bainville, Georges Valois) et de Maurice Barrès en s'interrogeant sur leurs réceptions à l'étranger, tout particulièrement en Europe et aux Amériques. Ces rencontres ont donné lieu aux publications suivantes: *Charles Maurras et l'étranger. L'étranger et Charles Maurras,* actes du colloque co-organisé à l'Université Paul Verlaine-Metz par la MSH Lorraine, le Centre de recherche universitaire lorrain d'histoire (CRULH) et le Centre d'études germaniques interculturelles de Lorraine (CEGIL) publiés sous la direction d'Olivier DARD et de Michel GRUNEWALD, Berne, P. Lang, 2009; *Jacques Bainville, profils et réceptions,* études réunies par Olivier DARD et Michel GRUNEWALD, Berne, P. Lang, 2010; *Georges Valois, itinéraire et réceptions,* études réunies par Olivier DARD, Berne, P. Lang, 2011; *Maurice Barrès, la Lorraine, la France et l'étranger,* études réunies par Olivier DARD, Michel GRUNEWALD, Michel LEYMARIE et Jean-Michel WITTMANN, Berne, P. Lang, 2011.

2 Mihaïl MANOÏLESCO, *Le siècle du corporatisme,* Paris, Librairie Alcan, 1936. Philippe C. SCHMITTER, «Still the century of corporatism?», *in: Review of Politics,* vol. XXXVI, 1974, pp. 85-131.

retiendra, outre un collectif qui s'emploie à en retracer deux siècles d'histoire,[3] des études ayant trait aux figures corporatistes,[4] au catholicisme social,[5] aux ligues nationalistes,[6] aux classes moyennes,[7] aux relèves des années trente,[8] à l'histoire de certaines entreprises ou de certaines branches industrielles[9] et

3 Steven L. KAPLAN, Philippe MINARD (éds.), *La France malade du corporatisme, XVIIIe-XXe siècles,* Paris, Belin, 2004.

4 On citera ici le travail de Matthew ELBOW, *French corporative theory, 1789-1948, a chapter in the History of ideas,* New-York, Columbia University Press, 1953. Voir aussi Isabel BOUSSARD, «Les corporatistes français du premier XXe siècle. Leurs doctrines. Leurs jugements», *in: Revue d'histoire moderne et contemporaine,* N° 40-4, octobre-décembre 1993, pp. 643-665. Sur Georges Valois, outre le collectif précité, voir en particulier Yves GUCHET, *Georges Valois, l'Action française, le Faisceau, la République syndicale,* Paris, L'Harmattan, 2001 (1ère édition, Albatros, 1975); Allen DOUGLAS, *From Fascism to Libertarian Communism. Georges Valois against the Third Republic,* Oxford-Berkeley-Los Angeles, University of California Press, 1992. Sur Maurice Bouvier-Ajam et l'Institut d'études corporatives et sociales, voir Steven L. KAPLAN, «Un laboratoire de la doctrine corporatiste sous le régime de Vichy: l'Institut d'études corporatives et sociales», *in: Le Mouvement social,* N° 195, avril-juin 2001, pp. 35-77. Voir aussi, du même auteur, «Un creuset de l'expérience corporative sous Vichy: l'Institut d'études corporatives et sociales de M. Bouvier-Ajam», *in:* Steven L. KAPLAN et Philippe MINARD (éds.), *La France malade du corporatisme? XVIIIe-XXe siècles, op. cit.,* pp. 427-468. Sur François Perroux, voir Antonin COHEN, «Du corporatisme au keynésianisme. Continuités et pratiques symboliques dans le sillage de François Perroux», *in: Revue française de science politique,* vol. 56, N°4, août 2006, pp. 555-592.

5 Voir en particulier, Jean-Marie MAYEUR, *Un prêtre démocrate. L'abbé Lemire (1853-1928),* Paris, Casterman, 1968; Philippe LEVILLAIN, *Albert de Mun, Catholicisme français et catholicisme romain du Syllabus au Ralliement,* Rome, Ecole française de Rome, 1983; Corinne BONAFOUX, *A la droite de Dieu. La Fédération nationale catholique, 1924-1944,* Paris, Fayard, 2004.

6 On relèvera des développements dans deux thèses: Albert KÉCHICHIAN, *Les Croix-de-Feu à l'âge des fascismes,* Seyssel, Champ Vallon, 2006; Jean PHILIPPET, *Le temps des ligues. Pierre Taittinger et les Jeunesses patriotes (1919-1944),* thèse de doctorat d'histoire, IEP de Paris, 1999. Du côté de l'Action française, outre les travaux précités sur Georges Valois, Olivier DARD, «L'Action française et les milieux économiques», *in:* Michel LEYMARIE, Jacques PRÉVOTAT (éds.), *L'Action française, culture, société, politique,* Villeneuve-d'Ascq, Presses universitaires du Septentrion, 2008, pp. 141-154; voir aussi Robert O. PAXTON, *Le temps des chemises vertes. Révoltes paysannes et fascisme rural, 1929-1939,* Paris, Le Seuil, 1996.

7 Jean RUHLMANN, *Ni bourgeois ni prolétaires. La défense des classes moyennes en France au XXe siècle,* Paris, Le Seuil, 2001.

8 Voir en particulier Alain CHATRIOT, «Les nouvelles relèves et le corporatisme. Visions françaises des expériences européennes», *in:* Olivier DARD, Etienne DESCHAMPS (dirs.), *Les relèves en Europe d'un après-guerre à l'autre. Racines, réseaux, projets et postérités,* Bruxelles, P. Lang, 2005, pp. 173-196.

9 Voir notamment Cédric PERRIN, *Entre glorification et abandon. L'Etat et les artisans en France (1938-1970),* Paris, Comité pour l'histoire économique et financière de

enfin à l'histoire de Vichy.[10] La période de l'après 1945 n'a guère fait l'objet de recherches. Dans les pays francophones européens, une historiographie sur le sujet existe également, notamment en Belgique,[11] en Suisse[12]

---

la France, 2007; Florent LE BOT, *La fabrique réactionnaire,* Paris, Presses de la Fondation nationale des sciences politiques, 2007.

10 On retiendra de la bibliographie existante les références suivantes, classées par ordre chronologique: Jacques JULLIARD, «La charte du Travail», *in:* Fondation nationale des sciences politiques, *Le gouvernement de Vichy 1940-1942,* Paris, A. Colin, 1972, pp. 157-194; Isabel BOUSSARD, *Vichy et la corporation paysanne,* Paris, Presses de la Fondation nationale des sciences politiques, 1980; Jean-Pierre LE CROM, *Syndicats nous voilà? Vichy et le corporatisme,* Paris, Editions de l'Atelier, 1995; Olivier DARD, Jean-Claude DAUMAS, François MARCOT (dirs.), *L'occupation, l'Etat français et les entreprises,* Paris, Association pour le développement de l'histoire économique, 2000; Hervé JOLY (dir.), *Les comités d'organisation et l'économie dirigée du régime de Vichy,* Caen, Centre de recherche d'histoire quantitative, 2004; François DENORD, *Néo-libéralisme version française. Histoire d'une idéologie politique,* Paris, Demopolis, 2007; Michel MARGAIRAZ, Danielle TARTAKOWSKY (dirs.), *Le syndicalisme dans la France occupée,* Rennes, Presses universitaires de Rennes, 2008; et trois contributions publiées *in:* Didier MUSIEDLAK (dir.), *Les expériences corporatives dans l'aire latine,* Berne, P. Lang, 2010: Christine BOUNEAU, «Une expérience corporative: Hubert Lagardelle et la Charte du Travail du régime de Vichy», pp. 345-368, Olivier DARD, «Le corporatisme entre traditionalistes et modernisateurs», pp. 67-102, Jean-Claude DAUMAS, «La Charte du Travail et les politiques sociales des entreprises sous Vichy: entre corporatisme, paternalisme et modernisation», pp. 371-390.

11 Voir notamment Jozef MAMPUYS, «Quadragesimo Anno, corporatisme en christelijke arbeidersbeweging (1930-1940)», *in: Gids op maatschappelijk gebied,* 1984, vol. LXXV, pp. 395-418; Dirk LUYTEN, «Politiek corporatisme en de crisis van de liberale ideologie (1920-1944). Deel 1», *in: Revue belge d'histoire contemporaine,* 1992, vol. XXIII, N° 3-4, pp. 493-559; Dirk LUYTEN, «Ontstaansvoorwaarden voor het corporatisme: het model van het neo-corporatisme in het licht van de Belgische ervaring uit de jaren dertig», *in: Tijdschrift voor Sociale Geschiedenis,* 1993, vol. XIX, N° 3, pp. 52-74; Dirk LUYTEN, *Ideologisch débat en politieke strijd over het corporatisme tijdens het interbellum in België,* Brussel, Paleis der Academiën, 1996; Dirk LUYTEN, «Un corporatisme belge, réponse à la crise du libéralisme», *in:* Olivier DARD, Etienne DESCHAMPS (dirs.), *Les relèves en Europe d'un après-guerre à l'autre. Racines, réseaux, projets et postérités, Bruxelles, op. cit.,* pp. 197-213. Nous remercions Dirk Luyten pour ces références.

12 On citera en particulier Bernhard PRONGUÉ, *Catholicisme social, corporatisme et syndicalisme chrétien en Suisse romande 1888-1949,* Porrentruy, Imprimerie La Bonne Presse, 1968; Roland RUFFIEUX, *Le mouvement chrétien-social en Suisse romande, 1891-1949,* Fribourg, Editions universitaires, 1969 (en particulier son chapitre II, «La tentative corporatiste», pp. 147-220); Quirin WEBER, *Korporatismus statt Sozialismus. Die Idee der berufsständischen Ordnung im schweizerischen katolizismus während der zwischenkriegszeit,* Fribourg, Universitätsverlag, 1989; Philippe MASPOLI, *Le corporatisme et la droite romande,* coll. «Histoire et société

et à un degré bien moindre au Luxembourg.[13] Au Canada français, les travaux sont dispersés nonobstant certaines études sur les doctrines[14] ou des travaux sur les droites nationalistes.[15]

Incomplète et inégale au plan des approches nationales, l'historiographie sur le corporatisme est quasiment vierge si on songe à une mise en perspective à l'échelle francophone. L'un des objectifs de ce volume est de contribuer à combler ce déficit en empruntant le sillage ouvert par un colloque international organisé en 2006 à Paris[16] sur le corporatisme dans l'aire latine. Il a abordé, outre la France, les cas italien, ibériques (espagnol et portugais) mais aussi latino-américains (argentin et brésilien). La recherche collective conduite sur l'aire latine présente des différences substantielles avec celle menée sur l'aire francophone. En premier lieu, parce qu'elle renvoie aux

---

contemporaines», Lausanne, 1993, t. 14/93. Nous remercions Ulrich Jost pour ces références.

13 Lucien Blau, *Histoire de l'extrême droite au Grand-Duché de Luxembourg au XXe siècle,* Esch-sur-Alzette, Editions Le Phare, 1998. On trouve diverses occurrences sur le corporatisme dans ce travail. On notera que si le corporatisme d'origine française est célébré, notamment par Charles Lang qui, dans la revue *Academia,* célèbre en 1934 le corporatisme d'Action française (pp. 180-181), y compris une référence au corporatisme autrichien portée, notamment, par le germanophone Jean-Baptiste Esch (p. 168). Le corporatisme est également au cœur du projet du parti national luxembourgeois créé en 1936 (devenu en 1939 le Mouvement corporatif populaire luxembourgeois) et de son organe, *National Echo* (pp. 397-398 et pp. 422). Il combine l'influence de l'encyclique *Quadragesimo Anno* et celle des expériences italienne, portugaise et allemande.

14 Clinton Archibald, *Un Québec corporatiste?,* Hull, Éditions Asticou, 1984; G.-Raymond Laliberté, «Dix-huit ans de corporatisme militant. L'École sociale populaire de Montréal, 1933-1950», *in: Recherches sociographiques,* vol. 21, N° 1-2, 1980, pp. 55-96; Dominique Foisy-Geoffroy, *Esdras Minville. Nationalisme économique et catholicisme social au Québec durant l'entre-deux-guerres,* Sillery, Septentrion, 2004; Gilles Routhier, «L'ordre du monde. Capitalisme et communisme dans la doctrine de l'École sociale populaire, 1930-1936», *Recherches sociographiques,* vol. 22, N° 1, 1981, pp. 7-47; Pierre Trépanier, «Notes pour une histoire des droites intellectuelles canadiennes-françaises à travers leurs principaux représentants (1770-1970)», *in: Les Cahiers des Dix,* N° 48, 1993, pp. 119-164; Pierre Trépanier, «Quel corporatisme? (1820-1965)», *Les Cahiers des Dix,* N° 49, 1994, p. 159-212; Pierre Trépanier, «Esdras Minville (1896-1975) et le traditionalisme canadien-français», *Les Cahiers des dix,* N° 50, 1995, pp. 255-294; Jean-Philippe Warren, «Le corporatisme canadien-français comme ‹système total›. Quatre concepts pour comprendre la popularité d'une doctrine», *Recherches sociographiques,* vol. 45, N° 2, 2004, pp. 219-238. Nous remercions E.-Martin Meunier et Michel Bock pour nous avoir permis de compléter nos références.

15 Xavier Gélinas, *La droite intellectuelle québécoise et la Révolution tranquille,* Québec, Les Presses de l'Université Laval, pp. 226-229.

16 Didier Musiedlak (dir.), *Les expériences corporatives dans l'aire latine, op. cit.*

«expériences» entendues comme des moments où le corporatisme est partie prenante des idéologies et des régimes alors en place, du fascisme italien à l'Estado Novo brésilien. Dans l'aire francophone, un tel parallèle n'a guère de sens car seule la France, avec Vichy, a connu une expérience corporative qui n'a pas d'équivalent, même en Belgique occupée. En second lieu, le colloque de 2006 se pensait d'abord sous l'angle du comparatisme. Cette approche se combine ici avec une seconde ambition, une approche par les transferts culturels et politiques. Il s'agit en effet d'articuler les études de cas entre elles en mettant l'accent sur les échanges et les circulations. Si l'aire francophone constitue le lieu central des interactions qu'il s'agit d'étudier, on aura garde de ne pas la considérer comme un isolat dans la mesure où l'aire latine (en particulier les expériences italienne et portugaise) est, sinon un cadre de références, du moins une toile de fond. L'aire francophone doit se comprendre comme un point d'ancrage, une donnée de départ, dont un des objectifs de la recherche collective est de mesurer la pertinence, ce qui impose de s'interroger sur ses limites. L'approche transnationale doit donc permettre de poser la question du cadre interprétatif présidant à l'analyse du corporatisme. Si l'approche territoriale a été choisie, d'autres auraient pu l'être à l'instar d'une entrée par le religieux (le catholicisme aurait permis d'évoquer notamment le cas autrichien) ou par l'idéologie (traditionalisme, fascisme, etc.). L'hypothèse est cependant faite que l'approche par l'aire francophone constitue une échelle susceptible de conduire à des avancées et ce dans plusieurs directions. En premier lieu, la recherche permet d'aborder les références doctrinales et les modèles mobilisés dans les pays considérés afin d'examiner le caractère national du corporatisme, de ses prétentions en termes d'originalité et de ses limites. Ces dernières peuvent sembler évidentes dans la mesure où il existe un panthéon d'auteurs corporatistes (à commencer par La Tour du Pin) dont l'influence est transnationale. Cela étant dit, on doit compter avec une pléiade de publicistes et de publications beaucoup moins connus que cette rencontre doit contribuer à exhumer.[17] On sera attentif aussi, tout en s'attachant au versant traditionaliste du corporatisme, à bien expliciter les relations du corporatisme à la diversité du catholicisme comme à ne pas négliger la relation du corporatisme aux mutations et à la modernisation de l'économie (débats sur la question de l'obsolescence du terme corporatisme, sur la relation entre corporatisme, Etat et syndicalisme). En second lieu, le corporatisme n'est pas seulement une affaire de doctrine mais de mise en œuvre. Dans l'espace francophone, seule la France de Vichy, avec la Charte du travail ou la Corporation paysanne, a connu une expérience

17 On signalera, à titre indicatif, que la bibliographie de l'ouvrage précité de Manoïlesco comporte très peu de références à des auteurs francophones.

corporative. Cela n'a cependant nullement empêché les partisans du corporatisme d'esquisser des projets pour leurs économies et leurs sociétés respectives et de regarder avec intérêt les expériences en cours à l'étranger, notamment en Italie ou au Portugal: les architectures proposées doivent donc être relues à cette aune. En troisième lieu, le corporatisme pourra être appréhendé à partir de sa postérité et de ses reconfigurations. Ainsi, s'il est en net reflux après 1945 et a même été explicitement abandonné par une bonne partie des droites nationalistes, les étapes et le processus de cet abandon n'ont jamais été analysés. On se demandera par ailleurs si, comme certains de ses acteurs majeurs (on peut songer pour la France à Maurice Bouvier-Ajam), le corporatisme comme doctrine et comme projet ne s'est pas recyclé, compliquant encore davantage la donne à son sujet et faisant de cet objet, déjà complexe durant l'entre-deux-guerres, un vocable que sa polysémie rend parfois aujourd'hui intraduisible et générateur de multiples malentendus.

Le cas français

Les corporatistes catholiques de l'entre-deux-guerres continuateurs de La Tour du Pin?

Corinne BONAFOUX
Université de Savoie

Le corporatisme connaît dans les années 1930 un extraordinaire succès et n'est qu'une manifestation parmi d'autres de la recherche d'une troisième voie entre libéralisme et étatisme, entre capitalisme et collectivisme. La quasi-totalité de la mouvance catholique est impliquée dans la recherche d'une voie corporative. La crise économique renforce encore la conviction de l'échec inéluctable et dramatique du libéralisme.

La crise a été le sujet du XLIXe Congrès des jurisconsultes catholiques d'octobre 1932 pour lequel elle a ses causes dans l'abus que l'homme a fait de la liberté, dans le matérialisme et l'égoïsme où il est tombé.

> On ne fera rien si on ne replace pas Dieu et les forces spirituelles dans la société [...] si l'homme n'accepte pas certains sacrifices en vue du bien commun, si entre l'individu et l'Etat, on ne reconstitue pas les institutions naturelles: familles, groupements professionnels, organisations régionales ou locales.[1]

Ce congrès faisait écho à celui de la semaine sociale de Lille qui s'était tenu en juillet 1932.

Jean-Marie Mayeur a distingué ce moment particulier qui va de *Quadragesimo anno*[2] à la guerre et durant lequel, «les idées corporatistes trouvent une extraordinaire fortune, dont on n'a guère idée aujourd'hui, même chez des hommes que ne séduisent pas des régimes totalitaires».[3]

Les propos de Jean Le Cour Grandmaison, vice-président de la Fédération nationale catholique (FNC), expliquent assez bien cette prégnance du modèle corporatif au sein du catholicisme:

1 Compte rendu du Congrès des jurisconsultes catholiques, *in: Credo,* janvier 1933, p. 48.

2 Encyclique de Pie XI du 15 mai 1931 marquant le quarantième anniversaire de *Rerum Novarum.*

3 Jean-Marie MAYEUR, *Catholicisme social et démocratie chrétienne,* Paris, Cerf, 1986, p. 91.

Le Corporatisme dans l'aire francophone au XXe siècle. Etudes réunies par Olivier DARD. Berne: Peter Lang, 2011. ISBN 978-3-0343-1066-6.

Si, après six siècles d'histoire de France, après les admirables travaux de La Tour du Pin, de ses amis et de ses émules, après surtout les grandes encycliques de Léon XIII et de Pie XI, rappelées, il y a quelques jours par les cardinaux et archevêques de France, si nous ne savons pas, nous catholiques français, ce que c'est que le régime corporatif, c'est que nous ignorons dangereusement et notre doctrine religieuse et notre histoire nationale.[4]

Si le corporatisme connaît un tel succès dans les années 1930 auprès de l'opinion catholique, c'est qu'il réactualise, à la faveur d'un contexte de crise, les analyses plus anciennes du catholicisme social. Une double question se pose alors à nous: d'une part, quelle est la différence entre un corporatisme *versus* catholique et les autres courants du corporatisme français dans l'entre-deux-guerres, d'autre part, quelle est la continuité entre le corporatisme catholique des années 1930 et la théorie de La Tour du Pin, toujours cité comme le père du corporatisme?[5]

La réponse à la première question résultera de la confrontation des différentes communications de cet atelier, je m'attacherai donc, pour ma part, à la deuxième question. Un survol des divers écrits des corporatistes catholiques laisse penser qu'il y a une assez grande homogénéité au sein des tenants catholiques du corporatisme et que celle-ci résulte d'une matrice commune construite sur une triple origine: le modèle des corporations du Moyen Age, la pensée des catholiques sociaux du XIXe siècle essentiellement celle de La Tour du Pin, et enfin les encycliques pontificales. La référence au modèle médiéval est anecdotique et repose sur une vision bien sûr idéalisée. Le Cour Grandmaison y fait allusion dans son rapport sur le programme de restauration sociale par les corporations: «le corporatisme médiéval[6] a assuré pendant cinq à six siècles l'ordre économique et la paix sociale dans cette SDN avant la lettre qu'était la chrétienté» car il «était inspiré de cet esprit évangélique qui recherche avant tout, non les biens

4 Jean LE COUR GRANDMAISON, «Comment envisager un programme de restauration sociale par les corporations?», *in: Credo,* juillet 1934, pp. 16-17.

5 Sur les prémices du corporatisme dans les années 1830, il faudrait évoquer Philippe Buchet (1796-1865), Eugène Buret (1811-1842) auxquels Paul Chanson consacre d'ailleurs des études, ou Félix de La Farelle. *Cf.* Francesco BIZZETI, «L'association catholique et le dottrine corporative del cattolicesimo sociale francese nell'eta della *Rerum novarum*», *in: Vivens homo,* anno XIII, juillet-décembre 2002, pp. 285-289.

6 Il faut imaginer qu'il englobe l'époque moderne puisque le corporatisme n'est pas né avant le XIIe-XIIIe siècle et a souvent été précédé par la confrérie. Sur le fonctionnement des métiers et les rapports entre maîtres, valets et apprentis, *cf.* Robert DELORT, *La vie au Moyen-Age,* Paris, Seuil, 1982, pp. 265-272.

matériels, mais le royaume de Dieu et sa justice».[7] Georges Viance, qui est le publiciste principal sur la question, ou Paul Chanson ne reprennent que rarement les références positives de La Tour du Pin au système médiéval.

Le gros de l'argumentation repose sur une analyse critique du libéralisme et du capitalisme et sur le commentaire de la pensée des catholiques sociaux parmi lesquels La Tour du Pin a joué un rôle majeur.[8]

Une enquête exhaustive[9] ou tendant à l'être sur les théoriciens et les publicistes du corporatisme au sein du monde catholique serait quasiment l'objet d'une thèse.[10] Dans le cadre de cet article, j'ai choisi de mettre en lumière un de ces théoriciens à la fois prolixe et aux ramifications diverses, Georges Viance, et de comprendre comment il reflète en très grande partie la vision catholique du corporatisme.

Georges Viance, héraut du corporatisme catholique

Le choix de Georges Viance ne tient pas du hasard, il est dans l'entre-deux-guerres, le publiciste catholique le plus prolixe sur la question du corporatisme. Il apparaît comme un spécialiste technique de la question et enfin il diffuse sa pensée dans des médias variés. La relative homogénéité de la pensée catholique sur ce sujet tient aussi, pour une part, à ce rôle phare de quelques propagandistes.

Georges Viance, né en 1884, est un des archétypes du catholique profondément engagé dans sa foi et dans les affaires de la cité. Ingénieur civil des Ponts et chaussées, blessé à la guerre de 1914-1918, décoré de la

7 Rapport de Jean Le Cour Grandmaison à la XIVe assemblée générale de la FNC, «Comment envisager un programme de restauration sociale par les corporations?», *in: Credo,* juillet 1934, p. 21.

8 Plusieurs études sur la pensée de La Tour du Pin sont menées par Paul CHANSON, *Autorité et liberté, constitution de la France selon La Tour du Pin,* Paris, Les Editions du Temps présent, s. d. mais paru sous Vichy; *La corporation et l'entreprise selon La Tour du Pin,* Paris, J. Lesfauries, 1942. *Cf.* Robert TALMY, *Aux sources du catholicisme social: l'école de La Tour du Pin,* Paris, Desclée de Brouwer, 1976.

9 Pour les deux seules années 1933-1934, on trouve des articles fournis dans le mensuel de la FNC, *Credo,* février, avril , mai et juillet 1934, *La France catholique,* 8 juillet 1933, 10 et 17 février, 21 avril et 30 juin 1934, *Etudes,* mars 1934, *Dossiers de l'Action Populaire,* 25 février, 10 mars et 25 avril 1934, *Revue catholique des institutions et du droit,* janvier-février 1934.

10 Sur cette question, *cf.* l'article d'Isabel BOUSSARD qui pose quelques jalons, «Les corporatistes français du premier vingtième siècle. Leurs doctrines, leurs jugements», *Revue d'histoire moderne et contemporaine,* octobre-décembre 1993, pp. 643-665.

Croix de guerre, père de huit enfants dont trois garçons et une fille entrèrent dans l'ordre de Saint-Dominique, lui-même appartient au Tiers-Ordre dominicain. De ce point de vue, il représente à la fois une élite religieuse et sociale. Eugen Weber le présente comme un «syndicaliste catholique spécialiste des problèmes agraires» collaborateur de Georges Valois.[11] Il fut un des membres très actifs de la Confédération de l'intelligence et de la production française (CIPF) fondée par Georges Valois en 1920, puis de l'Union des corporations françaises (UCF) qu'il quitte peu après Georges Valois en 1926. Il devient, à cette même époque, une des plumes de la Fédération nationale catholique (FNC) et un de ses présidents cantonaux à Marly-Le-Roy.[12] Son poste de rédacteur en chef des publications de la FNC lui donne un rôle stratégique. Il s'engage alors pleinement dans deux grands combats qui lui tiennent à cœur, les assurances sociales et le corporatisme. A partir de 1929-1930, Georges Viance est l'organisateur compétent et inlassable des Caisses d'assurances sociales, puis le secrétaire général de l'Union nationale des Caisses familiales d'assurances sociales. Il a assuré la rédaction d'un bulletin spécifique pour les caisses, *Le Bien commun, revue d'action sociale, bulletin technique des assurances sociales.*

On peut dire que Georges Viance représente la ligne de la Fédération nationale catholique sur les questions économiques et sociales et devient le spécialiste du corporatisme. Il crée avec Paul Chanson une *Association pour la restauration de la corporation française* dont il dirige et soutient de ses deniers personnels le bulletin mensuel *Libertés corporatives.*[13] Or, la FNC est le principal regroupement masculin catholique, en termes numériques, comptant dans les années 1930 un million d'adhérents.[14] Mais, les analyses de Georges Viance irriguent plus largement encore l'opinion catholique à travers la «page sociale hebdomadaire» de *La Croix*[15] dont il est un des principaux contributeurs pendant douze ans et de nombreux articles à *La Vie intellectuelle*. Jean de Fabrègues l'invite aussi à s'exprimer dans *Combat.*[16]

11 Eugen WEBER, *L'Action française,* Paris, Fayard, 1985 (1ère édition: Stanford, 1962), collection «Pluriel», p. 235.

12 La Fédération nationale catholique a été créée à l'automne 1924 par le général de Castelnau et rassemble les hommes catholiques adultes dans un mouvement qui tient de la Ligue et évolue vers l'Action catholique. *Cf.* Corinne BONAFOUX, *A la droite de Dieu, la Fédération nationale catholique, 1924-1944,* Paris, Fayard, 2004.

13 Les dossiers de *La Documentation catholique* publient en 1936 l'appel des fondateurs et les statuts de l'association. *La DC,* 1936 t. 1, pp. 1263-1267.

14 Corinne BONAFOUX, *A la droite de Dieu, op. cit.*

15 Il y signe ses articles et un certain nombre d'ouvrages sous le nom de Georges Coquelle-Viance.

16 Véronique AUZÉPY-CHAVAGNAC, *Jean de Fabrègues et la jeune droite catholique,* Villeneuve-d'Ascq, Presses du Septentrion, 2002, p. 284.

Il dirigea également, chez Flammarion, une «bibliothèque d'études sociales» et d'«Etudes philosophiques et religieuses». Il publia lui-même plusieurs ouvrages dans cette collection: *La Force et la misère du socialisme, La Révolution ou la guerre, La France veut un chef, La Restauration corporative de la nation française*. Il dirigeait également avec Georges Goyau, la collection des «Bonnes Lectures» qui, sous un prix modique, publie deux fois par mois les «chefs-d'œuvre de la pensée française».[17]

A sa mort, le 31 janvier 1940, le général de Castelnau brosse son portrait à la une de *La France catholique.*[18] Dans ses souvenirs, Xavier Vallat le décrit ainsi:

> Dénué d'éloquence, au surplus ayant le goût de l'ombre et aimant peu se produire, cet homme discret jusqu'à l'effacement n'était connu que d'un petit nombre. Sa seule ambition était de faire passer dans les faits la doctrine sociale de La Tour du Pin dont il était profondément imprégné... Supérieurement intelligent et remarquablement doué, il fut le véritable animateur des Comités d'action formés au sein de la CIPF... Lorsqu'il fut rétabli [après des ennuis de santé en 1926 en partie liés à de graves blessures de la guerre] il consacra désormais les forces qui lui restaient à la FNC... Il assura la chronique économique et sociale de *La France catholique* et de *La Croix*. En 1930, il fonda une Association et une revue portant le même nom: *Les Libertés corporatives.*[19]

Son comparse Paul Chanson, juriste de formation, a pris la direction de la maison familiale de transit et assume la présidence du syndicat patronal maritime de sa ville de 1929 à 1939. Il a publié entre 1935 et 1937[20] *Les Droits du travailleur et le corporatisme,*[21] *Pour sortir de la crise par l'organisation des libertés corporatives*[22] et *Communisme ou corporatisme.*[23] Il synthétise la pensée de La Tour du Pin, éparpillée dans de nombreux articles échelonnés sur un quart de siècle.[24] Paul Chanson publie aussi plusieurs ouvrages pendant la Deuxième Guerre mondiale aux éditions de l'Institut d'études corporatives et sociales.[25]

17 Bibliographie de Coquelle-Viance sur le corporatisme: la *Restauration corporative de la nation française,* Flammarion, 1936; *Libertés corporatives et unité nationale,* Dunod, 1937; *Un Ordre corporatif français,* Editions de la FNC, 1939.

18 *In: La France catholique,* 9 février 1940.

19 Xavier VALLAT, *La Croix, les lys et la peine des hommes,* Paris, Edition des Quatre fils Aymon, 1960, p. 222.

20 En dehors de pièces de théâtre puis de très nombreux ouvrages sur l'amour conjugal.

21 Paris, Desclée de Brouwer, 1935.

22 Paris, Editions de la FNC, 1936.

23 Paris, Cerf, 1937.

24 Paul CHANSON, *Le régime corporatif selon La Tour du Pin,* Paris, Beauchesne. *La Corporation et l'entreprise selon La Tour du Pin,* Paris, IECS, 1942; *L'organisation du travail selon Louis Blanc,* Paris, 1943; *Eugène Buret, précurseur de la Révolution nationale,* Paris, Editons Lesfauries, 1943.

25 L'IECS est dirigé par Bouvier-Ajam.

De façon plus pragmatique, la proximité des approches sur le corporatisme résulte aussi de l'appartenance commune à un groupe sociologique que Georges Viance décrit ainsi:

> Dans notre effort commun pour définir ce que devrait être un Etat corporatif digne de la France [...] nous ne croyons pas avoir rêvé dans la lune: tous, nous étions aux prises avec les réalités, dans l'industrie, le commerce, le monde de la finance, dans l'agriculture ou dans les administrations de l'Etat.[26]

Il cite alors en note infrapaginale une douzaine de noms parmi lesquels on retrouve Paul Chanson. Paul Chanson lui-même se présente ainsi «ni juriste, ni économiste, je suis tout simplement un patron catholique».[27]

Georges Viance et Paul Chanson incarnent bien le milieu des patrons ou des ingénieurs catholiques,[28] engagés dans les questions sociales, l'Action catholique, la vie paroissiale. Leur militantisme en faveur du corporatisme se fait donc sous le triple sceau d'une certaine compétence religieuse, économique et sociale, sous le haut patronage de leur devancier, La Tour du Pin.

La corporation: définitions, principes et attributions

L'influence d'un Georges Viance, Paul Chanson ou Jean Le Cour Grandmaison résulte en partie de l'effort de théorisation qu'ils ont fourni, relisant, commentant La Tour du Pin et développant ses propositions pour dessiner les contours d'un régime corporatiste. Paul Chanson revendique de façon très explicite l'emprunt à La Tour du Pin et consacre deux ouvrages au commentaire de sa pensée. «Voici quelque cinquante ans, un écrivain de génie sonnait le glas du capitalisme et du parlementarisme. Il s'appelait La Tour du Pin, mais sa voix se perdait dans le désert» écrit-il dans l'avant-propos à *Autorité et liberté, constitution de la France selon La Tour du Pin*. Paul Chanson explique en partie la méconnaissance de l'opinion publique par la structure même des écrits de La Tour du Pin qui «n'a jamais ramassé sa doctrine», «n'écrivit que des opuscules, notamment ses aphorismes. L'essen-

26 *Restauration corporative de la nation française,* Paris, Flammarion 1936, p. 171.

27 Paul CHANSON, *Les Droits du travailleur et le corporatisme,* Paris, Desclée de Brouwer, 1935, p. VII.

28 La plupart des ingénieurs catholiques sont rassemblés dans l'USIC, Union sociale des ingénieurs catholiques qui regroupe 7 500 adhérents dans les années 1930 et dont André Liouville est le président.

tiel se compose de chroniques et d'articles de journaux qu'il a rassemblés dans l'ouvrage *Jalons de route*».[29]

Au-delà d'un hommage déférent, les définitions et attributions de la corporation selon Georges Viance ou Paul Chanson restent-elles, quarante ans après la publication de *Vers un ordre social chrétien,* fidèles au modèle de La Tour du Pin?

Les principes

Comment situer le corporatisme en regard de quelques valeurs: propriété, liberté, rôle de l'Etat, véritables pierres d'achoppement des systèmes politiques et philosophiques qui sous-tendent le capitalisme libéral ou le collectivisme communiste?

Liberté syndicale

En ce qui concerne la liberté, la corporation relève, selon Georges Viance ou Paul Chanson, de la liberté d'association, «liberté syndicale, voilà le postulat fondamental de La Tour du Pin».[30] La question cruciale est de savoir si la corporation est facultative ou obligatoire et si elle remplace les syndicats. Sur ces deux points les tenants catholiques du corporatisme répondent par l'affirmation du principe de libre initiative mais avec des nuances assez notables. Paul Chanson cite La Tour du Pin: «Ce n'est pas à la liberté qu'il a été donné en ce monde de refréner les abus de la force, là où la persuasion ne suffit pas, c'est à la contrainte» et le commente ainsi:

> Mais quelle espèce de contrainte? Le syndicat unique de l'organisation fasciste? Le syndicat obligatoire et librement choisi, selon la formule que préconisera l'Ordre Réel? [...] La Tour du Pin ne veut ni de ceci ni de cela. Le syndicat doit demeurer facultatif, de même que la Commission mixte.[31]

Paul Chanson a alors conscience de tirer un peu La Tour du Pin vers une interprétation libérale car il signale en note infrapaginale «ici pourtant le maître est moins affirmatif. La loi pourrait obliger les syndicats librement fondés à constituer une commission mixte».[32]

29 Paul CHANSON, *Autorité et liberté, constitution de la France selon La Tour du Pin,* Paris, Editions du temps présent, s. d., probablement 1940-1941, p. 3. Sera abrégé en *AEL.*

30 *AEL,* p. 6.

31 *AEL,* p. 8.

32 *AEL,* p. 8

En fait, la réponse de La Tour du Pin dépend du niveau d'organisation, comme l'a bien synthétisé Francesco Bizzeti. «In realta La Tour du Pin distingueva tre diversi livelle, il sindicato o associazione professionale, i *corps d'Etat* (la professione organizzata), e infine la corporazione».[33] La liberté est absolue pour ce qui concerne le syndicat tandis que les décisions de la profession organisée s'appliquent à tous, la corporation obéirait à un double régime de liberté et de contrainte.

Ce principe de liberté est très clairement affirmé par Paul Chanson tout au long de sa démonstration et constitue en filigrane une critique tant de la corporation fasciste que de la Charte du travail de Vichy. Paul Chanson écrit *Autorité et liberté, constitution de la France selon La Tour du Pin* après la défaite de 1940 et se demande, en introduction, si la Révolution nationale se fera conformément aux vues de La Tour du Pin.[34]

Statut de la propriété

Là encore la pensée de La Tour du Pin se démarque assez nettement du libéralisme. Le droit de propriété est affirmé mais n'est pas un droit absolu et n'est surtout pas un droit sans contrepartie. La Tour du Pin distingue quatre types d'entreprises pour lesquelles la propriété n'est pas transmissible dans les mêmes conditions. Pour la petite entreprise familiale ou artisanale, l'artisan doit pouvoir ériger son instrument de travail en:

> patrimoine inaliénable à perpétuité tant pour lui-même que pour sa descendance […]. Ce patrimoine se perpétuerait dans la souche familiale par voie de substitution successive, et demeurerait indivisible, incessible et inaliénable.[35]

A l'autre bout, la très grande entreprise, sous forme de société anonyme, doit, selon La Tour du Pin, devenir une entreprise sociale gérée par la corporation. A ce sujet Paul Chanson écrit: «la corporation qui n'est pas une entreprise n'en est pas moins une entreprise en puissance […] elle peut le cas échéant en assumer la fonction».[36]

Les rapports à l'Etat

Si la teneur politique des systèmes corporatistes se mesure au sort qu'ils font à la liberté syndicale, elle se mesure aussi à la place qu'ils accordent à l'Etat.

33 Francesco BIZZETI, «L'association catholique et le dottrine corporative del cattolicesimo sociale francese nell'eta della *Rerum novarum*», *Vivens homo,* anno XIII, juillet-décembre 2002, p. 299.

34 *AEL,* p. 4

35 François René de LA TOUR DU PIN, *Jalons de Route,* cité par Paul CHANSON, *AEL,* p. 15.

36 *AEL,* p. 18.

Celui-ci est conçu comme un pouvoir supérieur qui valide les législations corporatistes mais qui est aussi une source supérieure de législation: «dans ce cas, c'est la corporation qui rédigera les règlements d'application de cette législation nationale, à la manière au lieu du Conseil d'Etat».[37] Georges Viance en appelle à une nouvelle conception de l'Etat: «Nous rejetons le sens restreint donné au mot Etat [...] Il faut rétablir l'Etat dans sa réalité vraie de société politique organisée dont chacun est acteur et partie».[38] Georges Viance voit dans l'Etat une émanation des familles, des communes, des professions et de tous les corps sociaux dont la règle absolue doit être la recherche du bien commun.

> Et c'est les en protéger [les hommes des anarchies individuelles et de leur propre faiblesse] déjà que de les passionner pour la grandeur bien comprise, qui est grandeur du bien commun; leçon du fascisme, pour les esprits droits, même si l'Etat fasciste est trop envahissant.[39]

Dans cette conception de l'Etat «mécanisme artificiel au service de cet organisme naturel qu'est la société», il se montre une fois encore continuateur de La Tour du Pin, comme l'illustre cette citation en exergue de la seconde partie de son ouvrage, *Restauration corporative de la nation française*. Toutefois, sur cette question comme sur d'autres, c'est Paul Chanson qui apparaît toujours comme le spécialiste de la pensée de La Tour du Pin. Lorsqu'ils participent aux journées du collège philosophique de la Sarte sur la question de la réforme de l'Etat, Georges Viance parle de «l'Etat au-dessus du libéralisme et de l'égalitarisme» et Paul Chanson de «La Tour du Pin et les libertés corporatives».[40]

Organisation de la corporation et attributions

Paul Chanson n'établit pas de barrière entre compétences sociales d'un côté et économiques de l'autre. «C'est l'honneur de La Tour du Pin – et de ses vrais disciples – de récuser ce distinguo trop subtil entre le social qui serait la chose de tous et l'économique qui demeurerait le monopole du patronat».[41] La corporation se voit définie par trois grands types d'attribution: réglementation économique, juridiction et compétences sociales.

37 François René de LA TOUR DU PIN, *in: L'Association catholique,* 15 novembre 1904. Cité par Paul CHANSON, *AEL, op. cit.*, p. 11.

38 Georges VIANCE, *Restauration corporative de la nation française,* Paris, Flammarion, 1936, p. 115.

39 *Ibid.*

40 *La Réforme de l'Etat,* Paris, Editions Orientations, 1936.

41 *AEL,* p. 10.

Les compétences économiques et sociales sont incluses dans «une charte corporative qui règle les conditions du travail et de la production»[42] mais le pouvoir de la corporation est borné par deux procédés, «la loi professionnelle doit être soumise à un référendum au sein du corps professionnel et la loi professionnelle doit être homologuée par le pouvoir souverain de l'Etat».[43] La corporation aurait aussi le monopole des assurances sociales, allocations familiales, caisse de chômage, le tout alimenté par une taxe sur la production. Paul Chanson pense même que ce devrait être le premier pan de l'organisation corporative. Il y voit un moyen d'instituer concrètement la collaboration entre les classes.

La corporation exercerait aussi la juridiction professionnelle qui résoudrait les litiges individuels et se chargerait des juridictions arbitrales «à l'effet de prévenir ou de résoudre les conflits collectifs». Cette juridiction remplacerait les conseils de prud'hommes, le corps de l'inspection du travail. Enfin, si l'appartenance aux corporations n'est pas obligatoire, par contre, leur réglementation s'impose à tous les membres de la profession. Elles agissent comme de «petites républiques autonomes et contrôlées».[44]

Au carrefour des compétences économiques et sociales, la question de l'ouvrier dans le système corporatif révèle un certain nombre de nuances. Il n'y a pas, dans l'ouvrage de Georges Viance ni dans celui de Paul Chanson, une entrée spécifique sur cette question, de même qu'il n'y a pas d'entrée «patron», car l'angle de vue est davantage économique. Il n'en résulte pas moins que la condition de l'ouvrier dans le nouveau système est évoquée à maintes reprises, essentiellement sous l'angle du salaire.

> La subsistance de l'ouvrier et des siens constitue donc, en conditions normales, l'unique mesure de juste fixation des rémunérations minima. Il importe, en outre au plus haut point, que le salaire donne ordinairement au travailleur, le moyen de constituer un patrimoine.[45]

La définition ainsi donnée dépasse la conception du salaire naturel que l'on trouve chez Adam Smith et qui assure la subsistance, car ici le salaire d'un seul doit couvrir les besoins de l'ensemble de la famille et la possibilité d'acquérir un patrimoine. La négociation pour fixer les salaires n'est guère évoquée. Toutefois de façon implicite au moins, cette négociation existe bien puisque Viance prévoit que «les travailleurs d'une entreprise ne sont pas en droit d'exiger des rémunérations qui compromettraient l'existence [de

42 *AEL,* p. 9.
43 *AEL,* p. 10.
44 *Restauration, op. cit.,* p. 209.
45 *Restauration, op. cit.,* p. 197.

l'entreprise]»[46] mais, *a contrario,* une entreprise, qui, en dehors d'une période de crise, ne saurait assurer des salaires décents doit disparaître. On sait que cette question du salaire juste – ici, il est même dit *a minima* – est un des points qui ont été affirmés dans l'encyclique *Rerum Novarum.*[47]

Paul Chanson et Georges Viance apparaissent en retrait sur un certain nombre de propositions de La Tour du Pin. Celui-ci a imaginé un métayage industriel qui associe le travailleur aux bénéfices de même que le métayer est associé à la récolte. «C'est au *prorata* de leurs apports respectifs que patrons et ouvriers se partageraient les bénéfices», écrit Paul Chanson, pour ajouter en note: «A cet égard, nous nous séparons de La Tour du Pin. Nous pensons que le Travail ne doit pas plus participer aux bénéfices qu'à la gestion du chef d'entreprise: à chacun son métier».[48]

La deuxième grande question concernant les ouvriers tient au logement. Georges Viance est sensible à la question du logement ouvrier et en impute la responsabilité à l'entreprise tout en optant pour l'acquisition des logements par les ouvriers. Toute nouvelle création d'entreprise ou développement important d'une entreprise existante doit assurer dans le même temps un logement, dont l'acquisition par les ouvriers serait largement préconisée par la réglementation corporative. Georges Viance est plutôt hostile aux grandes concentrations industrielles qui se doublent donc de grandes concentrations ouvrières. Il n'appelle pas à la disparition de ces unités même s'il espère que, dans un certain nombre de cas, le travail pourrait être déconcentré à l'échelle d'un département avec création d'ateliers d'ouvriers autonomes.

Sur la question ouvrière comme sur celle de la crise économique, les propagandistes du corporatisme ont à cœur de présenter leur théorie non seulement comme la seule solution pour faire face aux maux de leur société mais encore comme une solution réalisable dont ils envisagent la mise en œuvre effective. Quelles modalités préconisent-ils pour l'établissement d'un régime corporatif en France?

Etapes d'une mise en place d'un régime corporatiste

Cette question se pose dans les années 1930 dans le contexte particulier de la crise économique doublée en France d'une crise politique et d'une mise en accusation du régime parlementaire par de nombreux pans de l'opinion publi-

46 *Ibid.*
47 Encyclique de Léon XIII, 15 mai 1891.
48 *AEL, op. cit.,* p. 17.

que. Je suivrai ici le même ordre d'exposition que celui de Georges Viance dans son ouvrage *Restauration corporative de la nation française,* économique puis politique, alors qu'il voit pourtant le changement de régime politique comme un préalable sans doute nécessaire à un renouvellement en profondeur de l'organisation économique et sociale.

Dans l'ordre économique

Georges Viance est conscient qu'on ne transforme pas d'un trait de plume un régime économique car «un gouvernement révolutionnaire, s'il peut prendre maintes libertés avec le réel, ne dure qu'un temps».[49] Dans l'ordre du changement économique, Georges Viance préconise:

- La suppression des sociétés sans nom et leur transformation en sociétés en nom collectif ou en commandite pour les sociétés de capitaux de petite et de moyenne importance. Georges Viance estime sa proposition réaliste puisque les sociétés de personnes existent et que l'apport de capitaux reste possible par le système de la commandite. Si la commandite se divise par actions, celles-ci doivent être nominatives.
- La transformation de certaines grandes unités comme les compagnies de chemin de fer, de navigation, les mines et certaines grandes unités industrielles auxquelles il n'est pas possible d'appliquer le régime des sociétés de personnes. Ces sociétés déclarées d'utilité publique ou d'utilité corporative pourraient émettre des actions mais ces actions seraient nominatives, un taux d'intérêt maximum serait fixé, la responsabilité pécuniaire des administrateurs serait engagée jusqu'à un *quantum*. Parmi les règles de gestion, Viance signale l'interdiction formelle de recourir au crédit.
- Dans l'un et l'autre cas, la corporation devrait contrôler la qualité technique, les compétences et l'honorabilité des employeurs avec des compétences supplémentaires dans le cadre de grandes entreprises d'utilité publique.
- Les banques sont des établissements encore plus contrôlés dans la mesure où «rien n'autorise à laisser sans contrôle un trafic qui repose sur l'utilisation du bien d'autrui».[50] Elles sont donc soumises à des règles comme un ratio «entre l'actif mobilisable et les placements à court terme, – les réserves, les amortissements et les engagements».[51] Par ailleurs les

49 *Restauration, op. cit.*, pp. 175-176.
50 *Restauration, op. cit.*, p. 187.
51 *Ibid.*

> grandes banques seront sous le contrôle d'une chambre nationale formée de représentants des établissements intéressés et du ministère des Finances.

Georges Viance propose une ébauche d'un statut de l'économie française avec une charte en 23 articles qui récapitule l'essentiel de ses propositions.[52]

L'organisation corporatiste dans l'ordre politique

Les rapports entre l'économique et le politique soulèvent de nombreuses questions et Georges Viance, dans sa réflexion sur l'instauration d'un ordre corporatif, semble hésiter sur l'ordre dans lequel procéder aux réformes. Faut-il d'abord instaurer un nouveau régime politique, réformer l'Etat ou faut-il prendre une série de mesures pour créer les corporations dans l'ordre économique et social? Ce qui est certain c'est que, pour lui, le corporatisme appelle un changement radical dans tous les domaines.

> On admet que notre anarchie parlementaire doit prendre fin, l'autorité politique relevée et libérée... La restauration française sera donc totale, politique et économique, conforme, à notre sens, dans les grandes lignes, aux vérités accumulées par La Tour du Pin, qui n'écrivait pas pour son temps mais pour le nôtre.[53]

Dans son ouvrage, *La France veut un chef,* publié en 1935, Georges Viance écarte l'idée d'une restauration ou instauration progressive d'un régime corporatif dans l'ordre politique, par des réformes partielles.

> Inutile donc d'espérer le retour à un ordre social humain en y comprenant son aspect politique et économique, aussi longtemps que les féodalités politiciennes et financières ne seront pas réduites à l'impuissance [...] Il y faudra quelque coup d'Etat, tous ceux qui pensent clair ne l'ignorent pas, y compris ceux qui crient au fascisme et le préparent.[54]

Comme l'indique déjà clairement le titre de l'ouvrage, Georges Viance condamne le régime parlementaire tel qu'il existe et en appelle à une autorité supérieure au Parlement.

> Faire tout reposer dans l'Etat sur un Parlement tiré du suffrage universel, c'est-à-dire d'une prétendue volonté générale exprimée par un troupeau, c'était préparer, selon le mot de La Tour du Pin, «la confusion organisée en vue de l'irresponsabilité générale». De fait, dans ce système, le premier venu, même indigne, peut se déclarer candidat,

52 *Ibid.* pp. 196-204.
53 Georges VIANCE, *La France veut un chef,* Paris, Flammarion, pp. 146-147.
54 *Restauration, op. cit.,* pp. 172-173.

> être élu et recevoir ainsi une partie de ce pouvoir, sans responsabilité ni frein, que le Parlement s'est peu à peu attribué.[55]

Le rejet de la démocratie parlementaire repose à la fois sur des principes et un contexte de crise politique. Parmi ceux-là, se trouve la critique du principe majoritaire «violence exercée par le plus grand nombre, ou mieux par ses mandataires» et la volonté de faire du droit naturel une norme supérieure à la loi. Le régime corporatiste devra garantir les libertés religieuses, sociales, politiques. Georges Viance estime que dans le système républicain, «le pouvoir suprême est divisé en deux ou trois institutions mais il est illimité».[56] Un des ressorts de la critique tient donc au fait que le pouvoir lui-même n'est pas assez contrôlé et limité par des contre-pouvoirs. On voit dans ces critiques, la double marque d'une position de principe antiparlementaire mais aussi la critique du modèle républicain de la IIIe République et de son parlement tout puissant.

Le système politique imaginé par Georges Viance est construit sur deux axes, un économique et social, l'autre politique, et se décline au niveau provincial et national. Sur l'axe économique, les corporations forment les cellules de base, elles élisent les chambres économiques provinciales qui désignent à leur tour une chambre corporative nationale pour une durée de cinq ans. «Les attributions de la Chambre sont purement consultatives mais son avis préalable et écrit doit être requis sur tout projet de loi présenté par le gouvernement».[57] Georges Viance ajoute en note que l'économique ne saurait en effet primer le politique d'où les pouvoirs restreints et purement consultatifs de la chambre corporative en matière législative. La France serait réorganisée en une vingtaine de régions, tout au plus, qui reprendraient le plus souvent les limites des anciennes provinces, sous réserve d'ajustements ou regroupements nécessaires.

A la base de l'axe politique, on trouve normalement les citoyens qui élisent leurs représentants. Georges Viance conserve ce socle démocratique mais en lui faisant subir trois torsions majeures. Tout d'abord la notion de citoyen disparaît quelque peu sous celle de chef de famille avec le vote familial exercé par les pères ou les veuves,[58] les célibataires disposant quant à eux d'une seule voix. Ensuite, il s'agit d'un vote indirect, ces électeurs élisant seulement des chambres provinciales qui «désignent leurs délégués à la chambre nationale des députés». Enfin, les pouvoirs de la Chambre des députés sont limités. Elle ne peut siéger que pendant deux courtes sessions.

55 Georges VIANCE, *La France veut un chef, op. cit.*, p. 216.
56 *Restauration, op. cit.*, p. 249.
57 *Ibid.*, p. 262.
58 *Ibid.*, p. 255.

Sa prérogative législative est très bridée puisque si elle refuse une loi, celle-ci est présentée l'année suivante et si loi est refusée à nouveau, le chef de gouvernement peut dissoudre la Chambre et convoquer de nouvelles élections. Si la loi est rejetée par la nouvelle chambre, la loi devra alors être modifiée. C'est là qu'on voit, notamment, tout l'autoritarisme qui sous-tend la pensée de Viance. Il ne trahit guère en cela La Tour du Pin, chez lequel le pouvoir législatif n'est pas exercé par la Chambre mais par le Sénat corporatif.

Le chef du gouvernement est choisi par le chef de l'Etat, son gouvernement se compose de cinq ministres seulement. Georges Viance en arrive alors à la clef de voûte de l'édifice, au chef de l'Etat et à la question de sa désignation pour laquelle il ne voit pas d'autre alternative que l'élection au suffrage indirect par les chambres ou le principe héréditaire.

Les préférences de Georges Viance, même s'il ne veut pas les dire de façon explicite, vont à un prince héréditaire qui lui semble la seule façon de garantir un exécutif fort et au service du bien commun. Car c'est bien à un exécutif qui gouverne qu'en appelle surtout Georges Viance comme le montrent ses références au Clemenceau de la Grande Guerre ou à Poincaré.

Plus de quarante ans après la publication de *Vers un ordre social chrétien,* Georges Viance reproduit assez fidèlement les options politiques de La Tour du Pin: même construction pyramidale sur communes, provinces, nations, même vision de la représentation des corporations, même posture sur les limitations du Parlement. Chez La Tour du Pin, la Chambre n'a aucun pouvoir législatif, chez Viance, elle vote les lois mais n'en a pas l'initiative et ne peut guère les rejeter sans provoquer sa propre dissolution.

La question de l'inspiration des modèles étrangers

La floraison d'articles sur le corporatisme dans les années 1930 n'est pas sans rapport avec l'existence des régimes corporatistes dans des pays plus ou moins voisins. L'année 1934 marque un pic en partie lié au vote de la Loi sur l'organisation corporative en Italie, du 18 janvier 1934. Ces expériences sont analysées, comme le montrent plusieurs articles parus en 1934 dans *La France catholique,*[59] *Credo* ou les *Dossiers de l'Action Populaire,*[60] *La Croix* consacrant, quant à elle, un article sur le corporatisme suisse.[61]

59 Pour *La France catholique,* «Les corporations nouvelles à l'étranger», 21 avril 1934, «L'expérience italienne», 10 et 17 février 1934, «notes sur le régime corporatif italien», 21 avril et 5 mai 1934.

60 *Les Dossiers de l'Action populaire,* 10 mars 1934 .

61 *La Croix,* 26 mai 1934-1er avril 1934 et «L'expérience italienne», 10 et 17 février 1934.

Dans son ouvrage *La France veut un chef,* Georges Viance se réfère explicitement à André Tardieu. Il le cite, essentiellement sur deux questions, la nécessité de réformer l'Etat et la condamnation des régimes où «l'Etat est le maître absolu». Les deux points sont liés car Tardieu veut démontrer que la réforme en France ne doit pas se faire sur le modèle des régimes nouveaux, c'est-à-dire sur le modèle fasciste, nazi ou soviétique.[62]

Un an plus tard, dans *Restauration corporative de la nation française,* Georges Viance évoque clairement la question des modèles étrangers.

> Nous ne faisons pas du régime fasciste, hitlérien et moins encore stalinien, le régime de nos rêves, nous demandons seulement que l'Italie, l'Allemagne ou la Russie gouvernées, on regarde la France réduite aux ministères semestriels. Et qu'on n'oublie pas le prix des conséquences…, que nous paierons sur le Rhin.[63]

Conclusion

> Le régime corporatif est un tout… Système social, il nie l'individualisme. Il affirme que l'homme est par nature animal social, que toute société est par nature organique et hiérarchisée […] Système économique, il nie la souveraineté absolue des lois naturelles. Toute activité humaine est morale, tout effort individuel est grevé de fonctions sociales. A la norme absolue de libre concurrence qui détermine les rapports des choses, il superpose les règles morales de justice, commutatives et sociales, qui définissent les rapports de personnes à l'intérieur d'un tout. Système politique, il nie la souveraineté du nombre. Au suffrage atomistique et égalitaire, qui déchire la Nation, par la compétition des partis, il oppose le suffrage organisé, qui unit les citoyens selon leurs affinités personnelles. Le régime corporatif suppose un Etat fort, définisseur des droits, arbitre des intérêts, mais contrôlé. Représentation nationale pour la défense des intérêts communs et des libertés corporatives.[64]

Système social, système économique, système politique comme le souligne cette citation de Jarlot, le corporatisme se veut bien un contre-modèle total à deux autres types d'organisation de la société. De ce fait, il se veut lui-même système pouvant répondre à toutes les fonctions des activités humaines, et c'est sans doute, là aussi, une des causes de son succès. Il semblait pouvoir répondre non seulement à la crise économique mais aussi à la crise de

62 Georges VIANCE, *La France veut un chef, op. cit.,* pp. 191-210. Flammarion est aussi l'éditeur d'André Tardieu pour *L'Epreuve du pouvoir,* 1932; *L'Heure de la décision,* 1934; *Sur la pente,* 1935; *La Révolution à refaire,* 1936.

63 *Restauration, op. cit.,* p. 128.

64 Georges JARLOT, *Le régime catholique et les catholiques sociaux, histoire d'une doctrine,* Paris, Flammarion. Cité par George VIANCE, *Credo,* avril 1938, p. 47.

défiance dans les institutions, proposer une alternative et être un système aussi cohérent, aussi englobant que le socialisme ou le capitalisme libéral.

Le corporatisme hérité de La Tour du Pin voit certaines de ses propositions largement partagées, représentations des intérêts professionnels, régulation de l'économie, collaboration des classes avec représentation à parité mais donne lieu à des héritages plus diversifiés en matière d'organisation politique. Les héritiers de La Tour du Pin sont aussi bien Maurras qu'Eugène Duthoit des Semaines sociales ou encore l'Action populaire. L'articulation entre démocratie et corporatisme n'est pas la même chez un Marcel Prélot aux Semaines sociales et chez Georges Viance.[65] Ceci étant, ces divisions ont été présentes dès la diffusion des idées de La Tour du Pin, comme l'illustre la séparation d'avec Albert de Mun, et plus tard des démocrates chrétiens. Si les démocrates chrétiens reprennent les propositions sur l'organisation des métiers, ils ne sont pas prêts à épouser ses vues sur la construction politique et restent attachés au suffrage universel et à la République.

65 La question du corporatisme et même plus globalement des questions économiques et sociales aux Semaines sociales n'a guère été étudiée. Pour quelques jalons, voir Régis LADOUS, «Etat et société politique», *in:* Jean-Dominique Durand (dir.), *Les Semaines sociales de France 1904-2004,* Paris, Parole et silence, 2006, pp. 287-301.

Syndicalismes et corporatisme agricole en France

Alain CHATRIOT
Centre national de la recherche scientifique
Ecole des hautes études en sciences sociales

> Alors que la Corporation Paysanne, par son nom même, apparaît comme une institution typiquement nouvelle, le caractère qui frappe le plus celui qui en étudie la structure, c'est le respect qu'elle manifeste des formes antérieures de l'organisation professionnelle. Sa Charte fondamentale, la Loi du 2 décembre 1940, rassemble, pour les coordonner, les divers groupements qui suffisaient, naguère, à la paysannerie pour défendre ses intérêts. Elle semblerait simplement faire œuvre de codification, si elle n'introduisait dans la profession agricole le double principe qui en était jusqu'ici absent: l'unité et le pouvoir – l'unité *en vue* du pouvoir, le pouvoir *par* l'unité.[1]

Cet extrait d'un livre collectif publié en 1943 pose assez clairement certains des enjeux liés au corporatisme agricole dans la France des années 1930-1940. Loin des débats seulement théoriques, le monde agricole français a été nettement confronté à la question du corporatisme. L'expérience de la Corporation paysanne instituée par le régime du maréchal Pétain en est l'exemple le plus patent mais il faut, en fait, considérer l'ensemble des transformations du syndicalisme agricole durant l'entre-deux-guerres. L'importance de l'image de l'unité du monde paysan et la question de savoir qui dispose réellement du pouvoir sont bien au cœur de ces luttes politiques, sociales et intellectuelles.

L'historiographie sur ces questions, comme sur l'ensemble des questions agricoles dans la France du XXe siècle, existe mais commence à être un peu

1 Louis SALLERON, Albert DOLLINGER, Pierre PASQUET, Albert PATIER, Charles LAVAL, Paul JAHAN, Charles du FRETAY, Pierre HALLE, Paul LANIER, Jean ACHARD, Paul GARNIER, Pierre VERSCHAVE, Henri PERRET, Jacques WALLON, Armand GAY, *La Corporation paysanne,* Paris, Presses universitaires de France, 1943, introduction non signée, datée de mai 1943, p. 1.

Le Corporatisme dans l'aire francophone au XXe siècle. Etudes réunies par Olivier DARD.
Berne: Peter Lang, 2011. ISBN 978-3-0343-1066-6.

ancienne[2] et les approches ont trop souvent tendance à distinguer la question du syndicalisme de celle des politiques agricoles.[3]

La question de la signification du terme corporatiste pour le monde agricole pose cependant quelques problèmes. La fluidité de la notion est bien connue. Compte tenu de la complexité de certaines trajectoires individuelles,[4] il nous semble nécessaire d'éviter une approche trop théorique et seulement discursive. Il faut, de plus, prendre en compte les enjeux internationaux et être attentif aux ambiguïtés: avec les différents corporatismes catholiques ou avec le terme «corporations» entendu comme synonyme de syndicats. Dans la France des années trente, le débat est multiforme et il ne concerne pas seulement le monde agricole.[5] Autour de la question, du rôle de l'Etat, des acteurs de la profession et des régulations juridiques se trouvent en fait reposées les modalités de gestion de la politique économique et sociale.

Or, les interventions de l'Etat en faveur de l'agriculture sont une constante depuis la fin du XIXe siècle. Elles ont cependant connu des mutations après la Première Guerre mondiale, l'Etat ne pouvant plus être seulement un gardien des frontières à coup de tarifs douaniers. La déstabilisation du marché du blé

2 Pierre BARRAL, *Les agrariens français de Méline à Pisani,* Paris, A. Colin, 1968; Suzanne BERGER, *Les paysans contre la politique. L'organisation rurale en Bretagne, 1911-1974,* Paris, Seuil, 1975; Isabel BOUSSARD, *Vichy et la corporation paysanne,* Paris, Presses de la Fondation nationale des sciences politiques, 1980; Mark C. CLEARY, *Peasants, politicians and producers. The organisation of agriculture in France since 1918,* Cambridge, Cambridge University Press, 1989.

3 Georges DUBY, Armand WALLON (dirs.), *Histoire de la France rurale,* t. 4, *Depuis 1914. La Fin de la France paysanne,* par Michel GERVAIS, Marcel JOLLIVET, Yves TAVERNIER, Paris, Seuil, 1992 (1ère édition: 1977). Si ce volume comporte de nombreux éléments très justes, on peut noter que la IVe partie, «Syndicalisme et politique», est distincte de la Ve partie, «L'Etat et les paysans»; le corporatisme est traité dans «l'itinéraire des droites», pp. 452-479 et distinct de «l'appel à l'Etat (1936-1958)», pp. 597-624. Pour une mise en perspective historiographique, Alain CHATRIOT, «Les politiques agricoles sont-elles de droite ou de gauche?», *in:* Olivier DARD, Gilles RICHARD (dirs.), *Les droites et l'économie en France au XXe siècle*, Paris, Riveneuve Editions, 2011, pp. 227-245.

4 Steven L. KAPLAN, «Un laboratoire de la doctrine corporatiste sous le régime de Vichy: l'Institut d'études corporatives et sociales», *Le Mouvement Social,* N° 195, avril-juin 2001, pp. 35-77 et François DENORD, *Néo-libéralisme version française. Histoire d'une idéologie politique,* Paris, Démopolis, 2007. *Cf.* la contribution à ce volume de Guillaume Gros sur Louis Salleron.

5 Sur les débats concernant la représentation professionnelle ou les ententes, on se permet de renvoyer à Alain CHATRIOT, *La démocratie sociale à la française. L'expérience du Conseil national économique, 1924-1940,* Paris, La Découverte, 2002, et Alain CHATRIOT, «Les ententes: débats juridiques et dispositifs législatifs (1923-1953). La genèse de la politique de la concurrence en France», *Histoire, Economie et Société,* N° 1, 2008, pp. 7-22.

pose dès lors des nouvelles questions qui mobilisent de nombreux acteurs et cette dynamique est à l'arrière-plan du débat sur le corporatisme. Durant la Seconde Guerre mondiale, de même, les contraintes du ravitaillement sont des enjeux majeurs pour comprendre le devenir des institutions en charge de l'agriculture.

Plutôt que de compiler les déclarations corporatistes concernant le monde agricole, il semble plus efficace pour saisir les enjeux de la corporation paysanne de revenir d'abord sur les transformations du syndicalisme agricole durant l'entre-deux-guerres, avant de dresser un portrait contrasté de l'expérience vichyste entre corporatisme et étatisme.

Les transformations du syndicalisme agricole

Entre divisions et unité syndicale

Pour bien comprendre le contexte de la création de la Corporation paysanne il faut saisir les mutations du syndicalisme agricole français durant les années trente et celles-ci ne sont compréhensibles qu'à la lumière des héritages de la fin du XIXe siècle.[6] Il ne peut s'agir de retracer cette histoire dans le détail mais il faut en redonner quelques grandes lignes.

A la fin du XIXe siècle deux syndicats s'opposent pour représenter l'agriculture: le «syndicalisme des ducs», rue d'Athènes, qui regroupe beaucoup d'aristocrates, grands propriétaires terriens, assez hostiles à la République et le «coopérativisme républicain», boulevard Saint-Germain, qui regroupe des petits producteurs et soutient le programme républicain. Assez vite, cependant, un discours unitaire se fait jour. Concernant l'entre-deux-guerres, l'historien Ronald Hubscher rappelle que, après l'antagonisme issu des origines de la IIIe République et du début du XXe siècle, s'ouvre une période plus complexe où «les conflits idéologiques initiaux qui séparaient les syndicats agricoles conservateurs et républicains cèdent la place à un pacte de non-agression»,[7] avant que la crise des années trente ne remette en cause

6 Pour les enjeux pour la République au XIXe siècle, Chloé GABORIAUX, *La République en quête de citoyens. Les républicains français face au bonapartisme rural (1848-1880),* Paris, Presses de Sciences Po, 2010, et pour les questions liées au mélinisme, Alain CHATRIOT, «Jaurès et les débats sur le protectionnisme agricole», *Cahiers Jaurès,* N° 195-196, janvier-juin 2010, pp. 21-48.

7 Ronald HUBSCHER, «L'illusion unitaire ou les faux semblants du syndicalisme agricole (1884-1944)», *Annales ESC,* janvier-février 1993, N° 1, pp. 110-120, citation, p. 114.

l'édifice unitaire construit avec la Confédération nationale des associations agricoles. Durant cette période, il faut toujours considérer le poids important des élites traditionnelles, en particulier dans certaines régions dont la Bretagne est l'exemple le plus abouti.[8] Quelques cas spécifiques qui associent spécialisation de production et particularité professionnelle connaissent des expériences particulières, comme pour la Champagne viticole.[9]

Parallèlement le pôle républicain s'est aussi développé avec des institutions issues d'une série de lois: loi du 4 juillet 1900 sur les mutuelles agricoles, lois des 5 août 1920, 7 et 30 décembre 1922 sur les coopératives, lois des 5 août 1920 et 14 juillet 1929 et décret-loi du 31 août 1937 sur le crédit agricole.[10] Le rôle de ces institutions pour structurer la profession agricole est tel que Louis Salleron parle à leur propos, en 1937, de «cadres précorporatifs de l'Agriculture française».[11]

Parallèlement, sur le plan de la représentation collective, ont été créées par la loi du 3 janvier 1924 des chambres départementales d'agriculture. Une assemblée des présidents des chambres d'agriculture se réunit deux fois par an dès 1927 et la reconnaissance officielle est obtenue par un décret-loi du 30 octobre 1935.[12]

Durant l'entre-deux-guerres, se développent également des associations agricoles spécialisées. La plus célèbre et l'une des plus puissantes est sans doute l'Association générale des producteurs de blé.[13] Mais la période voit aussi naître la Confédération générale des producteurs de lait, la Confédération générale des planteurs de betteraves, l'Association générale des producteurs de viande, la Confédération générale des producteurs de fruits à cidre, et les

8 David BENSOUSSAN, *Combats pour une Bretagne catholique et rurale. Les droites bretonnes dans l'entre-deux-guerres,* Paris, Fayard, 2006.

9 Paul PIARD, *Des syndicats vers la corporation. L'organisation de la Champagne viticole*, Paris, Editions du Chancelier, 1937.

10 André GUESLIN, *Histoire des crédits agricoles,* t. 1, *L'envol des caisses mutuelles (1910-1960),* Paris, Economica, 1984.

11 Louis SALLERON, *L'Evolution de l'agriculture française du régime foncier au régime corporatif,* Paris, Dunod, 1937, pp. 95-111, il s'agit du titre du chapitre V.

12 Pierre SAHONET, *La représentation professionnelle de l'agriculture,* Toulouse, Imprimerie H. Cléder, 1926; Pierre ROUVEROUX, *La représentation professionnelle de l'agriculture,* Paris, La Maison rustique, 1938; Philippe DORÉ, *Les chambres d'agriculture et la corporation agricole,* Paris, Librairie du Recueil Sirey, 1941; Christiane MORA, *Les Chambres d'agriculture: représentation et défense des intérêts agricoles 1924-1940,* thèse de 3e cycle sous la dir. de René Rémond, Université de Bordeaux, 2 vol., 1967; et surtout Mélanie ATRUX-TALLAU, *Histoire sociale d'un corps intermédiaire: l'Assemblée permanente des chambres d'agriculture (1924-1974),* thèse de doctorat d'histoire, sous la dir. de Claude-Isabelle Brelot, Université Lyon 2, 2010.

13 Henri ROUSSILLON, *L'Association générale des producteurs de blé,* Paris, A. Colin, 1970.

associations des producteurs de lin, de chanvre, des pommes de terre, de fruits et légumes, d'animaux de basse-cour, de chicorée… Concernant les responsables de ces associations, on les trouve, en fait le plus souvent également dans les chambres d'agriculture, dans les organisations mutualistes et dans les confédérations généralistes. Ainsi, comme l'écrit l'un des rares connaisseurs de l'histoire du syndicalisme agricole:

> Ce constat des responsabilités multiples des dirigeants agricoles ôte toute pertinence à une analyse institutionnelle basée sur l'hypothèse d'un fonctionnement propre et autonome de chacune des organisations agricoles.[14]

On doit noter que dans ces différentes associations représentant les intérêts du monde agricole, les parlementaires occupent une place importante. Ce point est d'ailleurs, à l'époque, perçu par certains acteurs de manière critique. Ainsi, Louis Salleron explique en 1939:

> A part les associations spécialisées, l'organisation professionnelle agricole est, essentiellement, régionale. Sa représentation parisienne ne correspond absolument pas à sa vitalité profonde. La raison de ce contraste est très simple et découle de nos explications précédentes: c'est qu'à Paris les véritables représentants des agriculteurs étaient les parlementaires. A l'heure actuelle ce sont des parlementaires qui président l'Assemblée des Présidents des Chambres d'Agriculture et l'Office du blé; ce sont des parlementaires ou d'anciens parlementaires qui président les plus importantes des associations agricoles nationales.[15]

Les nouvelles mobilisations des années trente

C'est dans ce contexte qu'il faut comprendre différentes évolutions dans les revendications du monde agricole français durant les années 1930. Face à la crise économique et aux déstabilisations des marchés agricoles, l'antiparlementarisme commence à se développer et peut trouver des échos dans des revendications corporatistes. Ainsi, Gaston Boivin, professeur d'économie rurale à l'Institut d'études corporatives et sociales, explique en 1937:

> Ce n'est pas un Parlement, quel qu'il soit, qui résoudra les problèmes du blé, de l'élevage, du vin. La plupart des mesures prises par les Chambres sur ces points ont été des offenses à la raison et n'ont réussi qu'à rendre plus inextricables des questions déjà complexes. La culture française a besoin avant tout de la substitution d'un état d'ordre à une anarchie à peine larvée. […] Aussi longtemps que le contingentement

14 Denis PESCHE, *Le syndicalisme agricole spécialisé en France. Entre la spécificité des intérêts et le besoin d'alliance,* Paris, L'Harmattan, 2000.

15 Louis SALLERON, «L'agriculture et sa représentation dans l'Etat», *Revue Politique et Parlementaire,* N° 510, 10 mai 1937, pp. 279-284, citation p. 284.

> sera l'œuvre d'une assemblée politique, il ne correspondra exactement à rien, si ce n'est à des privilèges accordés à telle région dont le représentant est bien en cours.[16]

Ce type de discours s'inscrit dans une série de mobilisations nouvelles marquées par le dorgérisme, par le développement d'une nouvelle organisation, l'Union nationale des syndicats agricoles (UNSA), et par les chocs en retour du Front populaire.

Le mouvement mené par Henri Dorgères à partir des années 1920 mobilise les campagnes dans une dynamique au départ antifiscale[17] et surtout tribunicienne,[18] mais qui, peu à peu, rencontre le discours sur le corporatisme paysan. Pascal Ory, un de ses premiers historiens, a bien souligné que le discours corporatiste reste assez simple:

> Ce n'est cependant qu'à partir du Front Paysan et sous l'influence conjointe de Jacques Le Roy Ladurie et de Jacques Eynaud que la *Défense Paysanne* abordera avec précision la question corporative et encouragera la création de commissions paritaires dont les premières, en janvier 1939, dans l'Oise et l'Eure, apparaissent aujourd'hui comme autant de laboratoires de la future Corporation Paysanne. L'Etat dorgérien sera donc un Etat corporatif paysan et son image, au cœur d'une époque féconde en propositions pour la Réforme de l'Etat, a cet air fruste des estampes populaires, authentiques et contrefaites.[19]

Plus qu'un mouvement de «fascisme rural» très structuré intellectuellement, Robert Paxton a bien montré la manière dont ses révoltes paysannes renvoient à une «crise de représentation» du monde rural dans cette France de la IIIe République.[20] Dans le même temps si Dorgères passe des alliances avec les figures les plus conservatrices du monde agricole, il connaît assez vite des tensions avec les notables.[21] Paxton souligne d'ailleurs que Dorgères ne perçoit pas bien les enjeux de politique agricole:

16 Gaston Boivin, «Les professions agricoles», *in: Le Corporatisme,* 15 août 1937, N° 3, pp. 11-15, citation p. 13.

17 Nicolas Delalande, *Les batailles de l'impôt. Consentement et résistances de 1789 à nos jours,* Paris, Seuil, 2011, pp. 351-356.

18 *Cf.* le témoignage du chef de la presse agricole du mouvement, le futur député gaulliste Triboulet, Raymond Triboulet, *Un gaulliste de la IVe République,* Paris, Plon, 1985, pp. 27-31.

19 Pascal Ory, «Le dorgérisme institution et discours d'une colère paysanne (1929-1939)», *Revue d'histoire moderne et contemporaine,* XXII, avril-juin 1975, pp. 168-190, citation p. 181.

20 Robert O. Paxton, *Le temps des chemises vertes. Révoltes paysannes et fascisme rural 1929-1939,* Paris, Seuil, 1996, pp. 63-85: «une crise de représentation» et pp. 250-268: «Un fascisme au village?».

21 David Bensoussan, *Combats pour une Bretagne..., op. cit.,* «L'essor du dorgérisme ou la radicalisation du monde rural breton», pp. 421-469.

Dorgères ratera ce tournant qui menait du corporatisme à la cogestion, car s'il était corporatiste, comme tout le monde, il y voyait surtout une arme contre l'Etat, alors que les notables y voyaient le moyen de sortir de l'isolement et de partager le pouvoir avec l'Etat. Comprenant qu'ils pourraient jouer un rôle de premier plan dans la direction d'un système corporatiste une fois qu'il serait institué, les notables acceptaient les assurances sociales, les allocations familiales et l'Office du blé, à la condition que ce soient leurs organisations qui les gèrent. Aussi, au sortir des jours agités de la période 1934-1935, celle de l'effondrement des prix, l'élite du monde rural préférait désormais le pouvoir à la contestation, et laissait Dorgères dehors.[22]

Un autre mouvement porté pour une large part par les élites conservatrices bretonnes se développe alors: il s'agit de l'UNSA.[23] Roger Grand, son président qui professe à la Semaine sociale d'Angers en 1935 consacrée au corporatisme se fait l'apôtre de cette doctrine. David Bensoussan souligne bien la logique du mouvement en expliquant que

si le corporatisme continue de véhiculer des logiques organisationnelles, la radicalisation politique des notables agrariens laisse éclater sur la scène politique leur mépris pour le modèle républicain et ses valeurs fondatrices.[24]

Le mouvement trouve son moment de gloire dans un grand congrès réuni à Caen en mai 1937. L'évêque de Quimper, Mgr Duparc, l'encourage en prêchant une vision catholique du corporatisme: «Organisez votre profession; attachez-y vos ouvriers agricoles; et par une réconciliation sociale qui sera votre œuvre propre, arrivons à la corporation que nous prônons depuis soixante ans».[25] La déclaration finale du congrès place la question de la représentation des paysans au centre du discours, résumée en trois points:

1. Représentation de nos syndicats paysans dès maintenant auprès de l'Etat. 2. Dans la hiérarchie corporative, première place à la paysannerie parce qu'elle représente le premier Ordre dans la Nation, celui dont est issue la Nation, et celui sans lequel il n'y aurait plus de Nation. 3. Autonomie de la Corporation – reflet du fait paysan – compétence et responsabilité dans les limites de sa spécialité, avec arbitrage de l'Etat, avec si l'on veut son contrôle et non point sa tutelle.[26]

La revendication porte sur un syndicalisme agricole devant être «familial», «territorial» et «professionnel». Le discours mêle déploration et attaque contre le libéralisme économique comme sous la plume de Rémy Goussault:

22 Robert Paxton, *Le temps des chemises vertes…, op. cit.*, p. 277.
23 David Bensoussan, «L'Union nationale des syndicats agricoles (UNSA) face au Front populaire», *in:* Gilles Morin, Gilles Richard (dirs.), *Les deux France du Front populaire,* Paris, L'Harmattan, 2008, pp. 189-197.
24 David Bensoussan, *Combats pour une Bretagne…, op. cit.*, p. 488.
25 Cité par Suzanne Berger, *Les paysans contre la politique…, op. cit.*, p. 170.
26 Cité par Pierre Barral, *Les agrariens…, op. cit.*, pp. 235-236.

> Ce n'est pas trop de dire [...] que la situation de la paysannerie est misérable. La paysannerie se meurt. La petite ville aussi, dont la grande ville a vidé la substance humaine, spirituelle, administrative, industrielle et commerciale. [...] Le libéralisme économique a méconnu, méconnaît et méconnaîtra toujours les nécessités paysannes.[27]

Cette radicalisation des mouvements de droite agricole et l'écho qu'ils rencontrent doivent aussi se comprendre en réaction à la victoire du Front populaire. Certes le communisme et le socialisme ont continué à s'implanter dans certaines campagnes, mais les questions agricoles ne sont pas au premier plan de la politique menée. Les plus critiques rappellent alors que «la semaine de 40 heures, les congés payés creusèrent encore un peu plus le fossé qui séparait le paysan du citadin».[28] Les mesures prises concernant le monde agricole sont restées limitées. Le ministre de l'Agriculture Georges Monnet n'a pas réussi à faire passer son important projet de loi tendant à régler les rapports entre producteurs agricoles, commerçants et industriels par la conclusion de conventions collectives fixant les conditions de vente des produits agricoles pour une branche de production. La réforme de grande ampleur qui passe, non sans difficulté, à l'été 1936 est la création de l'Office du blé. Vieux projet socialiste, sa mise en pratique pose en fait nettement la question du corporatisme et la relie consubstantiellement à l'étatisme.[29]

On peut cependant interpréter de différentes manières cette création institutionnelle. En 1938, dans un numéro de revue consacrée au corporatisme, le néo-socialiste Marcel Déat explique:

> Le cas de l'Office du Blé ressortit assurément davantage à l'étatisme qu'au corporatisme. Cependant l'Office a favorisé le développement des coopératives agricoles et des syndicats qui ne sont qu'un autre nom des coopératives. Et les intentions du Ministère de l'agriculture ont été un moment orientées vers un appel direct aux producteurs: l'idée était lancée d'une mise en ordre du marché agricole à partir d'un réseau de contrats collectifs signés entre groupements: cultivateurs, transporteurs, meuniers, peut-être boulangers. Ce système n'est évidemment possible que si ces diverses catégories sont assez fortement constituées en corps. Si l'Office du Blé garde un caractère administratif et une forme centralisée, bien que le prix du quintal soit annuellement fixé par une assemblée où les producteurs sont représentés, à côté

27 Rémy GOUSSAULT, *Syndicats paysans. Congrès syndical paysan, Caen (5-6 mai 1937)*, Paris, Flammarion, 1937, pp. 3, 6.

28 Michel TISSOT, *L'organisation corporative de l'agriculture,* Paris, Librairie générale de droit et de jurisprudence, 1942, p. 1.

29 Alain CHATRIOT, «Les Offices en France sous la troisième République. Une réforme incertaine de l'Administration», *Revue française d'administration publique,* N° 120, 2006, pp. 635-650.

des consommateurs et de la meunerie, sous l'arbitrage ministériel, l'Office du Vin est davantage orienté vers la gestion professionnelle.[30]

De plus, durant ces années, on ne doit pas oublier à l'arrière-plan des revendications agricoles et des tensions du monde rural, le développement progressif des assurances sociales.[31]

Les années trente sont donc bien un moment de modification à la fois organisationnelle et de la nature même des débats portant sur le monde agricole. Les revendications sont nombreuses, parfois divergentes mais, indéniablement, le rôle de l'Etat et celui de la profession sont en train de changer. Dès lors, le problème consiste à suivre au plus près l'entremêlement complexe des idéologies et des intérêts. Derrière l'étatisme ou le corporatisme peuvent en effet se profiler des stratégies et des combats très divers. La position par exemple de Roland Maspétiol, alors jeune juriste, est assez originale dans ce contexte car quand il dénonce en 1939 «l'étatisme socialiste et l'agriculture»,[32] il s'agit pour lui de maintenir une ligne qui, d'apparence corporatiste, veut éviter tout parallèle avec les expériences fascistes menées à l'étranger:

> A l'heure où les idéologies totalitaires, qu'elles soient communistes ou fascistes, ont conquis les deux tiers de l'Europe, la défense paysanne est la forme nécessaire de la défense républicaine. Le sillon du paysan constitue l'ultime tranchée de la liberté française, s'il est vrai que la France est elle-même le dernier rempart de la liberté en

30 Marcel DEAT, «Corporatisme et liberté», *Archives de philosophie du droit et de sociologie juridique,* 1938, N° 3-4, pp. 37-67 (Cahier spécial: «le Corporatisme»), cité pp. 49-50.

31 *Cf.* dans une abondante bibliographie: Henriette MARTIN, *Les assurances sociales et l'agriculture,* Paris, Domat-Montchrestien, 1932; Louis SALLERON, «L'agriculture et les lois sociales. Les allocations familiales», *in:* Rémy GOUSSAULT, *Syndicats paysans. Congrès syndical paysan, Caen (5-6 mai 1937),* Paris, Flammarion, 1937, pp. 99-121; Michel LAURAS, *Le financement de la législation sociale en agriculture,* Paris, Jouve et Cie, 1943; Paul V. DUTTON, «An Overlooked Source of Social Reform: Family Policy in French Agriculture, 1936-1945», *The Journal of Modern History,* vol. 72, N° 2, Juin 2000, pp. 375-412; Michel DREYFUS, Michèle RUFFAT, Vincent VIET, Danièle VOLDMAN, avec la collaboration de Bruno VALAT, *Se protéger, être protégé. Une histoire des Assurances sociales en France,* Rennes, Presses universitaires de Rennes, 2006, chapitre «Les paysans résignés»; David BENSOUSSAN, *Combats pour une Bretagne..., op. cit.,* «L'irruption de la paysannerie sur la scène politique: la lutte contre les Assurances sociales», pp. 403-420.

32 Titre d'une des trois parties de son ouvrage: Roland MASPETIOL, *Economie paysanne,* Paris, Librairie de Médicis, 1939 (citation p. 149). Ce membre du Conseil d'Etat est resté célèbre pour le titre d'un de ses livres: Roland MASPETIOL, *L'ordre éternel des champs. Essai sur l'histoire, l'économie et les valeurs de la paysannerie,* Paris, Librairie de Médicis, 1946, *cf.* la présentation de son parcours par Isabel BOUSSARD, «Roland Maspétiol. Une figure marquante de l'économie rurale. Ancien président de la SFER (1959-1963)», *Economie rurale,* N° 223, septembre-octobre 1994, pp. 3-5.

> Europe. Le déclin du village, c'est aussi celui d'une civilisation compatible avec la garantie légale du citoyen et le respect de la dignité humaine.

La difficulté de tenir ce type de position se retrouve largement dès lors que la défaite de 1940 permet de nouvelles expérimentations politiques.

La corporation paysanne: entre corporatisme et étatisme

Une rupture?

> La défaite de juin 1940 devait hâter une évolution que les nécessités économiques et sociales eussent sans doute imposée peu à peu. Les vices du régime passé se montrèrent en pleine lumière. L'établissement d'un régime corporatif apparut comme un antidote, et comme l'un des moyens essentiels de la Révolution nationale. La réforme, désirable depuis de nombreuses années du point de vue paysan, devenait possible du point de vue politique: l'ambiance favorable était née.

Ainsi s'exprime Albert Dollinger, le directeur général des services centraux de la Corporation paysanne dans l'ouvrage collectif de 1943.[33] Dans ce discours justificatif, l'intérêt n'est pas seulement dans la déclaration franche sur «l'ambiance favorable» au corporatisme, ni dans la centralité du monde agricole dans les ambitions de la Révolution nationale, mais bien dans la relativisation de la rupture par rapport aux évolutions économiques et sociales.

Plutôt que de se livrer à un récit des péripéties de l'histoire de la corporation paysanne,[34] il semble intéressant de creuser quelque peu cette question de la continuité et de la rupture dans les politiques agricoles. On l'a déjà signalé, Louis Salleron, dans la plupart de ces écrits, a insisté sur une forme de continuité organisationnelle. D'autres témoignages de l'époque vont dans le même sens:

> L'agriculture française s'était donnée spontanément avant 1940 une organisation dans le cadre juridique du syndicalisme, de la coopération et de l'association. Ses groupements constituaient les cadres d'une organisation susceptible de mener à bien la tâche qui incombe à l'organisation d'une profession, mais il leur manquait les pouvoirs qui leur auraient permis d'exercer toutes ces fonctions d'une manière satisfaisante. Le législateur de 1940 n'eut donc qu'à compléter ce régime et à le doter

33 Albert Dollinger, «De la loi du 2 décembre 1940 à la loi du 16 décembre 1942», *in* Louis Salleron *et al.*, *La Corporation paysanne, op. cit.*, pp. 33-84, citation p. 35.

34 Fondé sur un dépouillement précis des archives déposées aux Archives nationales, la recherche d'Isabel Boussard reste à consulter, Isabel Boussard, *Vichy & la corporation..., op. cit.*

de prérogatives de puissance publique pour aboutir, avec la corporation, à une organisation professionnelle cohérente.[35]

Ou dans le même sens: «Les groupements professionnels agricoles ont, de longue date, préparé la naissance de cette ‹Corporation Agricole›, qui est moins une révolution que l'aboutissement d'une longue évolution».[36]

L'un des éléments de continuité les plus clairs réside dans le fait que les services de la Corporation, à Paris, s'installent rue Scribe dans l'immeuble des Chambres d'agriculture. L'innovation réside en fait dans les pouvoirs accordés à la Corporation, en particulier comme le résumait très bien Pierre Barral: «la Corporation recevait un véritable pouvoir réglementaire, que la législation républicaine avait refusé aux professions».[37] Mais ce pouvoir allait être bien difficile à exercer dans le contexte du conflit et de l'occupation du territoire.

Parmi les autres éléments de continuité, l'un des plus intéressants est le maintien de l'Office du blé. Alors que cette institution associée au Front populaire avait été tant décriée par les hommes qui arrivent au pouvoir avec la Corporation, l'Office est, certes, quelque peu réformé, mais maintenu. Le spécialiste d'économie rurale Pierre Fromont le note d'ailleurs non sans étonnement:

L'Office du blé de 1936 avait paru aux producteurs de blé un instrument imparfait; leur bulletin résumait toutes les critiques en disant: «Au sommet, l'Office central n'est pas professionnel. C'est un organisme d'Etat qui, derrière une façade professionnelle, est en réalité soumis au pouvoir du Ministre de l'Agriculture» [Bulletin du 9 décembre 1937]. A supposer qu'un organisme professionnel soit plus apte qu'un autre à résoudre le problème, la loi de 1940 ne semble marquer aucun progrès; nous n'y avons rien trouvé qui atténuât le caractère étatiste donné à l'Office par la loi de 1936; plus que jamais, cet organisme est soumis, dans sa composition et son fonctionnement, à la volonté toute puissante de l'Etat; plus que jamais, il n'est professionnel que par son titre.[38]

Plus ironique encore, le député socialiste breton Tanguy Prigent publie un article en décembre 1940 où il explique:

A ce sujet, il est assez curieux de constater que la réglementation rigoureuse des marchés est ordonnée par les mêmes hommes – ceux de Vichy – qui s'opposaient résolument avant la guerre, à toutes les propositions tendant à créer une économie et une monnaie dirigées et disciplinées. Mieux vaut tard que jamais certes, mais il est

35 Raymond MALEZIEUX, «Les principes d'une organisation professionnelle de l'agriculture», *in:* «Problèmes actuels de l'agriculture», *Collection Droit Social,* XXVI, septembre 1945, pp. 34-36, citation p. 34.

36 Michel TISSOT, *L'organisation corporative…*, *op. cit.,* p. 2.

37 Pierre BARRAL, *Les agrariens…*, *op. cit.,* p. 277.

38 Pierre FROMONT, «L'office national interprofessionnel des céréales», *in:* «L'organisation de la production agricole», *Collection Droit Social,* VIII, 1941, pp. 17-21, citation p. 20.

> tout de même infiniment regrettable que l'on ne se soit décidé qu'au moment où le malheur s'est abattu sur notre pays.[39]

Dans ce contexte spécifique, se pose la question du rôle des expériences étrangères dans la création de la corporation paysanne. Le point a été débattu car il était particulièrement polémique après la Seconde Guerre mondiale. Il semble en tout cas que, si les pratiques des différents corporatismes européens sont connues, l'inspiration reste très largement plus celle des modèles autoritaires que celle des régimes fascistes.[40] En 1943, Louis Salleron a parfaitement conscience des enjeux entourant déjà cette question:

> Quand nous parlons de la nécessité d'un «régime corporatif» pour l'agriculture, nous nous servons d'une expression dont le danger ne nous échappe pas. Le mot «corporation» est trop souvent reçu comme l'équivalent de «service public en régime dictatorial». La construction systématique du fascisme italien favorise cette confusion, que nous entendons dissiper ici, en démontrant l'indépendance du phénomène corporatif par rapport à la politique. [...] Pour des fins de prospérité nationale, – communes à tous les pays –, l'Italie et le Portugal organisent la corporation, mais ils lui assignent un rôle complètement différent. Rouage direct de l'Etat, selon la volonté de Mussolini, elle est un organe social contrôlé par l'Etat, selon la volonté de Salazar. Formules opposées qui prouvent le caractère spécifique de l'objet du débat. Retenons-en la leçon qu'il y a lieu, en France, d'étudier, pour elle-même, la solution corporative, sans être hanté par les exemples étrangers.[41]

Les premiers textes régissant la Corporation apparaissent à certains acteurs comme très flous et l'avenir de l'organisation semble incertain. Ainsi, Adrien Toussaint, vice-président de l'UNSA, dénonce la situation: «Le texte est muet, trop laconique, à notre avis» et il ajoute:

> Après avoir esquissé les grandes lignes de la Maison corporative du Paysan, ce n'est pas sans une certaine anxiété que nous nous demandons si l'édifice pourra être construit rapidement et avec le concours d'un nombre suffisant de bons ouvriers.[42]

Le volume collectif de 1943 malgré son ton d'autocélébration ne peut totalement cacher les difficultés:

39 *Bulletin bi-mensuel de la coopérative de Défense paysanne de Morlaix et de la Fédération paysanne du Finistère,* Archives Nantes, PRI 26, N° 4, 16 décembre 1940, le titre de l'éditorial de Tanguy Prigent est: «Economie dirigée? Oui. Mais qu'elle soit sincère, totale et coopérative».

40 Alain CHATRIOT, «Les nouvelles relèves et le corporatisme, visions françaises des expériences européennes»; *in:* Olivier DARD, Etienne DESCHAMPS (dirs.), *Les relèves en Europe d'un après-guerre à l'autre: racines, réseaux, projets et postérités*, Bruxelles, P. Lang, 2005, pp. 173-196.

41 Louis SALLERON, *Un régime corporatif pour l'agriculture. «Etudes corporatives»*, Paris, Dunod, 1943, 2e édition, pp. 68, 79.

42 Adrien TOUSSAINT, «L'organisation corporative de l'agriculture», *in:* «L'organisation de la production agricole», *op. cit.,* citations pp. 7-13, 9, 12-13.

> Le jour où la Corporation Paysanne pourra donner lieu à une œuvre parfaite, c'est qu'elle aura un long passé. Nous lui préférons un présent légèrement tumultueux qui est, nous en sommes convaincus, le plus sûr gage d'un long avenir.[43]

Le ton se fait plus inquiet et révèle certaines des tensions qui minent la Corporation:

> Telles sont les perspectives assez sombres que la raison assigne, à première vue, au développement futur de la Corporation. Celle-ci, partie pour exercer des pouvoirs, n'en exerce, en fait, aucun et a été profondément étatisée, notamment par la voie budgétaire. Les conditions imposées par le ministère des Finances à la Corporation aboutissent à un asservissement fâcheux de la profession. Il y aurait donc lieu de désespérer si les choses devaient continuer d'aller comme elles ont commencé. Mais c'est justement ce qui est impossible.[44]

Des tensions diverses et des réalités locales différenciées

Des conflits de personnes aux réalités locales contrastées, l'un des enjeux de l'histoire de la corporation paysanne consiste bien à essayer de mettre quelque peu à distance les discours des différents acteurs de l'époque.

Les rivalités individuelles s'exacerbent en effet à Vichy. Dorgères semble triompher mais en fait est vite déçu.[45] Jacques Le Roy Ladurie, dans ses mémoires, écrit sévèrement mais significativement:

> Quant à la Corporation, sur laquelle en théorie, comme ministre de l'Agriculture, je continuais à garder un droit de tutelle, je refusai toujours de m'y intéresser au niveau national. Je préférai couper les ponts définitivement d'avec la «camarilla» vichyste de cet organisme.[46]

Pierre Hallé, l'ancien responsable de l'Association générale des producteurs de blé prend la tête de l'Office national interprofessionnel des céréales (ONIC) mais en démissionne après un désaccord avec le ministère des Finances sur le ravitaillement.[47] Cette question rejoint donc celle des

43 Louis SALLERON *et al.*, *La corporation paysanne, op. cit.*, p. 4.

44 *Ibid.*, p. 6.

45 Robert PAXTON, *Le temps des chemises vertes..., op. cit.*, pp. 232-244.

46 Jacques LE ROY LADURIE, *Mémoires 1902-1945,* Paris, Flammarion-Plon, 1997, édition établie par Anthony ROWLEY et Emmanuel LE ROY LADURIE, p. 311.

47 Isabel BOUSSARD, «La politique agrarienne du gouvernement de Vichy», *in:* Pierre CORNU, Jean-Luc MAYAUD (dirs.), *Au nom de la terre. Agrarisme et agrariens en France et en Europe du 19e siècle à nos jours,* Paris, La boutique de l'histoire, 2007, pp. 193-204.

de périmètre entre ministères, conflits particulièrement vifs dans le contexte du régime du maréchal Pétain.[48]

Au-delà des désaccords personnels, les rivalités peuvent aussi ressortir en termes d'équilibre géographique ou entre types de productions. Le député Edouard Barthe, grand défenseur de la viticulture du Languedoc, écrit dans son journal en date du 6 avril 1943 à propos de la visite du baron Leroy, autre défenseur du vignoble:

> Leroy me confirme tout ce que je crains au sujet de la corporation. Il a pu obtenir que les associations ne soient pas dissoutes, ainsi on a conservé le droit d'ester en justice, mais la corporation est entièrement entre les mains de la polyculture du Nord. A peine a-t-on pu obtenir que Benet fasse partie du Conseil national, mais il est noyé, isolé.[49]

Certains conflits locaux et personnels sont parfois de plus grande ampleur et révélateurs d'autres tensions plus politiques. Ainsi, quand, en 1943, Jean Bohuon, lieutenant de Dorgères, est élu syndic régional de la Corporation paysanne pour l'Ille-et-Vilaine contre le comte Roger de La Bourdonnaye, grand notable et ancien président de la chambre d'agriculture, de nombreuses tractations semblent se dérouler à Paris.[50] De plus, on peut y voir une des tensions des années trente qui traversaient la droite agricole: celle opposant les élites traditionnelles et les nouveaux venus.

D'autres oppositions sont bien sûr plus nettement politiques. Ainsi, d'après son témoignage, à son retour de captivité, Raymond Triboulet va trouver le comte de Guébriant au siège de la Corporation paysanne à Paris et il se dit choqué par un discours qu'il estime trop réservé face à l'idée de combattre l'Occupation.[51] De manière, plus nette encore, Tanguy Prigent, député et militant socialiste, manifeste au début de la guerre son opposition à la Révolution nationale par des moyens légaux (en combattant en particulier contre Landerneau et ses leaders traditionalistes), avant de s'engager dans la résistance.[52]

48 Sur l'agriculture, *cf.* Claire-Elise MICHARD, René BOURRIGAUD, «Les relations ministère du Travail/ministère de l'Agriculture: le tournant de Vichy», *in:* Alain CHATRIOT, Odile JOIN-LAMBERT, Vincent VIET (dirs.), *Les politiques du travail (1906-2006) acteurs, institutions, réseaux*, Rennes, Presses universitaires de Rennes, 2006, pp. 275-287; et pour le domaine des politiques sociales, *cf.* Christophe CAPUANO, *Vichy et la famille. Réalités et faux-semblants d'une politique publique,* Rennes, Presses universitaires de Rennes, 2009.

49 Edouard BARTHE, *Le combat d'un parlementaire sous Vichy. Journal des années de guerre (1940-1943),* introduction, notes et postface par Jean Sagnes, Sète, Editions Singulières, 2007, p. 427.

50 Robert PAXTON, *Le temps des chemises vertes..., op. cit.,* pp. 279-281.

51 Roland TRIBOULET, *Un gaulliste..., op. cit.,* pp. 77-80.

52 Christian BOUGEARD, *Tanguy Prigent, paysan ministre,* Rennes, Presses universitaires de Rennes, 2002, pp. 109-124.

Des désaccords traversent aussi le camp corporatiste. En 1941, le directeur des services agricoles Georges Vialas souligne par son discours les ambiguïtés du positionnement de la corporation par rapport à l'Etat:

> Les démagogues sont dangereux pour la collectivité parce que, si on les suivait, ils aboutiraient à faire de la corporation un Etat dans l'Etat... la corporation émancipera moralement les paysans dans la mesure où elle saura éloigner les discussions politiques, s'intégrer à l'Etat et ne pas se dresser contre les agents d'exécution de son gouvernement. Toute autre politique mène à l'anarchie.[53]

Comme en écho, semble lui répondre Louis Salleron, l'année suivante, tout à la défense de l'autonomie de la corporation:

> Entre un régime corporatif, qui serait son salut, et l'étatisme, qui serait sa perte, la France hésite. Par la voix de son chef, elle a opté pour le régime corporatif. Par le poids de ses anciennes institutions, elle glisse dans l'étatisme.[54]

Localement, les situations peuvent être contrastées et nous manquons d'études précises[55]. C'est pourquoi celle d'Antoine Cardi sur le Calvados[56] est précieuse, d'autant qu'il s'agit d'un département dans lequel Jacques Le Roy Ladurie joue un rôle important. L'auteur a montré combien l'engagement paysan restait limité et que «les agriculteurs qui se syndiquent sont surtout attirés, comme dans le passé, par les services économiques proposés par les structures syndicales: vente d'engrais, outils, etc.»[57] Surtout, en dépouillant la presse locale *(L'Agriculture du Pays d'Auge),* l'historien montre que le monde paysan associe progressivement la Corporation à la coercition liée à la politique de ravitaillement. La tension sur la centralisation et l'autorité est clairement posée dans un article du 26 novembre 1942:

> Au lieu d'une Corporation, immense Fédération des forces paysannes régionales organisées, elles-mêmes émanation des forces professionnelles locales, de bons

53 Georges VIALAS, *Pour une France corporative,* Mont-de-Marsan, J. Lacoste, 1941, pp. 60-62.

54 Louis SALLERON, *Naissance de l'Etat corporatif. Dix ans de Syndicalisme paysan,* Paris, B. Grasset, 1942, p. 9.

55 On peut rappeler les pages intéressantes concernant la continuation de l'action de l'Union du Sud-Est, un syndicat influent de l'entre-deux-guerres dans le Rhône dans Elisabeth MORFIN, «La Corporation paysanne dans le Rhône», *Bulletin du Centre d'histoire économique et sociale de la région lyonnaise,* N° 1-2, 1981, pp. 41-44.

56 Antoine CARDI, «La Corporation paysanne (1940-1944). Entre le local et le national: l'exemple du Calvados», *Histoire et Sociétés Rurales,* N° 14, 1er semestre 2000, pp. 127-152. Voir aussi les analyses de Michel Boivin sur «le succès limité» de la corporation paysanne dans la Manche: Michel BOIVIN, *1939-1945. Les Manchois dans la tourmente de la Seconde Guerre mondiale, t. 3, L'Occupation, l'ordre allemand, le régime de Vichy et la collaboration*, Marigny, Editions Eurocibles, 2004, pp. 87-94, je remercie Olivier Dard de m'avoir signalé cette référence.

57 *Ibid.,* p. 134.

> apôtres nous proposent donc – ou plus hypocritement se proposent – de constituer un réseau inverse: émanation du pouvoir (et ne recevant de directives que de ses bureaux ou de ses agents), une vaste administration centrale communiquant des ordres aux régions, lesquelles transmettraient des instructions aux syndicats dits corporatifs locaux, dont les membres n'auraient qu'à exécuter, qu'à saluer, à approuver et [...] à cotiser afin de soulager l'Etat de la charge de ce pesant appareil bureaucratique centralisé.[58]

Ces divergences politiques, idéologiques et organisationnelles sont importantes à considérer car elles expliquent aussi, pour une part, la diversité que recouvre la Corporation paysanne et cet élément est bien sûr très important lors de la Libération. Ainsi, on peut tout à fait suivre l'historien Fabien Conord lorsque ce dernier insiste sur certains enjeux locaux:

> A l'échelon national, il est évident que les responsables de la Corporation paysanne relèvent massivement de la droite. A l'échelle locale en revanche, de nombreux socialistes et radicaux-socialistes ont pu être syndics communaux.[59]

Quelques éléments pour conclure ce tour d'horizon de la question du corporatisme agricole dans la France des années 1930-1940. On doit d'abord rappeler que beaucoup de discours sur le monde agricole, durant ces années, s'accompagne d'un certain goût pour la dramatisation. La question de la survie du monde rural est souvent posée comme par Joseph Patouillet en 1935:

> Corporatisme, en France, ne peut être caporalisme, et la formule du grand animateur de l'unité italienne, Cavour: «L'Eglise libre dans l'Etat libre» peut se traduire ici: «Le syndicat libre par la profession organisée». Et la nation couronne le tout, pour arbitrer et subordonner les intérêts professionnels, ainsi exprimés et coordonnés, à l'intérêt général, outillée et armée pour agir et pour vaincre dans la lutte qui s'impose à nous si nous ne voulons pas mourir.[60]

58 *Ibid.,* pp. 144-145. *Cf.* dans le même sens: «Sans cesse, nous avons à défendre notre organisation contre les emprises de l'administration et des services du Ravitaillement général assez enclins à considérer la Corporation paysanne comme créée uniquement pour les décharger de besognes ingrates et leur servir d'agents de renseignement, sinon d'exécution. La Corporation paysanne n'est rien de tout cela. Son rôle est la défense des intérêts moraux, sociaux et économiques des paysans», *L'Agriculture du Pays d'Auge,* 22 juillet 1943, cité *in: ibid.,* p. 147.

59 Fabien CONORD, *Rendez-vous manqués. La gauche non communiste et la modernisation des campagnes françaises,* Pessac, Presses universitaires de Bordeaux, 2010, p. 284.

60 Joseph PATOUILLET, «L'Organisation professionnelle de l'agriculture», *in: L'Etat moderne,* N° 3, mars 1935, pp. 219-236, citation p. 236. Dans le même style, extrait d'un texte daté de mai 1939, par un ingénieur agricole très impliqué dans le corporatisme pour le monde laitier: «Ce jour-là, la terre reviendra aux Paysans. Sinon ce sera peut-être la fin d'une civilisation», in: Henri BABEUR, *Le corporatisme. Cadre de l'Organisation économique et sociale. Son application à la richesse laitière,* Vire, Lecvire, 1942, p. 152.

Le second point à souligner est la fluidité qui entoure la notion de corporatisme associé au monde agricole: au début des années 1930, les «organismes corporatifs agricoles» renvoient d'abord aux coopératives et au crédit agricole.[61] Cette fluidité a aussi pour conséquence des désaccords sur ce qu'il faudrait entendre par corporatisme. Un paysan, en 1936, explique ainsi:

> Ancien et fidèle disciple du corporatiste La Tour du Pin, il m'est souvent arrivé depuis quelques mois de m'élever avec vigueur contre tel ou tel corporatismes, dont le moins qu'on puisse dire est qu'ils heurtent violemment l'équité, le bon sens et, pourquoi ne pas l'avouer, mon désir ardent d'une émancipation paysanne.[62]

La dimension internationale, pour le corporatisme agricole, existe dans les discours mais les acteurs en parlent le plus souvent avec précaution tant les expériences de pays voisins peuvent constituer tout à la fois des modèles et des contre-modèles. Comme le résume cependant bien un docteur en droit en 1937, les projets de corporatisme agricole prospèrent d'abord sur l'échec du système libéral:

> Cette intervention se manifeste bien plus clairement encore dans les tentatives d'organisation des marchés inaugurées dans la plupart des pays à l'heure actuelle. A cet égard nous ne faisons aucune différence entre l'AAA [*Agricultural Adjustment Act*] américaine, les magasins d'Etat soviétiques, les corporations allemandes ou italiennes et l'office du blé français. Restons pour le moment sourd au cliquetis de grands mots: corporatisme, syndicalisme, communisme, coopération, etc., que suggère cette énumération. Regardons les faits bruts; nous voyons dans tous ces systèmes les manifestations d'une tendance nouvelle née de la faillite ou des abus du système libéral, et qui prétend substituer par la force l'ordre à la liberté comme principe d'organisation de l'économie agricole.[63]

Avec la mise en place progressive de la Corporation paysanne par le gouvernement du maréchal Pétain, on assiste, certes, au triomphe d'un certain discours corporatiste mais les pratiques du monde agricole à différentes échelles sont variées et ce point explique nettement que certains acteurs puissent se maintenir à la Libération. Certaines questions fortement débattues sous la IIIe République sont au cœur de réformes successives comme le statut du fermage;[64] d'autres, en partie résolues, permettent la survie d'institutions

61 *Cf.*, par exemple, la thèse de Pierre BASTIEN, *Les organismes corporatifs agricoles*, Paris, Domat-Montchrestien, 1934.

62 Henri ROMON, «Quel corporatisme?», *L'Homme nouveau,* N° 25, mars 1936, non paginé.

63 Raymond BERTRAND, *Le corporatisme agricole et l'organisation des marchés en Allemagne,* Paris, LGDJ, 1937, pp. 4-5.

64 Sur ce point, le projet de novembre 1936 se retrouve avec la loi du 4 septembre 1943 puis celle du 13 avril 1946, *cf.* Isabel BOUSSARD, «L'évolution des contrats de location de terre en France. L'exemple du statut du fermage, 1936-1946», *in:* Gérard BEAUR, Mathieu ARNOUX et Anne VARET-VITU (dirs.), *Exploiter la Terre. Les*

– le cas le plus net reste celui de l'Office du blé, devenu office des céréales.[65] La reconversion des élites rurales à la Libération est un point majeur et en partie connu.[66] Eugène Forget, qui joue un rôle très influent dans le syndicalisme agricole après la Seconde Guerre mondiale, écrit très clairement en 1961: «en beaucoup de cas, tel le nôtre, la Corporation paysanne fut la première manifestation d'une démocratie professionnelle».[67] Dans une même perspective, Claudius Delorme témoignait au début des années 1980:

> Puisque vous me demandez un jugement personnel sur la Corporation paysanne, je veux dire avec force qu'elle a aidé à une promotion considérable des masses paysannes. Pour la première fois, a pu se réaliser une véritable unité du monde paysan, encore renforcée par les douloureuses circonstances de l'époque. L'élection de 30 000 syndics locaux a permis, pour la première fois, l'émergence de la paysannerie moyenne dans la hiérarchie syndicale.[68]

Mais l'envers de ces témoignages est évidemment l'histoire de l'échec des projets de Tanguy Prigent et des socialistes, conduisant à ce que Pierre Barral a nommé «le retour des évincés»[69] et à la prégnance du discours anti-communiste dans une partie des élites rurales. Biographe de Tanguy Prigent, l'historien Christian Bougeard conclut nettement:

> En dépit de sa brève poussée dans la CGA (Confédération générale de l'agriculture) à la Libération grâce au volontarisme de Tanguy Prigent, la SFIO (Section française de l'Internationale ouvrière) et plus largement les forces de gauche ne résistent pas au retour des forces traditionnelles, de droite ou démocrates chrétiennes, qui structuraient le monde rural dans l'entre-deux-guerres.[70]

Fabien Conord rappelle d'ailleurs que «la présence d'anciens responsables de la Corporation paysanne dans les instances dirigeantes de la CGA est permise par Tanguy Prigent lui-même».[71] Les limites internes au projet de la CGA sont bien décrites par Claude Servolin qui explique ainsi son rapide échec:

---

contrats agraires de l'Antiquité à nos jours, Rennes, Association d'histoire des sociétés rurales, *Bibliothèque d'histoire rurale,* N° 7, 2003, pp. 173-193.

65 Dans l'attente de nos travaux de recherche en cours sur ce point, la référence la plus complète reste: Steven L. KAPLAN, *Le pain maudit. Retour sur la France des années oubliées 1945-1958,* Paris, Fayard, 2008.

66 Isabel BOUSSARD, «Le monde paysan», *in:* Philippe BUTON, Jean-Marie GUILLON (dirs.), *Les pouvoirs en France à la Libération,* Paris, Belin, 1994, pp. 96-115.

67 Eugène FORGET, «Vingt ans de syndicalisme agricole», *Revue de l'action populaire,* 1961, p. 1088, cité par P. BARRAL, *Les agrariens…, op. cit.*, p. 282.

68 Claudius DELORME, «Témoignage sur cinquante années de militantisme agricole», *Bulletin du Centre d'Histoire économique et sociale de la région lyonnaise,* 1-2, 1981, pp. 63-91, p. 86 pour la citation.

69 Pierre BARRAL, *Les agrariens…, op. cit.,* p. 288.

70 Christian BOUGEARD, *Tanguy Prigent…, op. cit.,* p. 183.

71 Fabien CONORD, *Rendez-vous manqués…, op. cit.,* p. 283.

> La CGA exclut de ses rangs les propriétaires non exploitants, ce qui ne fait que constater l'effacement définitif de la vieille classe des propriétaires fonciers aristocratiques. Mais elle ne remet nullement en cause le travail de rationalisation institutionnelle accompli par la Corporation. [...] Pourtant la CGA n'aura qu'une existence réelle très brève. Elle fut bien sûr victime du grand retour à droite qui suivit les débuts de la guerre froide. Mais aussi, et peut-être surtout, d'une conception dépassée du monde agricole qui surprend de la part de ses créateurs avides de modernité. Ils ont voulu conserver à la CGA cette grandiose structure organiciste qu'avaient entendu constituer les corporatistes réactionnaires, regrouper en une totalité harmonieuse tous les participants: exploitants petits, moyens et grands, ouvriers agricoles et techniciens des organisations. Ils n'avaient pas vu qu'une telle forme d'organisation correspondait à une structure sociale qui n'existait plus. [...] La Fédération nationale des Exploitants agricoles (FNSEA) qui au sein de la CGA devait défendre les «intérêts généraux» de ces exploitants va très vite briser le carcan organiciste de celle-ci et se présenter comme le cœur, l'animateur de l'ensemble des organisations professionnelles agricoles.[72]

En parallèle de ces reconfigurations syndicales, il faut souligner la réémergence sur plan politique de partis représentant le monde rural comme le Parti paysan d'union sociale (PPUS), étudié par Gilles Richard qui explique que:

> fondé en 1945, ce parti sut à la fois reprendre le discours de la Révolution nationale sur la terre et les paysans, assurer au Parlement – dans lequel les majorités étaient souvent fragiles – la défense des intérêts des agriculteurs, du moins ceux pris en compte par la FNSEA, organiser enfin la résistance des propriétaires effrayés par les revendications des salariés agricoles, soutenus par la CGT (confédération générale du travail) et les «partis marxistes». Porteur d'un projet avant tout défensif – sa meilleur implantation se faisait dans le Massif central – le PPUS atteignit son apogée en 1951.[73]

Dans son prolongement les indépendants ont un rôle influent sur la politique agricole sous la IVe République. Ainsi Camille Laurens (né en 1906, engagé à l'UNSA puis syndic national adjoint de la Corporation paysanne), parvient à devenir, après Paul Antier, ministre de l'Agriculture.

Pour l'après Seconde Guerre mondiale, la sociologue Rose-Marie Lagrave a bien montré que «malgré, et peut-être en raison des preuves maintes fois attestées de la réalité du pluralisme syndical, le mythe de l'unité ne cesse pourtant de renaître et de s'affirmer contre cette intolérable réalité».[74] Voulant décrypter ce rapport entre discours unitaire et existence d'un pluralisme, la

72 Claude SERVOLIN, «Les politiques agricoles», *in:* Madeleine GRAWITZ, Jean LECA (dirs.), *Traité de science politique*, t. 4, *Les politiques publiques,* Paris, Presses universitaires de France, 1985, pp. 156-260, 199.

73 Gilles RICHARD, «Parti paysan et société rurale dans la France d'après-guerre. L'exemple du Cantal (1945-1962)», *Histoire et Sociétés Rurales,* N° 2, vol. 16, 2001, pp. 141-176, citation pp. 174-175.

74 Rose-Marie LAGRAVE, «La force d'un mythe», *Annales ESC,* janvier-février 1993, pp. 121-134, citation p. 120.

sociologue insistait sur la stratégie de conquête institutionnelle du monde agricole par la FNSEA et le Centre national des jeunes agriculteurs (CNJA) en expliquant que: «Trois notions sont constamment liées – unité – représentativité – cogestion – noyau sémantique de la stratégie de conquête du monopole de représentation de la paysannerie par le syndicalisme dominant».[75] Ce point reste crucial pour comprendre la politique agricole proche de la cogestion menée sous la Ve République.[76]

75 *Ibid.*, p. 131.

76 John T. S. KEELER, *The Politics of Neocorporatism in France. Farmers, the State, and Agricultural Policy-making in the Fifth Republic*, New York, Oxford, Oxford University Press, 1987; Pierre COULOMB, «La cogestion, une nouvelle tentative de corporatisme?», *in:* Pierre COULOMB, Hélène DELORME, Bertrand HERVIEU, Marcel JOLLIVET, Philippe LACOMBE (dirs.), *Les agriculteurs et la politique,* Paris, Presses de la Fondation nationale des sciences politiques, 1990, pp. 147-158; Bernard BRUNETEAU, *Les paysans dans l'Etat. Le gaullisme et le syndicalisme agricole sous la Ve République*, Paris, L'Harmattan, 1994.

Le corporatisme de Louis Salleron

Guillaume GROS
Université de Toulouse 2-Le Mirail

Au terme de son itinéraire, en 1973, Louis Salleron, comme antidote au communisme, proclame encore sa foi dans la solution corporative, dans un article de la revue catholique *Itinéraires* qu'il débute ainsi: «Il y a une inflation rampante [...]. Il y a aussi un corporatisme rampant qui, très lentement, semble se mettre à décoller.» Pour conclure en ces termes: «C'est l'ordre corporatif qui peut sauver l'individu et l'Etat, en sauvant l'individu de l'Etat, et l'Etat du totalitarisme.»[1]

Théoricien majeur du corporatisme agricole français dans les années trente et sous Vichy, Louis Salleron (1905-1989), aujourd'hui peu connu du grand public, fut tout à la fois un syndicaliste, un professeur à l'Institut catholique de Paris, un conférencier et un journaliste prolixe.

Si le corporatisme de Louis Salleron peut s'inspirer de la tradition sociale de l'Eglise, il puise aussi dans une tradition contre-révolutionnaire très critique à l'égard de l'individualisme libéral, de la notion de droits individuels et du contrat social. A ce titre, son corporatisme, ancré à l'origine dans une réflexion juridique, qu'il applique au monde agricole dans le contexte spécifique de recul du monde rural et de ses valeurs dans les années trente, s'intègre dans une vision de l'histoire dans laquelle l'âge d'or semble se situer au Moyen Age.[2] Depuis ce temps harmonieux où l'on vivait en communauté, on assiste à une perte des valeurs spirituelles dans un monde qui a le culte du progrès et de la machine. Une critique qui le conduit vers une position intégriste après Vatican II.

Philosophe traditionaliste, Louis Salleron, frère de l'écrivain Paul Sérant, est aussi dans sa démarche, économiste et sociologue. Auteur de nombreux ouvrages théoriques sur le corporatisme, le libéralisme, la propriété, la démographie, la religion, il est aussi l'auteur d'ouvrages spécialisés très pratiques, régulièrement réédités, comme *L'Organisation du pouvoir dans l'entreprise*

1 Louis SALLERON, «Le corporatisme rampant», *in: Itinéraires,* N° 178, décembre 1973, pp. 47, 50.
2 *Cf.* Louis SALLERON, «Le problème du prolétariat vu avec Simone Weil», *in: Fédération,* N° 50, mars 1949, pp. 137-148.

Le Corporatisme dans l'aire francophone au XXe siècle. Etudes réunies par Olivier DARD. Berne: Peter Lang, 2011. ISBN 978-3-0343-1066-6.

(1966), *Autorité et commandement dans l'entreprise* (1960) aux Editions de l'entreprise moderne ou encore d'un «Que sais-je?» intitulé *L'automation* (1956). On lui doit aussi, par exemple, deux profils d'une œuvre, chez Hatier, l'un sur Malthus (1972) et l'autre sur Adam Smith (1973). Louis Salleron réussit donc à combiner, dans sa démarche, une réflexion théorique et pratique qu'il parvient, en outre, dans une certaine mesure à vulgariser.

De la «Jeune Droite catholique» au milieu des années vingt à son engagement intégriste après Vatican II, en passant par Vichy où s'affirme le théoricien du corporatisme agricole et le syndicaliste, Louis Salleron a été tout au long de sa vie un homme de revues, plutôt confidentielles, qui constituèrent autant de «laboratoires» pour tester ses idées. Eternel partisan d'une «troisième voie», entre libéralisme et socialisme, à la suite de son engagement au sein des non-conformistes des années trente, très proche des réseaux du comte de Paris, cet intellectuel de droite oriente, après 1945, ses travaux vers une apologie de la propriété, dans une perspective catholique, cherchant à associer les salariés au capital. Après avoir montré l'importance du contexte des années trente et de la Révolution nationale dans l'affirmation de la pensée corporative de Louis Salleron, nous verrons les fondements de ce corporatisme et enfin ses différents avatars, notamment à travers le thème de la propriété dans une perspective catholique.

Une figure effacée ou mineure dans l'historiographie

Si l'on ne trouve pas de notices biographiques dans *Le Dictionnaire des intellectuels français* de Michel Winock et de Jacques Julliard, en revanche, Henry Coston, pour l'historiographie de l'extrême droite, lui consacre une notice biographique appuyant son maréchalisme ou son intégrisme.[3]

Acteur du non-conformisme des années trente, dans le sillage de Jean de Fabrègues, il n'apparaît que très ponctuellement dans la synthèse de Jean-Louis Loubet del Bayle qui le présente comme un «nouveau venu»[4] parmi les représentants de la Jeune Droite autour de la *Revue du XXe siècle* et de *Combat* ou dans le recueil de Pierre Andreu sur *Les Révoltes de l'esprit.*[5] Les mémoires ou les récits de ses contemporains ne sont guère plus loquaces.

3 Henry COSTON, *Dictionnaire de la politique française,* Paris, Publications Henry Coston, t. 1, 1967, p. 956.

4 Jean-Louis LOUBET DEL BAYLE, *Les non-conformistes des années 30,* Paris, Seuil, coll. «Points Histoire», 2001, p. 82 [1ère édition, Seuil, 1969].

5 Pierre ANDREU, *Révoltes de l'esprit. Les revues des années trente,* Paris, Editions Kimé, 1991.

L'autobiographie posthume de Jacques Le Roy Ladurie est émaillée de quelques occurrences sur leur aventure syndicale commune à l'Union nationale des syndicats agricoles (UNSA) et à Vichy mais ne comporte pas véritablement un portrait de Salleron. Dans un style moins académique, Pierre Monnier, dans son pittoresque récit des années trente, *A l'ombre des grandes têtes molles,*[6] qui relate largement l'épisode de *L'Insurgé,* ne fait qu'une toute petite place à Salleron écrasé par les figures de Thierry Maulnier, Maurice Blanchot, Kléber Haedens, Claude Roy, Pierre Boutang ou Robert Brasillach.

En réalité, c'est davantage l'historiographie autour du corporatisme et de Vichy qui s'est emparée de Louis Salleron au regard de son engagement dans l'Etat français au sein de la Corporation paysanne ou à l'Institut d'études corporatives et sociales. Ainsi, par exemple, le segment des années trente est-il davantage étudié, pour la figure du militant agrarien, syndicaliste de l'UNSA et corporatiste, par Pierre Barral dans son ouvrage sur *Les Agrariens français de Méline à Pisani* (1968). Y analysant «cette force sociale profonde, celle des agriculteurs luttant pour défendre leur place dans la société industrielle»,[7] Pierre Barral met en avant l'apport doctrinal du juriste Louis Salleron «esprit vigoureux», qui fournirait «au syndicalisme agricole un corps de pensée rajeuni».[8] Convaincu que la cellule de base de la société est l'exploitation familiale agricole, Louis Salleron n'enferme pas sa vision du monde paysan dans une opposition caricaturale ville contre campagne.

Son credo d'un syndicalisme paysan pionnier dans la construction d'une société corporatiste le propulse à l'avant garde du projet de la Révolution nationale du Maréchal Pétain. L'historiographie est donc plus prolixe, entre autre, sur son action à la Corporation paysanne sur laquelle Isabel Boussard a rédigé un travail important et dans lequel elle montre d'ailleurs que cette Corporation a «laissé des traces durables dans l'organisation actuelle de l'agriculture».[9] Toutefois, c'est à l'aune de cet engagement pétainiste qu'est souvent contextualisé l'itinéraire de Louis Salleron, à l'instar de la dernière évocation en date dans *Les hommes de Pétain.*[10] Quant au versant post 1945, pourtant plus de la moitié de sa vie, il n'a pratiquement pas fait l'objet d'études sauf concernant son engagement intégriste dans la logique du refus de Vatican II alors qu'il continue d'occuper le terrain sur le plan doctrinal, se

6 Pierre MONNIER, *A l'ombre des grandes têtes molles,* Paris, La Table Ronde, 1987.

7 Pierre BARRAL, *Les Agrariens français de Méline à Pisani,* Paris, A. Colin, 1968, p. 13.

8 *Ibid.,* p. 234.

9 Isabel BOUSSARD, *Vichy et la Corporation paysanne,* Paris, Presses de la Fondation nationale des sciences politiques, 1980, quatrième de couverture.

10 *Cf.* Philippe VALODE, *Les hommes de Pétain,* Paris, Nouveau Monde, 2011, pp. 233-235.

posant à la fois en théoricien de la propriété qu'il envisage dans une problématique corporatiste et en analyste des fonctions de commandement dans le monde de l'entreprise.

Un intellectuel catholique et monarchiste

Après le collège Stanislas à Paris et tout en poursuivant des études de droit et de lettres, Louis Salleron entre de façon précoce dans l'univers des revues, s'identifiant d'emblée à cette «Jeune Droite catholique» dont Véronique Chavagnac évoque les origines à partir de *La Gazette française,* fondée en 1924, par Amédée d'Yvignac et Jacques Maritain. Ce bimensuel qui partage alors les choix monarchistes de l'Action française souhaite être «l'instrument d'une politique chrétienne s'attaquant au laïcisme des sociétés modernes». Dans le sillage de son compagnon de route Jean de Fabrègues (1906-1983), Louis Salleron, seulement âgé de 19 ans, «catholique et royaliste», selon Véronique Chavagnac, «montre déjà une grande sensibilité aux questions sociales. Il cherche à lier corporatisme et doctrine sociale de l'Eglise».[11]

Sur fonds d'une critique antidémocratique, anticapitaliste et de révolution spirituelle, Louis Salleron, désormais, ne quitte plus les sociabilités non-conformistes multipliant les collaborations, entre autres, à la *Revue du XXe siècle* (1935), à *Combat* à partir de 1936, puis à *L'Insurgé* (1937) et à *Civilisation* (1938-1939) sous le patronage du philosophe Gabriel Marcel. Il y développe une forme d'expertise dans le domaine social et économique en relation avec sa pensée doctrinale qu'il élabore sous la forme d'une thèse de droit, soutenue en 1937, *L'évolution de l'agriculture française, du régime foncier au régime corporatif.* L'affirmation de cette pensée corporatiste est alors au diapason de l'époque. L'essai de François Perroux, *Capitalisme et communauté de travail,* chez Sirey, en 1938, enflamme les rédactions de *Civilisation* et *Combat.*

Ce thème devient aussi le cheval de bataille des publications du comte de Paris qui, à partir de la condamnation pontificale de 1926, et davantage encore après le 6 février 1934, occupe le terrain social pour se différencier

11 Véronique AUZEPY-CHAVAGNAC, *Jean de Fabrègues et la Jeune Droite catholique,* Villeneuve-d'Ascq, Presses universitaires du Septentrion, 2000, p. 77.

de l'Action française: «La défense des thèses corporatistes, et plus généralement l'intérêt pour les questions sociales a une utilité stratégique.»[12]

La Maison de France capte alors les déçus du maurrassisme. A la suite d'une partie de l'équipe de *La Gazette française* que l'on retrouve à la *Revue du XXe siècle* puis à *Courrier royal,* Louis Salleron devient, avec 79 articles, l'un des principaux collaborateurs de cet hebdomadaire proche du comte de Paris qui, en septembre 1935, affiche ses couleurs:

> Images de la Monarchie traditionnelle qui fut toujours union d'amour et de raison entre le Peuple de France et ses Princes, *Courrier Royal* exprimera la réalité d'aujourd'hui: L'Ordre corporatif à la recherche de l'ordre royal.[13]

Se constitue alors un réseau de collaborateurs que l'on retrouve encore après 1945, dans la revue *Fédération* parmi lesquels Emile Vaast, Jean Saillenfest, Gilbert Maire, Jean Loisy, Pierre Andreu ou André Voisin.

Louis Salleron vit intensément cette fidélité à la monarchie personnifiée par le comte de Paris au point de lui rendre visite, en 1935, avec Thierry Maulnier et Pierre Monnier, lequel en fait une relation dans ses souvenirs: «Thierry et Salleron apportèrent des précisions sur l'évolution du niveau de vie des travailleurs, la place des agriculteurs dans la société républicaine.»[14]

Dans le même temps, Louis Salleron s'impose comme une figure du syndicalisme agricole. Dans une brève notice biographique qu'il fait diffuser sous Vichy, il présente son action depuis 1928 comme la défense de «la conception d'une vie paysanne et les intérêts paysans dans les rangs du syndicalisme».[15] Au début des années trente, il est le doctrinaire attitré de l'Union nationale des syndicats agricoles où il côtoie, parmi l'équipe dirigeante, Jacques Le Roy Ladurie et les ingénieurs agronomes, Pierre Hallé et Hervé Budes de Guébriant. Egalement responsable de l'Association générale du crédit mutuel et de la coopération agricole, il dirige une revue professionnelle, *Syndicats paysans.*[16] Outre sa thèse déjà évoquée, il est l'auteur, en 1938, avec un ingénieur agronome, d'un *Guide fiscal de l'agri-*

12 Bruno GOYET, *Un rôle politique: Henri d'Orléans, comte de Paris (1908-1940),* thèse de doctorat d'histoire, sous la direction de Serge Berstein, Institut d'études politiques de Paris, 1995, p. 339.

13 *Courrier royal,* N° 10, 7, septembre 1935, p. 1, cité *in* Bruno Goyet, *op. cit.,* p. 401. *Courrier royal* est issu des réseaux des «Métiers français».

14 Pierre MONNIER, *A l'ombre des grandes têtes molles, op. cit.,* p. 156.

15 Isabel BOUSSARD, *Vichy et la Corporation paysanne, op. cit.,* p. 23.

16 Louis SALLERON, *Naissance de l'Etat corporatif, dix ans de syndicalisme,* Paris, Grasset, 1942, p. 120.

culteur,[17] chez Flammarion dans une collection dirigée par Jacques Le Roy Ladurie intitulée «La Terre, encyclopédie paysanne».

Militant pour la constitution d'une corporation paysanne et souhaitant que la profession s'organise autour du syndicat à partir duquel rayonneraient les coopératives, les caisses de crédit, les caisses d'assurances mutuelles et autres organismes agricoles, Louis Salleron est l'un des principaux artisans de l'organisation corporative mise en place par l'Etat français. Délégué général à la Commission chargée des questions économiques et sociales de la Corporation paysanne, il prend place au sein du Conseil national de Vichy. Responsable à partir de 1941 du Centre national de la famille rurale, Louis Salleron ne délaisse pas pour autant les revues, collaborant, entre autres, à *Idées* et *Demain,* publications maréchalistes.

Vichy coïncide avec l'épanouissement du doctrinaire du corporatisme qui multiplie les publications et les bilans tout en professant à l'Institut d'études corporatives et sociales créé par Maurice Bouvier-Ajam. Responsable du «Collège paysan» qui donne une formation «professionnelle et corporative» aux futurs dirigeants de l'agriculture, Louis Salleron dirige aussi un cours supérieur, «sorte de troisième année de perfectionnement, débouchant sur trois diplômes spécialisés dans les études corporatives, sociales ou artisanales».[18] Ses cours font l'objet de publications dans les collections de l'Institut d'études corporatives.[19]

Un corporatisme agricole enraciné dans le mouvement agrarien

Le corporatisme de Louis Salleron s'est formé au contact du mouvement agrarien qui connaît, un *revival* au cours des années trente dans l'esprit du classique *Visites aux paysans du Centre* (1935), de Daniel Halévy au moment où la civilisation traditionnelle rurale est menacée face à la pression de l'urbanisation. C'est aussi le temps des «chemises vertes» d'Henri Dorgères, expression d'un radicalisme paysan.

17 Louis SALLERON, André ROUILLY, *Guide fiscal de l'agriculteur. Comment déclarer, comment réclamer?,* Paris, Flammarion, 1938.

18 Steven L. KAPLAN, «Un laboratoire de la doctrine corporatiste sous le régime de Vichy: l'Institut d'études corporatives et sociales», *Le Mouvement social,* N° 195, 2001/2.

19 *Cf.* par exemple Louis SALLERON, *Cours d'économie rurale,* Paris, Institut d'études corporatives et sociales, 1943.

Très impliqué dans les organisations syndicales du monde agricole, Louis Salleron a largement utilisé ses lieux d'expression, que ce soit les réunions, les congrès, les conférences ou les revues professionnelles et notamment la revue *Syndicats paysans,* pour faire état de sa vision du corporatisme. Et cela bien avant la publication de sa thèse de droit, chez Dunod, en 1937. Le théoricien du corporatisme a éprouvé la nécessité de publier une partie de ses contributions, en 1942, dans un ouvrage bilan, *Naissance de l'Etat corporatif,* qui rassemble une série d'études écrites entre 1934,[20] année du cinquantenaire du syndicalisme, et 1941, première année d'application de la charte paysanne, issue de la loi du 2 décembre 1940. Organisée en quatre grandes parties, 1) doctrine corporative, 2) problèmes corporatifs, 3) du syndicalisme professionnel au syndicalisme corporatif et 4) naissance de l'Etat corporatif, cette compilation a le mérite de confronter la doctrine à ses applications dans une démarche critique, y compris à l'égard de Vichy jugé parfois trop «étatiste» à son goût.

Contre l'individualisme naturel de la société française qui, depuis la Révolution française, répugne à toute forme d'association et très méfiant vis-à-vis des pouvoirs de l'Etat, Louis Salleron énonce ce qui constitue l'épine dorsale de sa doctrine: «La société ne se compose pas seulement d'individus, elle se compose également de groupes; il faut donner à ses groupes une certaine autonomie pour soulager l'Etat et renforcer les libertés personnelles.»[21]

Louis Salleron, dans de nombreux articles, défend l'idée d'un corporatisme ancré dans la tradition syndicale issue de la loi de 1884. A l'occasion du congrès du cinquantenaire du syndicalisme, dans un rapport intitulé «L'évolution du syndicalisme et l'intégration de la profession dans l'Etat», il constate que la loi de 1884, de type contractuelle, a fait évoluer, dans la pratique quotidienne, les syndicats vers des organisations professionnelles en mesure de signer, par exemple des conventions collectives:

> Le syndicat n'est plus seulement «l'association des individus selon leurs affinités professionnelles», il est vraiment l'organe de la profession. Notons qu'il est bien davantage encore dans les faits que dans la législation.[22]

Quand il devient l'organe d'une profession, et dans la mesure où ses représentants ne sont pas des parlementaires, le syndicat a vocation à exercer, dans l'Etat, une «compétence d'autonomie et une compétence de représentation»,[23]

20 Louis SALLERON, *Naissance de l'Etat corporatif, dix ans de syndicalisme,* Paris, Grasset, 1942.

21 *Ibid.,* introduction, p. 11.

22 Louis SALLERON, «L'évolution du syndicalisme et l'intégration de la profession dans l'Etat» (1934), *in: Naissance de l'Etat corporatif, op. cit.*, p. 33.

23 *Ibid.,* p. 49.

finalement à égalité avec le pouvoir législatif et l'Etat. Louis Salleron est hanté par l'idée de se réveiller, un jour, sous un régime d'étatisme intégral sous couvert de la corporation. Lucide de ce point de vue, il observe que les régimes corporatifs étrangers (en particulier l'Italie) sont des régimes étatisés tandis qu'un «régime parlementaire et fonctionnarisé tendra volontiers à l'omnipotence économique sous le vocable nouveau du corporatisme».[24] S'il préconise un pouvoir fort et une économie libre, il ne souhaite pas pour autant une économie libérale mais une économie indépendante de l'ingérence du politique et du gouvernement. L'Etat, nous dit-il, «n'intervient que pour consacrer et coordonner une activité issue de l'initiative de ceux qui se sont librement organisés sur des bases professionnelles».[25]

Sa justification de la corporation ou du syndicat professionnel emprunte largement à la réflexion de l'historien du droit sur la place des corps intermédiaires, Maurice Hauriou, qu'il cite régulièrement, soucieux qu'il est de combiner, dans l'institution corporative, «le respect des individus mais aussi la prérogative du groupe», car «l'autorité et la liberté vont de pair».[26]

Pourquoi le monde agricole est-il prédisposé à la solution corporative? D'abord, le niveau de syndicalisation y est nettement plus élevé que celui du monde ouvrier ou employé. Ensuite, l'une des idées fortes de Louis Salleron est que cette adéquation est confortée par la relation que l'homme entretient avec la terre et par la structure de la propriété: «La production du sol est unitaire. L'agriculture est unitaire. De même est unitaire le syndicalisme agricole.»[27] Alors qu'au XIXe siècle, la révolution industrielle a favorisé la concentration du capital et l'émergence d'un salariat, l'agriculture y a échappé car, explique Louis Salleron, «les conditions techniques et juridiques de l'exploitation du sol s'y opposaient».[28] La réalité est plus complexe car l'agriculture connaît alors aussi, dans certains secteurs, ce phénomène de concentration et, de surcroît, le syndicat de Salleron, l'UNSA, représente plutôt les intérêts des grands propriétaires fonciers.

Cette unité syndicale serait aussi favorisée, selon Louis Salleron citant un sondage publié en 1938, par le fait que plus des deux tiers des travailleurs agricoles sont autonomes et que la moitié des exploitations n'occupent qu'un salarié. En outre, précise-t-il, dans ce dernier cas, patrons et salariés ont, en

24 *Ibid.*, p. 51.
25 Louis SALLERON, «Qu'est-ce que la Corporation?», 1934, *in: Naissance de l'Etat corporatif*, *op. cit.* p. 79.
26 *Ibid.*, p. 74.
27 Louis SALLERON, «Syndicalisme et corporatisme», *in: Naissance de l'Etat corporatif*, *op. cit.*, p. 196.
28 Louis SALLERON, «Coopération professionnelle et coopération de consommation», 1939, *in: Naissance de l'Etat corporatif*, *op. cit.*, p. 145.

agriculture, un même intérêt, la même activité laborieuse, le même mode de vie si bien qu'on «ne peut les dissocier et les opposer» comme sont opposés dans le monde industriel salariés et patrons:

> La nature des choses et notre volonté refusent cette dissociation et cette opposition. C'est pourquoi l'Union nationale des syndicats agricoles préconise justement la formule du «syndicat corporatif» qui inclut toutes les catégories sociales concourant à l'œuvre de la production de la terre: propriétaires, fermiers, métayers, domestiques et ouvriers, artisans ruraux, etc... Leur solidarité n'est pas lointaine; elle est immédiate et visible.[29]

Cette négation du principe de la lutte des classes dans l'agriculture conduit Louis Salleron à écrire que, à la différence du monde industriel, le salarié peut sortir de sa condition et même s'il demeure salarié, «il participe effectivement, c'est-à-dire avec toutes ses facultés d'homme, à l'œuvre commune pour laquelle son concours est requis».[30]

Du *corpus* doctrinal de Louis Salleron, l'UNSA retient trois lignes directrices adoptées lors du Congrès du Cinquantenaire bientôt relayées par la fédération de Caen par l'intermédiaire de Jacques Le Roy Ladurie, à savoir 1) la représentation des syndicats paysans auprès de l'Etat, 2) la première place à la paysannerie dans le projet corporatif car c'est le groupe social le plus important dans la nation, 3) l'autonomie de la Corporation.[31] Autant de principes d'actions qui influencèrent fortement le projet de la Corporation sous Vichy.

Propriété et corporatisme après 1945

Alors qu'il avait toujours affiché les couleurs du corporatisme dans le titre des ouvrages qu'il publie, *Un régime corporatif pour l'agriculture* (1937), *Naissance de l'Etat corporatif* (1942), *La Corporation paysanne* (1943), Louis Salleron est conscient, après 1945, du caractère suspect de la doctrine corporative: «Le mot ‹corporation› a, paraît-il, une résonance fasciste. C'est là une querelle enfantine car que dire, alors, du mot ‹socialisme›!»[32] Si bien que, tout en continuant d'affirmer que la doctrine corporative correspond «le mieux aux réformes juridiques nécessaires pour dégager l'organisation sociale de l'alternative Individu-Etat»,[33] en plein débat sur l'Etat providence

29 *Ibid.*

30 Louis SALLERON, «Syndicats de classe ou syndicats corporatifs?», *in: La Vie agricole et rurale,* avril 1938, repris *in: Naissance de l'Etat corporatif, op. cit.*, p. 210.

31 *Cf.* Pierre BARRAL, *Les Agrariens français de Méline à Pisani, op. cit.*, pp. 235-236.

32 Louis SALLERON, *Six études sur la propriété collective,* Paris, Editions Le Portulan, 1947, p. 22.

33 *Ibid.*

et les nationalisations, il déplace, sur le plan sémantique, son curseur autour de la notion de propriété en relation avec l'entreprise. Sa réflexion doctrinale se traduit par la publication, en 1947, d'un essai intitulé *Six études sur la propriété collective,* repris, pour plusieurs chapitres, de *Réflexions sur le régime à naître,* paru trois ans plus tôt et par un essai plus substantiel, aux Nouvelles Editions latines, en 1964, *Diffuser la propriété.* Son nouveau credo est que «la doctrine corporative offre le meilleur cadre à l'instauration de la propriété collective»[34] et qu'elle s'accorde pleinement avec les tendances de l'Eglise. Toujours sur le plan éditorial, au diapason de la ligne des éditions du Portulan où il publie *Six études sur la propriété collective,* il organise, entre juin et novembre 1951, sur cinq numéros, une «grande enquête», dans la revue *Fédération,* sur le thème «ouvrir la propriété capitaliste aux salariés».[35]

Sous titrée «revue de l'ordre vivant», *Fédération,* créée en 1944, est la publication mensuelle du mouvement fédéraliste français. Préconisant le retour aux «communautés naturelles»,[36] autrement appelées «groupes sociaux de base» ou «communautés fondamentales» sur fond de décentralisation, *Fédération,* dirigée par André Voisin et Max Richard est à la confluence du courant de la droite non conformiste des années trente et néo-corporatiste, et de celui de la démocratie-chrétienne, ce dernier permettant à toute une droite traditionaliste de «recycler» honorablement son *corpus* idéologique. S'y côtoient, entre autres, Daniel Halévy, Gabriel Marcel, Robert Aron, Bertrand de Jouvenel, Gustave Thibon, Thierry Maulnier, Paul Sérant, Pierre Andreu et Jean-François Gravier.[37] L'auteur de *Paris et le désert français* y occupe une place à part, avec Louis Salleron. En effet, s'ils rédigent des articles de fonds qui apparaissent au sommaire de la revue, ils tiennent aussi tous les deux une «rubrique». Alors très préoccupé par les questions de démographie, méfiant à l'égard des théories malthusiennes,[38] proche d'Alfred Sauvy et

34 *Ibid.,* p. 23.

35 *Cf.* Louis SALLERON, «Une grande enquête: ouvrir la propriété capitaliste aux salariés», *in: Fédération,* N° 77, juin 1951, pp. 291-297. Voir aussi les numéros de juillet, N° 78; août-septembre, N° 81; octobre, N° 81 et enfin: «Conclusions d'une enquête», novembre 1951, N° 82, pp. 674-680.

36 «Editorial», janvier 1948, N° 36.

37 *Cf.* Olivier DARD, «Jean-François Gravier, un aménageur dans le siècle», *in:* Olivier DARD, Jean-François ECK, *Aménageurs, territoires et entreprises en Europe du Nord-Ouest au second XXe siècle,* Centre régional universitaire lorrain d'histoire, site de Metz, 2010, pp. 17-39.

38 *Cf.* L. SALLERON, E. AMAURY, L. BRASSIER, Robert BURON, M. FAIVRE D'ARCHIER, D. de GRIÈGES, Y. HELLEU, Georges HOURDIN, G. JEANNIN, Y. SALAUN, A. SAUVY, Antoine de TAVERNOST, G. de VÉRICOURT, *Principes d'action démographique, Malthus a-t-il menti?,* Paris, A. Michel, 1946.

faisant régulièrement état des travaux de l'INED (Institut national d'études démographiques), Louis Salleron écrit la majorité de ses articles dans la rubrique «Famille et population» et parfois dans la rubrique intitulée «La pensée économique» où il traite de sujets très concrets: sur le niveau de vie, les vacances, l'école et l'enseignement, le logement.

Sur la période 1947-1954, que nous avons systématiquement dépouillée, il rédige près de cinquante contributions et, surtout, devient la cheville ouvrière de cette revue[39] y impulsant, semble-t-il, la ligne éditoriale, notamment sur la question de la propriété.

Militant contre l'idée répandue selon laquelle l'autorité peut et doit être dissociée de la propriété, dogme dans lequel il voit «une des causes profondes du développement du communisme»,[40] Louis Salleron pose la question des relations du travail et du capital. Dans un article intitulé, «L'accession du prolétariat à la propriété» où il affirme que la propriété rend libre et rattache à la société quand le salariat a tendance à isoler, il préconise trois plans de développement possible pour la propriété ouvrière. Le premier est que, dans un pays culturellement dominé par la notion de propriété héritée du monde paysan, l'ouvrier doit être propriétaire de l'endroit «où se meut sa liberté personnelle et familiale». Au deuxième stade, celui de la profession, Louis Salleron souhaite que, en dehors de l'objet social de l'entreprise, les crèches, cantines, maisons de repos, salles de lecture, deviennent progressivement «patrimoine corporatif» du personnel afin que les salariés se sentent chez eux:

> La meilleure manière juridique d'opérer nous semble être de reconnaître à toute entreprise sociétaire une double personnalité morale: la personnalité de la société (c'est la personne morale capitaliste actuelle) et la personnalité d'entreprise (ce serait la personne morale corporative).
> Des règles financières souples détermineraient le développement et la gestion du patrimoine corporatif.[41]

Enfin, au dernier stade, celui de la nation, concernant la question des «moyens de production», afin de trouver une troisième voie entre la solution capitaliste et la solution socialiste, le rédacteur en chef de *Fédération* veut créer un lien entre celui qui produit, le salarié dans l'industrie, et sa production. Pour développer l'envie chez les salariés de devenir propriétaire

39 En juin 1951, le comité de rédaction (N° 77) le mentionne comme rédacteur en chef, aux côtés de Daniel Halévy, Robert Barrat, H. Dubreuil, B. de Jouvenel, Maxime Leroy, G. Marcel, Thierry Maulnier, G. Vedel, André Voisin et Max Richard (secrétaire général).

40 Louis SALLERON, «Travail et capital. L'autorité doit-elle être dissociée de la propriété?», *Fédération,* N° 35, décembre 1947, pp. 5-6.

41 Louis SALLERON, «L'accession du prolétariat à la propriété», *Fédération*, N° 65, juin 1950, pp. 286-292.

du capital, afin d'abolir la distinction entre classe salariale et classe bourgeoise, ils devraient 1) devenir collectivement copropriétaires partiels de cette entreprise et, 2) devenir collectivement copropriétaires partiels du capital nouveau créé dans la société. La méthode: plutôt que de distribuer des augmentations de salaire et des primes liées à l'intéressement, les entreprises devraient, selon Louis Salleron, verser ce «capital» à des sociétés d'investissement, spécialement constituées à cet effet et dont les titulaires d'actions seraient les salariés.

Mater et magistra: diffuser la propriété

La presse traditionaliste et catholique donne, au cours des années soixante, un écho important aux thèses de Louis Salleron à la suite de la publication, le 15 mai 1961 à l'occasion du 70e anniversaire de *Rerum novarum,* de l'encyclique de Jean XXIII qui propose une approche plus ouverte sur les grandes questions socio-économiques. Pour Jean Madiran, proche de Louis Salleron, la publication de l'encyclique *Mater et Magistra* donne, «au sujet de la propriété des entreprises, des orientations impératives et pressantes». N'hésitant pas à qualifier les thèses de son ami de «précurseurs», il rassemble dans un dossier spécial d'*Itinéraires* de novembre 1961 un recueil d'articles du philosophe, pour montrer en quoi les lignes de l'encyclique recoupent ce qu'il nomme maintenant «la réforme Salleron»: «Il [Jean XXIII] demande d'urger la diffusion effective de la propriété, la participation croissante et réelle des salariés au capital et aux responsabilités de l'entreprise.»[42] Face à l'actualité Salleron, *La Nation française* de Pierre Boutang, reproduit la préface de Jean Madiran, au dossier d'*Itinéraires* ainsi que le texte d'une conférence de l'intéressé prononcée en 1959 devant le Centre d'études politiques et civiques (CEPEC), organisme dans lequel Louis Salleron s'est très souvent exprimé et qui dispose de son propre service d'édition. Tout en se félicitant que ses thèses ont été adoptées par le comte de Paris, Louis Salleron y expliquait que la concentration de la production implique une «collectivisation de la propriété», autrement dit favoriser une «propriété collective, mais privée»[43] pour reprendre le titre de sa conférence. Dans la foulée de l'encyclique de Jean XXIII, Louis Salleron publie, aux

42 Jean MADIRAN, texte reproduit sous le titre, «‹*Mater et Magistra*› et les idées de Louis Salleron», *in: La Nation française*, 25 octobre 1961, N° 316, p. 14.

43 Louis SALLERON, «Propriété collective, mais privée», *La Nation française, op. cit.*, p. 14. *La Nation française* reproduit souvent les conférences du CEPEC.

Nouvelles Editions latines dans une collection adossée à la revue *Itinéraires,* un nouveau recueil de textes sur le sujet intitulé *Diffuser la propriété*, dans l'introduction duquel il recadre ses travaux sur la propriété à l'aune des enseignements de Pie XI et de Pie XII.[44]

Une vision de l'histoire: une doctrine de l'homme et de la société

La pensée économique de Louis Salleron, s'intègre, on l'a évoqué plusieurs fois, dans une vision traditionaliste de l'histoire et de la société qui constitue en soi une démarche critique à l'égard d'un certain progrès.

A l'occasion de plusieurs articles sur l'histoire de l'Europe dans la revue *Fédération,* Louis Salleron l'évoque comme l'histoire d'un déclin, celui de l'abandon progressif du principe spirituel à l'origine de tout, tel qu'il s'était forgé sur les ruines de l'empire romain: «De la foi, l'Europe est passée à l'intelligence critique, puis à l'échange économique. Je dis que c'est une dégradation, car le principe unitif par excellence est l'esprit, et d'abord l'esprit de foi.»[45] Les deux périodes dissolvantes sont la Réforme avec la Renaissance qui «fait monter une bouffée de paganisme» et surtout, la Révolution, ferment de la guerre civile, qui remplace Dieu par la raison. Si bien que dans cet univers où la foi démocratique s'est substituée à la foi chrétienne sur fond de culte de la technique et de la rationalisation, Louis Salleron propose, en 1953, une solution fédéraliste très personnelle:

> qui impose la primauté de la notion de Justice et de l'organe juridictionnel. L'ancienne image du roi, tenant dans une main le sceptre de la justice et dans l'autre le glaive, signifie que la force n'a de sens qu'au service de la justice.[46]

A la recherche d'une conception harmonieuse des relations sociales, le philosophe utilise les travaux de Simone Weil pour nier la spécificité de la condition prolétarienne qui, dans ses attributs, est antérieure au capitalisme

44 Louis SALLERON, *Diffuser la propriété,* Paris, Nouvelles éditions latines, coll. «Itinéraires», 1964, p. 23. Parmi les auteurs publiés dans cette collection, on peut citer Jean Madiran, bien sûr, Henri Massis, Marcel de Corte, Claude-Joseph Gignoux, André Charlier.

45 Louis SALLERON, «Comment peut-on faire l'Europe?», *Fédération,* février-mars 1952, N° 85-86, p. 120.

46 Louis SALLERON, «Maurras et l'Europe», *in: Fédération,* N° 98, mars 1953, rubrique «De Droite et de gauche».

et qui, selon lui, n'entraînait alors aucune tension sociale ou de classes quand le paysan était relié à Dieu:

> La vie corporative du Moyen Age reçut les derniers rayons de cette lumière d'éternité. On travaillait, mais dans une pluie de fêtes. […] Faute d'investissements dans les usines nouvelles, on faisait des chefs-d'œuvre, on construisait des cathédrales, on se lançait dans des croisades lointaines.

Dans cette société où les conditions du malheur existaient: «Le prolétariat n'existait pas ou n'existait guère, parce que la monotonie d'une existence individuelle et collective se brisait d'elle-même dans la palpitation d'un univers hiérarchiquement orienté à une fin.»[47]

Cette vision nostalgique d'une société sans conflits permet d'expliquer, en partie, le choix du monde agricole comme cadre d'étude du corporatisme dans les années trente par Louis Salleron car la terre relève de l'ordre immuable de la nature comme il le rappelle, en 1939, dans un article consacré aux coopératives: «Quels que soient les progrès de la science, la terre obéira toujours aux lois de l'espace et du temps. Il faut un champ pour semer le blé. Il faut une année pour que le blé pousse.»[48]

Conclusion

Si cette vision nostalgique d'une société sans conflits a guidé la pensée et l'action du philosophe doctrinaire du corporatisme, pour autant, elle ne fait pas de lui, nous semble-t-il, un «réactionnaire» ou un «traditionaliste *stricto sensu*». Certes, tout au long de sa vie, Louis Salleron se montre très méfiant à l'égard du principe démocratique, où plutôt contractuel, lui opposant le principe d'autorité tel que peut l'incarner par exemple, non un de Gaulle bien sûr, mais un Salazar à propos duquel il écrit, en 1961, dans un article défendant sa politique coloniale: «Il fait simplement sa politique de croyant. Sa foi nourrit son espérance. Sa raison lui dicte sa conduite.»[49]

47 Louis SALLERON, «Le problème du prolétariat vu avec Simone Weil», *Fédération,* N° 50, mars 1949, p. 141.

48 Louis SALLERON, «Coopératives professionnelles et coopératives de consommation», *in: Naissance de l'Etat corporatif, op. cit.,* p. 145.

49 Louis SALLERON, «Salazar ou le refus de déchoir», *in: La Nation française,* 14 juin 1961, N° 297.

Philosophe, mais aussi intellectuel de combat, militant acharné contre les effets du modernisme et du progressisme de Vatican II,[50] pourfendeur, à 78 ans, du *Cancer socialiste* (1983), Louis Salleron est aussi resté, jusque dans les colonnes de la revue catholique *Itinéraires* où il livre entre 1956 et 1989 plus de 350 articles, l'économiste et le sociologue attentif aux évolutions de la société. Entre deux articles sur la religion, il continue comme au temps de la *Fédération,* à évoquer les questions de démographie, de famille, de salariat, de propriété, de travail manuel, de fiscalité, de commandement au sein de l'entreprise, s'efforçant de réaliser cette synthèse de la doctrine corporative telle qu'il l'a préconisée en 1947, sous le patronage de La Tour du Pin, «la synthèse la plus parfaite des notions, opposées dans l'immédiat, mais inséparables dans l'être social, de liberté et d'autonomie, d'individu et d'Etat, de progrès et de tradition».[51]

50 *Cf.* son article bilan, «La fin du concile», *in: La Nation française,* N° 522, 25 novembre 1965, p. 5. Voir aussi *La Nouvelle messe,* Nouvelles Editions latines, 1970.

51 Louis SALLERON, *Six études sur la propriété collective, op. cit.*, p. 22.

La peau de chagrin du corporatisme dans les droites nationalistes françaises des années 1950-1980

Olivier DARD
Université Paul Verlaine-Metz
MSH Lorraine

En 1984, un ouvrage de 160 pages intitulé *Droite et démocratie économique* présentait la «doctrine économique et sociale» du Front national. Une page et demie y était consacrée au corporatisme dont elle sonnait le glas:

> Les excès des syndicats politisés ont conduit certains auteurs de droite à préconiser le remplacement du syndicalisme par ce que l'on a nommé le corporatisme.
> Il s'agit, en principe, de réunir salariés et patrons dans un même organisme, plus ou moins placé sous la tutelle de l'Etat.
> En théorie, et malgré un étatisme peu recommandable en matière économique, le corporatisme mérite considération puisqu'un intérêt commun capital, la prospérité professionnelle, à laquelle les salariés sont malheureusement encore peu sensibilisés, s'en trouverait renforcée à l'avantage de tous.
> En fait, dans les Etats ibériques où il avait été institué, le corporatisme n'a pas répondu aux espoirs des théoriciens, bien qu'il se soit montré compatible, au moins en Espagne, avec une amélioration importante du sort des salariés.
> Ceux-ci se défient de l'intervention de fonctionnaires qui leur semblent trop ouverts aux influences d'un patronat mieux placé qu'eux pour exercer des pressions discrètes sur l'Etat.
> Ils se méfient aussi de la machine trop lourde, lente à admettre le bien-fondé de leurs revendications et peuplée de juristes, étrangers à leur univers d'usines et de chantiers, à l'inverse des personnels syndicaux. Là où le corporatisme a été institué, l'expérience montre qu'il tourne à vide, sans réelle adhésion ouvrière.
> Des syndicats clandestins en prennent vite le relais, plus colonisés que jamais par les communistes.
> Le Front National, peu attiré par les spéculations théoriques, et toujours soucieux de dégager ses positions de l'expérience, comme le veut la méthode scientifique, ne prête pas d'intérêt au corporatisme. Il lui préfère le vrai syndicalisme, né spontanément dans les milieux du travail.
> Il souhaite, en revanche, sa dépolitisation, les marxistes l'utilisant pour «casser la baraque» et se montrant plus soucieux de maintenir les salariés dans une condition

Le Corporatisme dans l'aire francophone au XXe siècle. Etudes réunies par Olivier DARD. Berne: Peter Lang, 2011. ISBN 978-3-0343-1066-6.

précaire que de les enrichir, pour les précipiter plus aisément dans la servitude du Goulag socialiste.[1]

A l'heure où le Front national a effectué sa première grande percée électorale à l'occasion des élections européennes, cet enterrement du corporatisme peut être considéré comme la fin d'un cycle entamé avec l'émergence des ligues nationalistes dont le corporatisme servait de soubassement doctrinal en matière économique et sociale. Cette histoire a fait l'objet de différents travaux, en particulier pour les années 1930 et 1940 même s'il n'existe pas, pour l'heure, de synthèse. Elle n'a en revanche jamais été traitée pour ce qui concerne l'après-second conflit mondial et l'effondrement de l'Etat français qui a été, entre autres choses, une «expérience corporative». A la Libération, les droites nationalistes sont très affaiblies et le corporatisme profondément discrédité. La cause corporatiste n'est cependant pas complètement moribonde et ses promoteurs nationalistes cherchent, au cours des décennies suivantes, un moyen pour rebondir. Ce sont ces tentatives qu'il s'agit d'examiner dans le cadre de cette contribution. Elle entend analyser un processus marqué par une forme de rétraction de l'audience du corporatisme, un élargissement et un renouvellement de ses horizons: sous l'égide d'un catholicisme traditionaliste en expansion, l'influence conjuguée du salazarisme et la recherche de solutions pour l'Algérie française remettent le corporatisme au goût du jour au tournant des années 1960.[2] L'effondrement de l'Algérie française et l'avènement d'un nationalisme révolutionnaire soucieux d'explorer, contre le corporatisme, d'autres voies en matière économique et sociale battent en brèche cette résurgence qui sombre définitivement au cours des années 1970.

1 *Droite et démocratie économique. Doctrine économique et sociale du Front national,* préface de Jean-Marie Le Pen, *in: National-Hebdo* (supplément), octobre 1984, pp. 24-25.

2 On soulignera cependant qu'il est explicitement contesté à droite, en particulier dans la mouvance néolibérale, notamment par l'association Le Point de rencontre libéral spiritualiste, fondée en 1947. *Cf.* ainsi Raoul AUDOUIN, Pierre LHOSTE-LACHAUME, *Le corporatisme, pseudo-remède contre l'étatisme,* Paris, Editions SEDIF (Société d'études et de diffusion de l'idée française), 1962. L'ouvrage critique en particulier le salazarisme (pp. 63-67) et pointe la limite majeure d'une «expérience particulièrement intéressante de dictature paternaliste» (p. 63): **«Un ‹despotisme éclairé› – même réellement bienfaisant au début, même sincèrement imprégné d'esprit chrétien – pose un insoluble problème de succession parce que le peuple ne fait pas l'apprentissage de la liberté économique et politique»** (p. 65, en gras dans le texte). Ce volume discute aussi les projets du docteur Lefèvre (pp. 136-142) et de la Cité catholique (p. 146-177). Les auteurs soulignent avoir débattu avec Jean Ousset (p. 146, note 1).

Le corporatisme dans le nationalisme révolutionnaire des années 1950 et le poujadisme: un mot de passe partagé mais à relativiser

Au lendemain du second conflit mondial, à l'heure de la renaissance de forces nationalistes, voire d'une internationale fasciste, le corporatisme demeure un mot de passe. Explicite ou non, la référence au corporatisme repérable chez Maurice Bardèche et *Défense de l'Occident,* chez les poujadistes de l'Union de défense des commerçants et artisans (UDCA) ou à Jeune Nation doit être remise en contexte et relativisée: elle fait partie d'un bagage idéologique déjà ancien et classique, représente une forme de réponse commode aux défis économiques et sociaux mais n'est guère explicitée par ses promoteurs pour lesquels elle n'est pas une préoccupation de premier plan.

Il en va ainsi du beau-frère de Robert Brasillach, Maurice Bardèche. Ses premiers ouvrages, de sa *Lettre à François Mauriac* ou *Nuremberg ou la terre promise* ont bien d'autres finalités. Pourtant, lorsqu'il s'agit, lors du congrès de Malmö (11-15 mai 1951) d'institutionnaliser un néofascisme européen à travers la naissance du Mouvement social européen (Maurice Bardèche en est un des deux vice-présidents), le corporatisme est présent dans deux des dix points adoptés. Ainsi, le sixième, concernant les institutions, précise que «la représentation sera élue par des votes corporatifs». Le septième, consacré à l'économie et au social explique que «La vie sociale et économique sera réglée par les organisations de la société corporative» et que «les droits des ouvriers et des employeurs dans les entreprises, dans les corporations et dans la vie économique surtout, seront fixés par la loi.»[3] Les propos sont vagues et sans guère de portée. De son côté, Maurice Bardèche qui ambitionne de devenir un théoricien en vue du néofascisme abandonne rapidement toute référence au corporatisme.[4]

L'examen de l'histoire de l'UDCA sous l'angle d'une approche corporatiste donne également peu de résultats. Son historien le plus récent, Romain Souillac, en fait un mouvement d'inspiration corporatiste et, commentant la charte d'Angoulême, souligne qu'elle «défend une organisation corporative.»[5] En fait, la charte d'Angoulême, déclaration commune des participants aux journées nationales des 6, 7 et 8 octobre 1956 qui entend «préciser les

3 Cité *in:* Ghislaine DESBUISSONS, *Itinéraire d'un intellectuel fasciste: Maurice Bardèche,* thèse de doctorat d'histoire, Institut d'études politiques de Paris, 1990, p. 481.

4 *Ibid.*, p. 220.

5 Romain SOUILLAC, *Le mouvement Poujade. De la défense professionnelle au populisme nationaliste,* Paris, Presses de Sciences po, 2007, p. 300.

principes qui pourraient être proposés aux Français réunis en leurs Etats-Généraux» n'emploie pas les mots «corporatisme» ou «corporatiste».[6] Il flotte néanmoins un parfum de corporatisme dans certains passages du point six consacré à la «défense des professions» lorsque le texte indique que:

> La part d'activité comme nécessaire dans toute économie (réglementations indispensables, organisations diverses, etc...) doit être remise aux organisations professionnelles et soustraite aux activités étatiques. Le rôle du pouvoir en ce domaine est d'arbitrer et de coordonner non de se substituer aux intéressés.[7]

Le texte n'en est pas moins vague et combine d'autres influences marquées par l'antifiscalisme assimilé à un «totalitarisme» ou la défense des «petits» contre les «gros». Ces thèmes ne sont pas neufs et ont été véhiculés par certaines ligues nationalistes des années trente qui inscrivaient le corporatisme à leur programme. Ici, ce sont les premiers qui occupent la place principale et le corporatisme doit d'abord être compris comme un habillage rhétorique et surtout entendu comme une forme de défense professionnelle. On est loin de l'architecture ambitieuse proposée par des devanciers qui entendaient rebâtir l'ensemble de la société sur une base corporative.

Concernant le mouvement Jeune Nation, son journal éponyme et le Parti nationaliste[8] dominés par Pierre Sidos et Dominique Venner et qui se caractérisent d'abord par leur anticommunisme, leur défense de l'armée et de l'Empire français, les questions économiques et sociales comptent beaucoup moins, en particulier dans le bimensuel.[9] Lorsqu'il s'agit de regarder l'ensemble du programme, on remarque qu'au plan économique et social, dans «l'Etat populaire» et la «seconde Révolution française» prônés par Jeune Nation, une place est faite au corporatisme. On en trouve diverses traces. Ainsi, la lecture du «carnet de militant», composé par Jean Malardier et qui réunit les «principes essentiels» de Jeune Nation permet de voir que ce mouvement «lutte pour obliger le pouvoir à des consultations municipales, corporatives, plébiscitaires» ce qui signifie l'abolition du parlementarisme «pour rendre à chacun

6 Elle est reproduite en annexe de la thèse de Romain SOUILLAC, *Le mouvement Poujade, l'Etat et la nation,* thèse de doctorat d'histoire, université de Paris IV, 2005, volume IV, pp. 205-211.

7 *Ibid.,* p. 209.

8 Le mouvement Jeune Nation fut dissous le 15 mai 1958. Un journal, *Jeune Nation,* parut à partir du 5 juillet 1958 et jusqu'en février 1961. A l'automne 1958, la création d'un Parti nationaliste est projetée. Il tient son congrès à Paris les 6, 7 et 8 février 1959 mais il est dissous le 13 février 1959.

9 Laurent LATRUWE, *Le mouvement Jeune Nation à Paris et en région parisienne de 1949 au début des années 60,* université Paris-XIII, 1996, p. 157.

son droit à de larges consultations corporatives et plébiscitaires.»[10] Dans le même document, on lit que «le mouvement Jeune Nation lutte pour l'institution d'un syndicalisme corporatif» présenté comme «le genre social de l'Etat populaire». Le projet est défendu au nom des arguments suivants:

> Les puissantes qualités des corporations: équilibre, hiérarchie, attachement au travail, communauté de pensée en un Idéal commun, ne sont nullement incompatibles avec le dynamisme revendicatif des syndicats; c'est pourquoi nous appelons «syndicalisme corporatif» le système de représentation et les organisations professionnelles unifiées nés des expériences passées.[11]

Le choix en faveur du syndicalisme, réaffirmé à l'occasion de la naissance du Parti nationaliste, est ici significatif. Il peut être rapproché de l'hommage rendu, dans le journal *Jeune Nation* à Hubert Lagardelle ainsi présenté:

> Ministre du Travail du gouvernement de Vichy [...] créateur de l'anarcho-syndicalisme en France et du corporatisme fasciste en Italie. Entre ces deux mouvements, comme l'a prouvé Drieu La Rochelle, la parenté fut directe. Nous nous inclinons devant cet homme qui vient de mourir à 81 ans et qui fut une des plus belles figures de la Révolution européenne du XXe siècle.»[12]

S'il n'est pas question de commenter les raccourcis saisissants opérés sur le corporatisme italien, on remarquera que ce texte est doublement intéressant en ce sens qu'il assume et revendique l'héritage de Vichy et du fascisme. «L'Etat populaire» auquel Jeune Nation aspire pour la France renvoie aux «révolutions fasciste d'Italie, national-socialiste d'Allemagne, phalangiste d'Espagne» mais aussi à «la révolution communiste de Russie, qui n'a plus rien à voir avec la doctrine de Karl Marx et qui incarne un nationalisme russe en pleine expansion, dont la politique est celle d'Ivan le Terrible et de Pierre Le Grand.»[13] Ce panthéon, qui exclut le Portugal salazariste et les horizons du corporatisme qu'il dessine, est très éloigné du corporatisme projeté et développé par un traditionalisme catholique qui a alors le vent en poupe.

10 Ce «carnet de militant» est un document dactylographié de 9 p. Cité *in:* Laurent LATRUWE, *op. cit.*, annexes IX, pp. 4-5.

11 *Ibid.*, pp. 8-9.

12 *Jeune Nation*, 4-17 octobre 1958, cité *in:* Joseph ALGAZY, *La tentation néo-fasciste en France, 1944-1965*, Paris, Fayard, 1984, p. 161. Sur Hubert LAGARDELLE, se reporter à Christine BOUNEAU, *Hubert Lagardelle. Un bourgeois révolutionnaire et son époque 1874-1958*, Saint-Pierre-du-Mont, Eurédit, 2000.

13 *Le mouvement Jeune Nation*, brochure de 6 p., mai 1958, reproduite *in:* Laurent LATRUWE, annexes IX. La citation est issue de la p. 4. Quelques paragraphes plus loin (p. 5), le texte explique que «le choix des responsables de L'Etat populaire pourra se faire dans le cadre [...] des organisations corporatives» tandis que les «corporations» sont évoquées à propos des «communautés» parmi lesquelles on compte les municipalités.

Le corporatisme et les catholiques traditionalistes

Les années cinquante sont marquées par l'émergence d'un courant catholique traditionaliste, dominé notamment par des mouvements comme la Cité catholique de Jean Ousset (1914-1994) et sa revue *Verbe,* le Centre d'études supérieures de psychologie sociale de Georges Sauge mais aussi des revues comme *Itinéraires* de Jean Madiran et *L'Ordre français* de Pierre Debray, lancées toutes deux en 1956. Quelques travaux leur ont déjà été consacrés et ont surtout insisté sur leur volonté de traquer la subversion prétendument incarnée par le communisme et ses différentes déclinaisons décolonisatrices. Ces éléments sont essentiels mais non exclusifs car la question corporative joue aussi un rôle important. Elle est pour certains des organes et figures précités au carrefour d'une volonté de proposer une réponse au capitalisme et au communisme. L'exemple de l'«enquête sur la corporation» conduite dans *Itinéraires* est ici très instructif.

Contexte et attendus de l'enquête

Itinéraires a lancé, dès son numéro six (octobre 1956), une enquête sur «la corporation» qui a suivi une autre «enquête» portant sur le nationalisme. Comme pour cette dernière, Marcel Clément est au cœur de l'opération.[14] Il est l'auteur de plusieurs ouvrages parus tant en France[15] qu'au Canada français.[16] Pour Achille Dauphin-Meunier, qui rappelle sa collaboration avec François Perroux, ses travaux sur les salaires et les rendements comme sur les dommages de guerre suffisent à le «qualifier parmi les économistes de la génération montante».[17] En juin 1956, Marcel Clément a publié dans *Itiné-*

14 Marcel CLÉMENT, *Enquête sur le nationalisme,* préface de Jean Madiran, Paris, Nouvelles Editions latines, 1957.

15 On citera notamment *Salaire et rendement,* Paris, Presses universitaires de France, 1947 ou *L'Economie sociale selon Pie XII,* Paris, Nouvelles Editions latines, 2 vol., 1953.

16 On retiendra *Esquisses pour l'homme,* Montmagny, Editions Marquis, 1948; *Les encycliques sont-elles applicables?,* Québec, Editions Beslile, 1949; *Introduction à la doctrine sociale catholique,* Paris-Montréal, Fides, 1951. Il faut y ajouter ses publications dans le cadre de l'Ecole sociale populaire de Montréal ou sa collaboration avec Richard Arès, *Vers la corporation agricole,* Sherbrooke, Editions de l'Ecole Noe-Ponton, 1951. Sur le versant canadien de l'activité de Marcel Clément, voir dans ce volume la contribution d'E.-Martin Meunier et de Michel Bock.

17 Compte rendu du livre sur le chef d'entreprise, publié par Achille Dauphin-Meunier dans la *Nouvelle Revue de l'économie contemporaine,* juillet-août 1956. De larges

raires un texte, «Le programme social de l'Eglise: la corporation», que la revue a imprimé sous la forme d'un tiré à part et dont elle a entrepris d'assurer la diffusion. L'enquête d'*Itinéraires* répond à un besoin bien précis exprimé dans un texte de présentation: «Comme l'écrivait Marcel Clément, cette enquête n'est entreprise ‹ni pour condamner ni pour nous lamenter› mais après dix années de silence sur l'organisation corporative ‹pour éviter que la contagion se répande pendant dix nouvelles années.›» En fait, il s'agit de lutter contre «la crise de l'esprit social» attribuée à l'influence du marxisme chez de nombreux catholiques et de souligner, documents pontificaux à l'appui, que le corporatisme constitue «le programme social de l'Eglise».[18] Le combat revêt une dimension politique mais également religieuse, intra-catholique pourrait-on dire.

Itinéraires cible en particulier Georges Hourdin et Joseph Folliet. Concernant Georges Hourdin, *Itinéraires* commente longuement ce que la revue appelle son «avant-réponse», à savoir un article publié dans *Informations catholiques* du 15 juillet 1956, en particulier un passage où leur directeur évoque «quelques épigones des grands polémistes conservateurs qui nous reprochent encore de ne pas tenir assez compte de la notion de corporation.» *Itinéraires* lui oppose une intervention de Pie XII datée du 31 janvier 1952 dans laquelle ce dernier évoque Pie XI et *Quadregesimo anno* «qui contient en réalité ce programme [le programme social de l'Eglise], c'est-à-dire l'idée de l'ordre corporatif professionnel de toute l'économie.»[19]

La réfutation conduite contre Joseph Folliet, directeur de la Chronique sociale de France suit la reproduction par *Itinéraires* d'un article de Folliet intitulé «Le ‹corporatisme›, dada ou cheval de bataille?» dans lequel ce dernier défend le thème de «l'organisation professionnelle» et des «corps intermédiaires» pour les opposer au «corporatisme».[20] A cet égard, le texte de Joseph Folliet s'ouvre par une mise en cause explicite, politique et circonstanciée de l'entreprise conduite par *Itinéraires:*

> Depuis quelques mois, dans les milieux catholiques d'extrême droite, dont certains croient se rattacher à la tradition du catholicisme social (alors qu'en fait ils remontent plutôt à l'Action française, à Firmin Bacconnier et à un moment de Georges Valois) l'idée et le mot de «corporatisme» reviennent à la mode. On les accommode à cette crème dont on fait les tartes. On présente le «corporatisme» comme le point essentiel

---

extraits de cette recension sont publiés *in: Itinéraires,* N° 6, septembre-octobre 1956, pp. 143-144.

18 *Itinéraires,* N° 6, septembre-octobre 1956, pp. 118-119.

19 *Ibid.,* pp. 120-123.

20 «L'avant-réponse de M. Joseph Folliet», *ibid.,* pp. 125-129. L'article de Folliet, daté du 1er juillet 1956, fut publié dans la livraison de la Chronique sociale de France de la mi-juillet 1956.

> de la doctrine sociale de l'Eglise […] On y voit la solution de la question sociale […] et le secret de la promotion ouvrière.

La charge de Folliet vise en fait à déconsidérer aussi bien le mot corporatisme que ses promoteurs en stigmatisant leur archaïsme et leurs arrière-pensées politiques. Folliet dénonce d'abord la «terminologie»:

> Il paraît clair que le mot de *corporatisme,* quel que soit le sens mis sous ces quatre syllabes, est impossible à employer dans la France de 1956. Il est à ce point délavé, déformé, discrédité, qu'à s'en servir malgré tout on s'exposerait à des contresens inévitables, et qu'en fin de compte, on irait à l'opposé du but poursuivi, parce qu'on commencerait par cabrer les milieux mêmes qu'il faut convaincre d'abord, ceux des syndicats ouvriers et mêmes patronaux.

Et Folliet d'ajouter:

> Pour neuf Français sur dix, le terme de corporatisme évoque le temps de Vichy, des comités d'organisation et de leur dirigisme discutable, de la dissolution des syndicats ouvriers et patronaux et de la Charte du Travail qui eut toutes les vertus hormis une seule, par malheur indispensable, l'existence. […] Dans les groupes mieux informés, le mot de «corporatisme», s'il prend un sens plus complexe, n'éveille guère de résonances plus sympathiques. Il fait penser soit aux Corporations médiévales ce qui le teinte d'un archaïsme fâcheux, soit, plus souvent, aux expériences de l'Italie fasciste ou, en mettant les choses au mieux, à celle du Portugal. Or cette dernière ne prouve pas grand-chose puisque de l'aveu même de ses auteurs, elle n'a jamais été poussée à bout, et parce que l'économie portugaise demeure, pour une large part, pré-capitaliste.

Le constat opéré par Joseph Folliet précède la mise en cause de ses adversaires:

> Il n'est pas étonnant que les milieux néo-corporatistes d'extrême droite ne sentent pas ces nuances de l'opinion – et d'autant que beaucoup de gens, parmi eux, furent «vichystes», partisans de la Charte du Travail ou de la «Corporation agricole» […] Le propre de ces milieux, c'est précisément de se trouver presque toujours en désaccord avec l'ensemble de l'opinion, de n'exprimer que l'avis de groupes fermés, doctrinaires […] et volontiers agressifs.

Ces propos de Joseph Folliet ne pouvaient laisser la direction d'*Itinéraires* sans réaction et c'est Madiran qui lui répond sous la forme d'une «lettre à M. Joseph Folliet sur la corporation, l'Action française, le ‹vichysme› et la fraternité chrétienne».[21] Après avoir rappelé qu'il lui avait adressé l'article de Marcel Clément et lui avait proposé de participer à la «vaste enquête» projetée, Madiran qualifie son article de «hâtif», d'«injuste», de «polémique» et d'«inutilement méchant» quant aux «perfides intentions» et aux «sombres arrières pensées». Madiran lui retourne ainsi l'«arme empoisonnée» représentée par «l'étiquette» d'«extrême droite», de «vichyste» ou d'Action française.

21 *Ibid.,* pp. 130-142.

Il lui rappelle qu'il existe «une tradition *catholique* d'Action française», revient sur la levée de la condamnation de 1939 et pointe la «génération neuve» de l'Action française (il cite Pierre Boutang, Michel Vivier, Olivier de Roux, Pierre Debray) pour souligner que «par chance, ou plutôt par grâce, ils sont catholiques». Mettant en avant sa jeunesse et sa «génération» tout autant que la nécessité d'une «fraternité chrétienne», Madiran s'emploie à vieillir son interlocuteur («sachez que voici au moins, derrière vous, une autre génération, la nôtre») et en appelle à la «fraternité chrétienne»: «Critiquez tant que vous voudrez les catholiques d'Action française [...] Mais ne reniez pas vos frères.» L'argument du «vichysme» est également dénoncé avec une pointe d'ironie: «Que venez vous nous raconter avec votre ‹extrême droite vichyste›? [...] Et L'ENSEMBLE DU CATHOLICISME FRANÇAIS? Vous le savez pourtant.» Madiran, dans la lignée de ses essais[22] a une réponse toute prête: cette attaque contre le «vichysme» serait limpide: «Elle vise très haut. Elle complète ou prolonge, elle politise et passionne les attaques portées contre le Souverain Pontife et les évêques par la revue *Esprit*.» En troisième lieu, Madiran entend réfuter Folliet sur la question même du corporatisme et commence par attaquer, sur un mode polémique, sa prétention et sa suffisance:

> Vous prenez, cher monsieur Joseph Folliet, les «corporatistes», pour des imbéciles, et vous les présentez comme tels. Vous analysez leurs arrière-pensées supposées, mais leur pensée exprimée vous la tenez pour totalement négligeable. Ils ne savent pas. Ils ne comprennent pas. Ils n'ont ni votre savoir ni votre intelligence. Non pas que vous l'ayez montré en discutant leurs thèses: justement, vous ne les discutez pas, vous les déclarez discréditées, sans consistance, sans contenu, méprisables. Quelle morgue intellectuelle. Vous vous trompez cher monsieur Joseph Folliet. Vous avez devant vous une pensée. Et qui vaut la vôtre.

Refusant de se mettre en avant, Madiran cite la Cité catholique de Jean Ousset et surtout Marcel Clément dont il évoque l'*Introduction à la doctrine sociale catholique,* «ouvrage qui peut être mis à côté de tous les vôtres: ce n'est pas lui qui souffre de la comparaison.» Marcel Clément est pour Madiran «le premier des sociologues catholiques de sa génération». Apostrophant Joseph Folliet, Madiran lui renvoie une image de sclérose («Vous auriez pu veiller à assurer progressivement, dans votre ‹catholicisme social›, la transition entre votre génération, dont beaucoup de tics intellectuels commencent à dater singulièrement, et la génération de Marcel Clément») et assimile le traitement de ce dernier à celui connu par Charles Péguy en son temps:

22 Il faut citer en particulier *Ils ne savent pas ce qu'ils font,* et *Ils ne savent pas ce qu'ils disent* publiés aux Nouvelles Editions latines (Paris) en 1955.

> Vous traitez Marcel Clément comme la Sorbonne traitait Péguy. Vous faites en sorte d'enlever aux jeunes écrivains catholiques l'envie ou la possibilité d'aller chez vous. Vous leur fermez les portes du catholicisme sociologiquement organisé, du monde catholique de la presse et des organisations.

Sur le fond, Madiran entend faire en sorte que l'enquête et ensuite les conclusions que doit tirer Marcel Clément répondent aux objections de Joseph Folliet. D'ores et déjà, Madiran refuse d'opposer la «corporation» et «l'organisation professionnelle» considérant qu'il dit «*ordre corporatif et professionnel,* comme l'Eglise nous apprend à le dire» de même qu'il le renvoie à la lecture de Marcel Clément pour dénoncer l'opposition pointée par Joseph Folliet entre «corporation» et «corps intermédiaires».

Auteurs et contenus des réponses

Si les premières réponses à l'enquête devaient paraître en décembre 1956, c'est finalement à partir de mars 1957, à cause du «retard»[23] lié à l'enquête sur le nationalisme qu'elles sont éditées. Cependant, entre l'été 1956 et l'hiver 1956-1957, la rédaction d'*Itinéraires* a publié quelques éléments visant à nourrir le débat et à répondre aux critiques exprimées par Joseph Folliet sur le «mot» lui-même. Il s'agit de «notules» de Louis Salleron ou de René Gillouin (publiciste protestant proche de l'Action française et «ami» et conseiller du Maréchal Pétain) visant à montrer l'importance du mot «corporation» dans le vocabulaire socialiste et syndical des années 1900. Salleron exhume ainsi des textes de Jaurès publiés dans la *Revue socialiste* en 1895 et dans lesquels ce dernier emploie les termes «corporation» et «corporative» dans un sens nullement négatif. De même René Gillouin propose de son côté des citations de Jules Guesde datant de la charte d'Amiens et du congrès de Limoges, citations qu'il est allé puiser dans les *Etudes sociales et syndicales* publiées par Claude Harmel.[24] Il faut leur ajouter des propos d'Henri Charlier sur «l'art décoratif [...] tué par la Révolution française» et sa déploration quant à la disparition de la «corporation des sculpteurs [qui] n'eût jamais permis ce commerce avilissant des moulages».[25]

C'est Marcel de Corte, professeur à l'Université de Liège qui ouvre le débat par une contribution sur «L'ordre corporatif et les obstacles qu'il rencontre». Ils sont ensuite une vingtaine à présenter leurs observations au

23 *Itinéraires,* N° 9, janvier 1957, p. 103.
24 *Itinéraires,* Chroniques et documents, N° 8, décembre 1956, pp. 59-60.
25 «Conversation avec Henri Charlier sur l'Illustration des missels», *in: Itinéraires,* N° 9, janvier 1957, p. 118.

cours des années qui suivent.[26] Elles peuvent se répartir en cinq catégories. On mentionnera d'abord des figures de proue de la mouvance nationaliste, venues en particulier de l'Action française (Debray, Vivier) ou de la Jeune Droite des années trente (Louis Salleron, Pierre Andreu); il faut leur ajouter des personnalités issues de la mouvance catholique traditionaliste (Jean Ousset, Henri Charlier); des syndicalistes anticommunistes passés par Vichy et la collaboration venus de la Confédération générale du travail (CGT) des années vingt (Hyacinthe Dubreuil) ou de sa tendance Syndicats (Georges Dumoulin); des anciennes figures politiques ou intellectuelles de l'Etat français (Amiral Auphan, Henri Pourrat, Xavier Vallat), des étrangers réputés pour leur attachement au corporatisme (outre Marcel de Corte, le canadien François-Albert Angers, présenté comme «l'une des personnalités les plus en vue du catholicisme canadien»,[27] l'espagnol Braulio Alfageme[28]). Sur le plan du contenu, les centaines de pages publiées *via* cette enquête renvoient à plusieurs registres.

26 Nous donnons ici la liste des réponses par leur ordre de publication. Après celle de Marcel de Corte (*Itinéraires,* N° 11, mars 1957, pp. 78-86) le numéro d'*Itinéraires* d'avril 1957 (N° 12, pp. 99-108) accueille celles de Pierre Debray, de Jean Ousset et de Xavier Vallat; celui de mai 1957 (N° 13, pp. 100-105) celles de Michel Josseaume, Emile Petit, Jean Rémois; celui de juin 1957 (N° 14, pp. 93-106) celles de l'Amiral Auphan, «Les corporations de la marine (1941-1944)» et de Michel Vivier, «Le corporatisme dans la presse royaliste au XIXe siècle»; celui de juillet-août 1957 (N° 15, pp. 105-114) celle de Hyacinthe Dubreuil «Pour le dossier du corporatisme»; celui de septembre-octobre 1957 (N° 16, pp. 102-106) celle de Braulio Alfageme; celui de novembre 1957 (N° 17, pp. 88-104) celles de Pierre Andreu et de Jean Madiran; celui de décembre 1957 (N° 18, pp. 96-101) de François-Albert Angers, «Le corporatisme au Canada français»; celui de janvier 1958 (N° 19, pp. 96-114) celle de Louis Salleron; celui de février 1958 (N° 20, pp. 69-89) celles de Hyacinthe Dubreuil «Seconde réponse de Hyacinthe Dubreuil: le témoignage des deux frères», d'Henri Charlier, «Une corporation naissante», d'Henri Pourrat; celui de mai 1958 (N° 23, pp. 97-103), celle de Georges Dumoulin; celui de juin 1958 (N° 24, pp. 75-81), celle de Georges Dumoulin, «Contribution supplémentaire».
On ajoutera que dans certains des numéros, la rubrique sur l'enquête est occupée par des articles de Jean Madiran, «Un numéro spécial de la ‹Chronique sociale›», *in: Itinéraires,* mars 1958, N° 21, pp. 84-90; «Parenthèse sur l'imposture syndicale de Jouhaux à Bothereau», *in: Itinéraires,* avril 1958, N° 22, pp. 107-112; il faut y ajouter une présentation non signée de l'ouvrage de Marcel Clément intitulé *La corporation professionnelle* et publié aux Nouvelles Editions latines («Un livre de Marcel Clément», *in: Itinéraires,* septembre-octobre 1958, N° 26, pp. 99-104.

27 François-Albert ANGERS, «Le corporatisme au Canada français», *in: Itinéraires,* décembre 1957, pp. 96-101.

28 Ce dernier est présenté comme ingénieur, animateur de plusieurs entreprises madrilènes et membre de la Commission des semaines sociales.

Le mot corporation en débat

Sous-jacente dès l'origine, la controverse sur l'emploi du mot «corporation» éclate à la suite d'une réponse un peu désabusée de Pierre Andreu. Ce dernier souligne que «ces grands débats théoriques [le] lassent un peu» et rappelle son implication dans le numéro spécial de *Combat* en 1936 sur le corporatisme: «je n'éprouve plus guère maintenant le besoin de ranimer un passé à mon sens bien mort, de reprendre un vocabulaire, des thèmes qui me paraissent usés jusqu'à la corde.» Si Andreu approuve le principe du combat contre le progressisme chrétien, il juge «assez maladroit de sembler présenter l'organisation corporative, sur le contenu de laquelle personne ne s'est jamais exactement accordé, comme la panacée de nos maux économiques et sociaux.»[29] Les positions d'Andreu ne satisfont nullement Jean Madiran qui lui adresse une réponse de 14 pages publiée dans le même numéro (le texte d'Andreu en faisait deux).[30] Madiran explique en particulier qu'il ne faut pas «laisser disqualifier le langage pontifical», dénonce «l'alibi» parfois représenté par le terme «organisation professionnelle», qu'il considère comme une expression «aussi ‹usée› et ‹marquée› que la ‹corporation›», et le renvoie «aux œuvres fondamentales de Marcel Clément». Surtout, Madiran justifie la nécessité du corporatisme par la lutte anticommuniste, un corporatisme qui doit d'abord être l'affaire des «chefs d'entreprise»: Madiran en appelle à leur «conversion, d'abord personnelle» et à leur «engagement sans retour dans l'organisation chrétienne des rapports économiques et sociaux». Si la situation n'est pas jugée brillante: «Quelques uns y travaillent comme ils peuvent. Les résultats sont souvent médiocres et décevants», ce cap serait le seul à tenir. En effet, explique Madiran:

> Pour un temps dont il est impossible de deviner la durée, les entreprises ont encore des chefs. Des chefs contestés, parfois paralysés mais responsables. Ce sont eux qui portent la responsabilité de mettre en chantier un ordre corporatif professionnel, un ordre social chrétien. Ils le feront et sauveront le pays du communisme. Ou ils ne le feront pas et ils disparaîtront, et leur carence, et la nôtre à les aider, nous vaudront, pour dix ans ou pour un demi-siècle le bull-dozer communiste. On peut exprimer cela avec d'autres mots et sans employer le terme de corporation.

Ce débat sur la pertinence de l'emploi du terme «corporation» n'est pas propre à *Itinéraires* mais se retrouve à la Cité catholique et dans la revue *Verbe*. Si Jean Ousset a répondu à l'enquête pour dire prodiguer «encouragements» et

29 «Enquête sur la corporation», «Réponse de Pierre ANDREU», *in: Itinéraires,* N° 17, novembre 1957, pp. 88-89.

30 «Enquête sur la corporation», «Réponse de Jean MADIRAN», *ibid.*, pp. 90-104.

«félicitations pour ce bon combat»[31] à ses promoteurs, le maître d'œuvre de la Cité catholique et les siens ont consacré de nombreux rapports et articles aux questions économiques et sociales.[32] L'objectif affiché est de diffuser et de revivifier la doctrine sociale de l'Eglise (les références mises en avant sont les documents pontificaux beaucoup plus que les auteurs corporatistes), au besoin en adaptant les termes. C'est dans ce sens qu'il faut comprendre le remplacement du mot «corporation» par celui de «corps intermédiaires». Le rapport de Philippe Ribot présenté au Xe congrès de la Cité catholique en juillet 1960 et intitulé: «Les corps intermédiaires, condition du progrès social» fait très clairement le point sur cette question. Son auteur explique que «la doctrine corporative de l'Eglise» souffre d'une image de passéisme: du côté de ses adversaires, «on la présente sous un jour vieillot et moisi, en tout cas, sûrement démodé.» Si pour Philippe Ribot, le «ridicule ne tue pas», il s'agit d'en prendre acte, ce qu'il explique crûment:

> Non pas que nous voulions supprimer le terme de ‹corporation›, tant de fois employé par les Souverains Pontifes. Non pas que son utilisation nous donne mauvaise conscience. Mais il nous a semblé que l'expression ‹Corps Intermédiaires›, d'ailleurs elle-aussi utilisée par Pie XII, devrait, à l'heure actuelle, mieux faire saisir l'ampleur de l'idée qu'avec l'Eglise nous prétendons défendre et proposer comme condition du vrai progrès social.[33]

Cette formulation est reprise par la suite pour définir «‹l'ordre social chrétien› qui est essentiellement un ordre de corps intermédiaires: professionnels, locaux, régionaux, allant de la famille à l'Etat en une hiérarchie vivante et harmonieuse.»[34]

Le corporatisme comme projet

La question du vocabulaire ne saurait être dissociée de celle du projet et de son adaptation aux temps d'alors. Certaines plumes parmi les plus fameuses se veulent optimistes, à l'instar de Louis Salleron qui met en avant son expérience: «Pour ma part, j'étudie l'organisation corporative depuis de longues années. Non seulement elle me paraît valable, mais elle me paraît

31 «Enquête sur la corporation», «Réponse de Jean OUSSET», *in: Itinéraires,* N° 12, avril 1957, p. 104.

32 La synthèse de ces réflexions se trouve *in:* Jean OUSSET, Michel CREUZET, *Le travail,* préface d'Hamish Fraser, Québec, La Cité catholique, 1962. Ce volume a été publié à Madrid en 1964 par Editorial Speiro (traduction d'Esther de Elio Grau).

33 *Ibid.,* pp. 357-358.

34 Jean OUSSET, *Le marxisme-léninisme,* Québec, Editions Cité catholique, 1960, p. 196. Une note (n. 65) ponctue la phrase citée et renvoie au numéro huit de *Verbe* (et à son supplément) ainsi qu'aux «études sur la ‹fonction supplétive des corps intermédiaires› parues dans *Verbe,* N° 44-49.

plus valable aujourd'hui qu'hier – je veux dire en 1957 ou 1958 qu'en 1900 ou 1850.»[35] Le projet de Salleron se définit en quelques lignes:

> Une économie qui mélangera le statut corporatif, la liberté concurrentielle et le plan régulateur sous l'inspiration d'une philosophie transcendante et finaliste, voilà ce que doit apporter l'ordre corporatif. Mais il ne l'apporte pas comme une nécessité: il le rend simplement possible.[36]

D'autres réponses, tout en défendant le principe du corporatisme en donnent des définitions bien différentes à l'instar de Hyacinthe Dubreuil, qui, après avoir rappelé l'intérêt de l'expérience de la CGT du début du XXe siècle, affirme que «l'histoire n'est pas terminée» et considère que «les anciennes classes et castes disparaîtront, et à leur place on verra surgir des groupes professionnels de travail spirituel et matériel. Un grand avenir attend les unions professionnelles, les coopératives, les corporations...»[37]

L'optimisme de certaines réponses s'appuie sur différents fondements et procède d'une analyse de la situation présente. C'est le cas de Louis Salleron qui voit une opportunité pour «l'ordre corporatif» dans le double fait que «le progrès technique continue» tandis que «le capitalisme recule».[38] Il y a, pour Salleron, une rupture dans un continuum historique qu'il faut exploiter: «le progrès technique peut continuer à soutenir l'expansion économique sans soutenir du même coup le capitalisme libéral. De celui-ci, le communisme se veut l'héritier.»[39] Au fur et à mesure qu'il avance dans son raisonnement, Salleron est plus incisif:

> Les faits ont signé l'arrêt de mort du capitalisme traditionnel, c'est-à-dire individualiste et libéral [...] Dans cette conjoncture, l'ordre corporatif reprend tous ses droits et toute son importance. Parce que, dans les secteurs-clés, la concurrence a tué la concurrence. Parce que la production de base n'est plus à l'échelle individuelle. Parce que l'équipement national des pays exige des plans d'ensemble. Parce que le progrès technique met en cause, dès maintenant, le destin physique et spirituel de l'homme.

La conclusion de l'analyse est nette: «l'économie retrouve sa subordination naturelle à la Politique. Elle doit être **dirigée** vers des **fins**, ce qui implique le primat de l'intelligence et de la volonté humaine.»[40] Et Salleron d'ajouter,

35 *Itinéraires,* N° 19, janvier 1958, p. 96. En fait, cette réponse de Salleron est la reproduction d'un article qu'il a publié dans la revue portugaise *Revista do Gabineto de corporativos.*

36 *Ibid.,* p. 114.

37 «Enquête sur la corporation», Hyacinthe DUBREUIL, «Pour le dossier du corporatisme», *in: Itinéraires,* N° 15, juillet-août 1957, p. 113.

38 «Enquête sur la corporation», «Réponse de Louis SALLERON», *in: Itinéraires,* N° 19, janvier 1958, p. 108.

39 *Ibid.,* p. 110.

40 *Ibid.,* pp. 111-112. Les mots en gras le sont dans le texte original.

renouant avec un autre type de discours qui lui est familier: «Les valeurs de civilisation de l'Occident – individu, liberté, propriété – ne seront sauvées que par une philosophie générale de la société – philosophie qui est celle de l'ordre corporatif.» Cet «ordre corporatif», Louis Salleron en dessine les grandes lignes en adaptant à son propos des idées issues des années trente sur le double secteur, plané et libre:

> La régulation de l'activité économique dans l'ordre corporatif sera d'autant mieux assurée que seront présentes à l'esprit les nécessités tendancielles de la double relation corporation-stagnation, liberté-expansion. En fait, ce sont d'une part les petits **métiers** éternels [...] et d'autre part, les grands **métiers** modernes – mines, métallurgie, textile, bâtiment etc. – qui appellent le maximum de statuts, c'est-à-dire d'organisation corporative proprement dite. Au contraire, tout ce qui est invention, procédé nouveau, applications industrielles corollaires aux grands secteurs, doit bénéficier au maximum de libertés concurrentielle, selon le schéma, sinon l'esprit, du XIXe siècle.[41]

«L'ordre corporatif» est donc pour Salleron, «par définition autoritaire et normatif» même si «autorité et norme doivent avoir le souci aigu de l'expansion, effet normal du progrès technique.»[42]

Ce souci d'articuler un projet corporatif aux enjeux contemporains se retrouve chez Georges Dumoulin pour qui il constitue la réponse la plus adaptée à une société de consommation dont il fait le procès:

> Ce qui comptait c'était l'ouvrage, l'objet sorti des mains de l'artisan ou du compagnon; le salaire n'occupait pas la première place. Aujourd'hui, c'est le salaire qui compte. L'objet fabriqué est noyé dans la masse. L'objet est un véhicule portant une marque, un amas de chaussures [...] Tout est devenu marchandises [...] Le salariat sous sa forme actuelle n'est plus un salariat de producteurs, d'hommes de métier: c'est un salariat de consommateurs, d'acheteurs. [...] Le salarié syndiqué est un consommateur groupé.[43]

Ce constat est assimilé par Dumoulin à une marque d'américanisation qu'il refuse bruyamment. La question se pose donc pour l'ancien dirigeant de la CGT de savoir «quel est l'avenir du syndicalisme libre si le métier ne compte plus et si les travailleurs ne sont que des consommateurs syndiqués».[44] Georges Dumoulin postule que cet avenir est possible et que «le retour aux corporations redevient une perspective des temps présents. Elle appelle des constructeurs, des novateurs, si j'ose dire des rédempteurs». En quelques lignes qui concluent sa «réponse», Dumoulin dresse les «lignes essentielles» de ce qu'il appelle lui-même une «ébauche», une «esquisse»: «La base, le lieu, l'endroit c'est l'entreprise [...] Le lien du métier permet l'usage de la

41 *Ibid.*, pp. 112-113. Les mots en gras le sont dans le texte original.

42 *Ibid.*

43 «Enquête sur la Corporation», «Réponse de Georges DUMOULIN», *in: Itinéraires*, N° 23, mai 1958, pp. 99-100.

44 *Ibid.*, p. 100.

commandite autonome groupant des hommes par affinités de cœur et d'âme autour d'une tâche particulière.» Et Dumoulin de devenir lyrique et prophétique:

> Ainsi on voit déjà renaître les corporations sur les bases nouvelles des temps présents. L'entreprise est à l'entrée de la perspective. Elle se donne un but, la communauté. De ce point de départ, la perspective s'étend à travers le pays par les mille chemins qui relient les cités entre elles. Par ces mille chemins et dans ces cités, les corporations réunies deviennent locales; elles y ont leur siège, leur lieu de rassemblement, leur centre de culture et de foi. La perspective emprunte les chemins des industries et dans chacune d'elles les corporations s'associent régionalement et nationalement. Dans chacune des économies industrielles, les ententes s'élaborent au profit du bien commun, au bénéfice des métiers communs. Les ententes sont garanties par une juridiction corporative, ayant à la fois pouvoir de conciliation et pouvoir d'arbitrage.[45]

Le projet de Dumoulin, en même temps qu'il est ambitieux et prétendument adapté aux temps contemporains, n'a sur le fond rien de neuf. Comme celui de Salleron, il doit beaucoup aux écrits de l'entre-deux-guerres, des projets syndicalistes comme ceux de Dubreuil aux nombreux textes issus des relèves des années trente, de Jean Coutrot et son «humanisme économique» à l'Ordre nouveau.[46] On y trouvait en effet, détaillés et argumentés, des projets combinant la promotion de la commandite et celle du fédéralisme. Georges Dumoulin est au fait de ces différentes perspectives, la nouveauté de son propos tenant pour l'essentiel à son analyse de la société de consommation et à la dénonciation de l'américanisation du syndicalisme français qui l'accompagne. Cette dernière est instructive mais n'est pas très poussée, Dumoulin ne faisant pas le lien entre les entreprises, leur mode de gouvernance et la situation qu'il dénonce. C'est en cela qu'il est décalé par rapport aux enjeux de l'heure. Il n'est d'ailleurs pas le seul parmi les contributeurs de cette enquête où on ne relève aucun chef d'entreprise ou syndicaliste en activité. De fait, les entreprises y sont peu présentes et lorsqu'elles sont évoquées, notamment par Henri Charlier, c'est pour promouvoir des exemples déjà anciens et bien connus comme la corporation du textile de Tarare, née en 1939, dont il fait l'éloge sur la base d'une brochure de Marcel Doligez, président d'honneur de la Fédération nationale des syndicats patronaux de la branche Teinture et Apprêts.[47]

Au final, la lecture de cette enquête d'*Itinéraires* montre la diversité des points de vue, l'ancienneté des projets proposés et offre peu de perspectives applicables à la France des années cinquante. On ne sait ce qu'en ont pensé

45 *Ibid.*, p. 102.

46 Olivier DARD, *Jean Coutrot de l'ingénieur au prophète,* Besançon, Presses universitaires franc-comtoises, 1999, pp. 255-258.

47 « Enquête sur la Corporation », « Réponse d'Henri CHARLIER », *in: Itinéraires,* N° 20, février 1958, pp. 76-84.

ses promoteurs eux-mêmes puisqu'elle n'a pas été véritablement conclue. Le volume projeté qui se voulait le pendant de l'enquête sur le nationalisme n'a jamais été publié.

Un salazarisme adapté: «l'empire corporatif», une solution pour l'Algérie française

Bien davantage que le franquisme, le régime salazariste a suscité un fort intérêt chez une partie importante des nationalistes français, bénéficiant pour ce faire d'un médiateur et d'un passeur convaincu et infatigable, Jacques Ploncard d'Assac.[48] Installé sur les bords du Tage depuis les lendemains du second conflit mondial, Ploncard d'Assac a mené par la plume et par la parole (lecture de ses éditoriaux à l'antenne de la «La voix de l'Occident») une propagande incessante en faveur du salazarisme dont il met en avant l'Etat corporatif. Les publications de Ploncard d'Assac à ce sujet sont nombreuses et permettent au lecteur français des années soixante d'être informé des étapes de la pensée du *«Doutor»* et de l'évolution de l'architecture institutionnelle du système portugais présenté, citations de Salazar à l'appui, comme «l'instrument propre à réaliser ‹la destinée supérieure de la Nation›.»[49] L'admiration affichée par Ploncard d'Assac pour le corporatisme salazariste ne signifie pas qu'il entende voir d'autres pays, à commencer par la France, le «transposer» tel quel:

> […] pour la raison extrêmement simple que l'Etat corporatif étant l'aboutissement de la mise en place des facteurs de la nation organisée, chaque nation se présente avec des facteurs différents qui résultent de son état d'avancement, de la richesse et de l'étendue de son sol, de sa composition ethnique, de ses mœurs de son histoire.[50]

Il n'en demeure pas moins que les «principes» exposés dans l'œuvre de Salazar sont «valable[s] pour tous les peuples»,[51] dont le peuple français. Le lien pour Ploncard d'Assac n'est pas dur à établir entre le «système

48 Olivier DARD, «Un salazariste français, Jacques Ploncard d'Assac», *in: Radicalités, identités, patries. Hommage au professeur Francis Balace,* textes rassemblés par Alain COLIGNON, Catherine LANNEAU, Philippe RAXHON, Liège, Editions de l'Université de Liège, 2009, pp. 95-111.

49 *Cf.* en particulier, Jacques PLONCARD D'ASSAC, *L'Etat corporatif. L'expérience portugaise. Doctrine et législation,* imprimé à Nemours et diffusé par la Librairie française, 1960, p. 27.

50 Jacques PLONCARD D'ASSAC, «Les corporations ou la nation organisée», *in: La Voix de l'Occident,* N° 2, juillet 1962, p. 25.

51 *Ibid.*, p. 26.

corporatif» et le «nationalisme français»: «le *Système corporatif* [...] est celui que propose le nationalisme français.»[52] A l'heure de la guerre d'Algérie, il s'agirait de l'étendre à l'empire:

> [...] l'ordre corporatif est le seul qui puisse être proposé pour remembrer les grands ensembles détruits par l'idéologie nationalitaire. Ils ne se reconstruiront jamais sous l'ancien système démo-capitaliste; quant au néo-colonialisme ploutocrate international, il ne ferait qu'accentuer le sentiment de frustration des masses indigènes. La Corporation, étendue à la dimension impériale, bouleverse complètement les anciennes oppositions d'intérêts à l'époque démo-capitaliste. Elle établit les individus dans une commune dignité de Producteurs et leur garantit le bénéfice de leur Production.[53]

Là encore, l'expérience portugaise serait la référence à privilégier: «[...] l'empire portugais y a gagné une paix et une stabilité que le monde pandémocratique [*sic*] lui envie secrètement.»[54] En même temps qu'il mobilise l'expérience portugaise, Ploncard d'Assac sait aussi que l'idée de voir dans le corporatisme un salut pour l'empire est défendue dans les droites nationalistes françaises d'inspiration catholique traditionaliste.[55] Le rôle du docteur Bernard Lefèvre est ici essentiel même si le corporatisme irrigue la prose de certaines organisations défendant l'Algérie française, notamment le Mouvement populaire du 13 mai (MP 13) de Robert Martel.[56]

Ancien dirigeant du poujadisme algérois, membre du comité de salut public lors du 13 mai 1958,[57] Bernard Lefèvre fut l'inspirateur du «Manifeste des 14» qui appelle à l'avènement d'un ordre corporatif. Rédigé en juillet 1958, publié au mois de décembre suivant,[58] ce texte est la charte du Mouve-

52 Jacques PLONCARD D'ASSAC, *Le nationalisme et la question coloniale,* Lisbonne, en dépôt à la librairie française, 1961, p. 30.

53 *Ibid.,* p. 30.

54 *Ibid.,* p. 31.

55 Pour un bref panorama d'ensemble, voir Etienne FOUILLOUX, «Ordre social chrétien et Algérie française», *in:* François BEDARIDA, Etienne FOUILLOUX (dirs.), *La guerre d'Algérie et les chrétiens, Cahiers de l'IHTP,* N° 9, octobre 1988, pp. 63-87.

56 Il est significatif de noter que si la brochure du MP 13 datée de juillet 1960 et intitulée *Doctrine* milite pour un «ÉTAT CHRETIEN-CORPORATIF-DECENTRALISÉ», elle s'achève par la mention suivante: «Ceci est une œuvre collective du MP 13. Nous tenons cependant à signaler que certains passages ayant trait à la corporation sont directement inspirés du livre du docteur Lefèvre: *Sur le chemin de la Restauration.*»

57 Pour un panorama des droites nationalistes en mai 1958, nous nous permettons de renvoyer à Olivier DARD, «L'extrême droite et les milieux ultras, 1957-1958», *in:* Jean-Paul THOMAS, Gilles LE BÉGUEC, et Bernard LACHAISE (dirs.), *Mai 1958. Le retour du général de Gaulle,* Rennes, Presses universitaires de Rennes, 2010, pp. 69-82.

58 La brochure de 24 pages est intitulée *Pour une France nouvelle dans l'esprit du 13 mai. Manifeste des Quatorze,* Alger, impr. Mauguin, 1958. La liste des 14 n'est pas précisée dans ce document. Il en va de même dans les développements consacrés

ment pour l'instauration d'un ordre corporatif (MPIC) dont Lefèvre est le secrétaire général. L'introduction de l'opuscule débute par une introduction remettant en perspective le 13 mai sur un mode providentialiste: «Les acteurs qui occupèrent le devant de la scène en ces mémorables journées n'ont été que des instruments dans les mains de la Providence. Le 13 Mai est à tout le monde, il est d'ordre cosmique.»[59] Au plan politique, le texte entend être une troisième voie «entre le retour au ‹Système› et la tentation fasciste», troisième voie incarnée par «l'Ordre Corporatif».[60] La courte bibliographie de la brochure, dominée par des références à Maurras,[61] Salazar, la revue *Verbe* et les encycliques pontificales donne l'orientation générale du projet. Son originalité tient à ce que «l'Ordre Corporatif» envisagé «peut seul permettre un règlement harmonieux du problème algérien». Il s'agit, par ce biais, de frayer la voie à «l'intégration»:

> L'intégration complète peut se faire progressivement, sans heurts, par la constitution de ces corps intermédiaires familiaux, professionnels, communaux, régionaux, culturels et spirituels à l'intérieur desquels les deux communautés raciales pourront dialoguer sur des problèmes d'intérêt commun qui assureront leur rapprochement.

Toute autre option hypothèquerait l'avenir de l'Algérie française, en particulier:

---

au Manifeste dans *Sur le chemin de la Restauration, op. cit.*, p. 19 et dans le chapitre II intitulé «Le Manifeste des Quatorze», (*ibid.*, pp. 21-37).

59 *Pour une France nouvelle dans l'esprit du 13 mai. Manifeste des Quatorze, op. cit.*, p. 3. Revenant sur le 13 mai dans *Sur le chemin de la Restauration* (Paris, Nouvelles Editions latines, 1959, p. 18), Bernard Lefèvre indique: «Le 13 Mai est à tout le monde. Il est d'ordre surnaturel.»

60 Pour *une France nouvelle dans l'esprit du 13 mai. Manifeste des Quatorze, op. cit.*, p. 7.

61 Si Maurras est cité en bonne place dans les bibliographies et si certaines de ses formules comme «l'empirisme organisateur» sont reprises (Bernard LEFÈVRE, *Sur le chemin de la Restauration, op. cit.*, p. 186 et p. 207, note 1), on relève que sur le plan institutionnel, tout en ayant une inclination monarchiste («Tout bien pesé, il semble que le Régime monarchique est celui qui supporte le mieux la médiocrité de son chef», *ibid.*, p. 89), Bernard Lefèvre n'en fait pas une question de principe, à la différence de Maurras: «Si l'Ordre Corporatif trouve une clef de voûte naturelle dans le Régime monarchique, il n'en est pas moins concevable et réalisable en régime républicain [...] Quoi qu'il en soit, c'est un problème secondaire en l'état actuel des choses.» Et Lefèvre d'ajouter, marquant encore sa différence avec Maurras sur le plan de la primauté du politique et de l'ordre des priorités: «nous considérons que pour l'instant l'accent doit être mis sur la reconstitution des corps intermédiaires naturels et en particulier des Corps professionnels [...] Le Problème du Régime sera réglé à son heure» (*ibid.*, p. 115).

si par malheur on permettait aux partis politiques, ces diaboliques diviseurs, de rechercher une clientèle sur cette terre. Il faudrait s'attendre à des dissensions graves; car ils essaieraient de se définir, avant tout, autour du principe racial ou de la notion classe.[62]

Le «Manifeste des Quatorze» fut repris et commenté, notamment au Portugal en mai 1959 dans le *Diario da Manha.* Le docteur Lefèvre et son Mouvement pour l'instauration d'un ordre corporatif sont présentés comme:

une utilisation du Corporatisme sur un plan où les circonstances n'avaient jamais permis de penser qu'il puisse être appelé à jouer un rôle et qui constitue une expérience extrêmement intéressante pour tous ceux qui s'intéressent à la doctrine corporative et à ses possibilités institutionnelles.[63]

Dans le même temps, Bernard Lefèvre approfondit ses idées corporatistes dans deux essais, *Sur le chemin de la Restauration* et *L'Occident en péril.* Leur lecture montre qu'il se documente au fur et à mesure sur l'histoire du corporatisme en France et ses classiques. La bibliographie de *Sur le chemin de la Restauration* est enrichie par rapport à celle du «Manifeste» (sont notamment cités à présent comme «références fondamentales» La Tour du Pin, René Guénon et comme «références secondaires», Marcel Clément, Henry Coston, Bernard Faÿ et Jacques Ploncard d'Assac). Sa bibliographie néglige un auteur qu'il cite et utilise abondamment, Firmin Bacconnier qu'il présente comme «le spécialiste érudit des problèmes Corporatifs».[64] Bernard Lefèvre a même «demandé à Firmin Bacconnier de nous parler de quelques-unes de ces expériences préfigurant, en quelque sorte, l'Ordre corporatif de demain»: il s'agit de l'«Alliance Corporative du Textile de Reims» de Jacques Warnier[65] et de la «Corporation textile de Tarare».[66] Cela étant, Bernard Lefèvre cherche autant à travers le corporatisme une réponse de nature économique et sociale qu'une solution d'avenir pour l'Algérie française. Dans *Sur le chemin de la Restauration,* il a consacré un chapitre entier à «l'Empire

62 *Pour une France nouvelle dans l'esprit du 13 mai. Manifeste des Quatorze, op. cit.,* p. 22. Ce passage est repris tel quel dans Bernard LEFÈVRE, *Sur le chemin de la Restauration, op. cit.,* p. 37.

63 Cité *in:* Bernard LEFÈVRE, *Sur le chemin de la Restauration, op. cit.,* p. 145 et *in: L'Occident en péril,* Paris, Nouvelles Editions latines, 1960, p. 258. Les mêmes extraits de l'article sont reproduits dans les deux volumes. La référence ne comporte ni date précise ni auteur mais on peut penser que ce dernier est Ploncard d'Assac. L'Occident en péril fut traduit en espagnol sous le titre *El Occidente en peligro,* prólogo de Narciso Perales y Herrero, Barcelona, Ed Acervo, 1962.

64 Bernard LEFÈVRE, *Sur le chemin de la Restauration, op. cit.,* p. 107.

65 *Cf.* dans ce volume la contribution de Régis Boulat.

66 Bernard LEFÈVRE, *Sur le chemin de la Restauration, op. cit.,* pp. 229-236. Ce passage est repris *in:* Bernard LEFÈVRE, *L'Occident en péril, op. cit.,* pp. 230-233. On ajoutera que parmi les expériences qu'il met en avant, Bernard Lefèvre cite le créditisme (Bernard LEFÈVRE, *Sur le chemin de la Restauration, op. cit.,* pp. 226-228).

corporatif»[67] sur lequel il revient dans *L'Occident en péril* en reprenant idées et formules de son essai de 1959. Il est sur ce point convaincu que «l'Ordre Corporatif, en corrigeant les excès de la loi du nombre et en apportant les notions nouvelles de compétence, de valeur personnelle, d'autorité naturelle, de hiérarchie, de décentralisation, peut résoudre tous les problèmes humains et politiques qui se posent tant au sujet de l'Algérie que de la France elle-même.» Bernard Lefèvre esquisse les contours d'un projet institutionnel de ce que pourrait être, «dans le cadre de l'Ordre Corporatif, l'Intégration politique des communautés algériennes à la Nation française»: un système d'inspiration fédérale et décentralisatrice d'inspiration contre-révolutionnaire et en rupture profonde avec la Cinquième République. Au plan électoral, «les élections seraient dépolitisées[68] et se feraient dans le seul cadre des communautés naturelles de base: *communes et métiers*».[69] La France serait organisée en 28 provinces (dont trois algériennes) nanties de larges pouvoirs et «d'assemblées provinciales à vocation essentiellement économique et professionnelle». Enfin, «à l'échelon national les assemblées seraient désignées au troisième degré par les élus des assemblées provinciales». Si la refonte de la France est évidemment importante, l'essentiel du propos de Bernard Lefèvre, partisan affiché de «l'intégration» est de rendre cette dernière possible par un «ordre corporatif» vécu d'en bas et au quotidien:

> L'étroite et obligatoire association des communautés musulmane et européenne à l'intérieur de la commune et du métier pour l'approfondissement et la sauvegarde d'intérêts communs, pourrait seule permettre aux Musulmans et aux Européens de collaborer étroitement, donc de se comprendre et de s'aimer.

Et Lefèvre de conclure:

> L'Ordre Corporatif est seul susceptible d'apporter des solutions raisonnables et humaines au problème algérien; il réalise pleinement ce commun dénominateur qui fera cohabiter européens et musulmans fraternellement unis, dans la paix retrouvée, dans le respect de leurs libertés réciproques et dans l'amour d'une commune patrie.

Si les idées corporatistes sont principalement défendues dans les essais de Bernard Lefèvre, elles irriguent aussi des textes collectifs comme «L'appel aux Français» d'une des branches espagnoles de l'Organisation armée secrète (OAS), le groupe Lagaillarde.[70] Rédigé par ce dernier, Lacheroy, Argoud et

67 Bernard LEFÈVRE, *Sur le chemin de la Restauration, op. cit.*, pp. 140-154.

68 *Ibid.*, p. 153. Le passage est repris *in:* Bernard LEFÈVRE, *L'Occident en péril, op. cit.*, p. 261: «La dépolitisation des élections supprimerait radicalement la démagogie et les risques de subversion».

69 *Ibid.*, p. 261. Les citations qui suivent sont tirées de ce même volume, pp. 261-262.

70 Sur cette question, *cf.* Olivier DARD, *Voyage au cœur de l'OAS,* Paris, Perrin [seconde édition, Tempus], 2011, pp. 170-176.

le docteur Lefèvre durant l'été 1961 le document en appelle à la construction d'un ordre nouveau marqué par le traditionalisme catholique. Il s'agit d'assurer «la restauration des cadres naturels de la vie» dans le cadre d'un régime centré sur «la finalité chrétienne de l'homme» ce qui passe par la défense des communautés naturelles, des assemblées professionnelles, de la décentralisation et de la dépolitisation. Au grand dam de ses rédacteurs, ce projet est durement combattu par les dirigeants de l'OAS à Alger qui refusent d'en faire le soubassement de la plate-forme politique qu'ils projettent en considérant qu'il est archaïque et peu porteur de perspectives. De fait, si le traditionalisme catholique compte parmi les composantes idéologiques des défenseurs de l'Algérie française, il n'est nullement hégémonique et entre d'ailleurs en concurrence avec d'autres, notamment le nationalisme révolutionnaire, dont les tenants déplorent son archaïsme. L'arrestation des «Madrilènes» en octobre 1961 suivie de leur assignation à résidence aux Canaries brise définitivement les espoirs de ces derniers et lève définitivement l'hypothèque espagnole. Les débats sur le corporatisme ne sont cependant pas clos au sein des droites nationalistes françaises.

Les nationalistes et la «tarte à la crème du corporatisme»

L'effondrement de l'Algérie française et de l'OAS signifie dans la nébuleuse nationaliste l'heure du bilan. Il est tiré en particulier par Dominique Venner dans une brochure intitulée *Pour une critique positive* qui est une dénonciation virulente des «nationaux» qu'il convient de balayer au profit des «nationalistes». Dans ce combat, qui vise autant à dénoncer le passé qu'à refonder une doctrine nationaliste, l'ancien dirigeant de Jeune Nation n'est pas seul. Il peut compter sur la jeune équipe de la Fédération des étudiants nationalistes (branche légale de Jeune Nation) et sa revue *Les Cahiers universitaires* mais aussi le mensuel *Europe-Action.* A l'heure où il s'agit pour ces nationalistes d'explorer les voies d'une «économie organique», le corporatisme célébré par les catholiques traditionalistes et les admirateurs de Salazar est dénoncé par les animateurs du Centre d'études pour une économie organique (CEPEO) qui ont publié leurs réflexions principalement en 1963. L'éditorial des *Cahiers universitaires* de février 1963 fixe les cadres d'un projet économique et social: «le Nationalisme rejette le capitalisme, le système économique marxiste, et un corporatisme attardé en créant l'idée et les structures de l'économie organique.»[71] Dans le même numéro, un article collectif signé du CEPEO se livre à une analyse critique du corporatisme.[72] L'objectif du texte est de s'adresser aux «nationaux» et en particulier à ceux qui «se sont réfugiés dans le corporatisme». Le but est clairement affiché: «après avoir égaré beaucoup de bons esprits, le corporatisme risque encore aujourd'hui de créer des confusions dont les nationalistes seraient les victimes.»[73] C'est donc à une attaque en règle de ce dernier que les auteurs se livrent. Deux critiques mineures sont d'abord présentées. Les rédacteurs du CEPEO reprochent d'abord aux corporatistes leur «nostalgie du passé» en ironisant sur le fait que «sur un plan purement économique [...] on ne sait très bien à quel passé se réfèrent les corporatistes»[74] (métiers du XIIIe siècle, France de Colbert, de Turgot). Et les auteurs d'insister:

> Beaucoup de leurs conceptions erronées proviennent de leur constante référence à ce passé mythique, baptisée ‹retour au concret›. Ils continuent à s'hypnotiser sur des problèmes datant de trois quarts de siècle, ce qui leur fait négliger les prodigieuses transformations de l'époque actuelle et les graves dangers du régime.

Un second reproche adressé aux corporatistes porte sur «leur aspiration à un ordre social chrétien»: «la doctrine économique de la Nation doit être compatible avec toute opinion (ou tout scepticisme) en matière religieuse.» La critique principale part d'une exigence posée par le CEPEO pour qui «l'économie doit être totalement et complètement subordonnée au pouvoir politique». Cela implique le refus explicite de «toute assemblée professionnelle ayant un rôle politique, tout sénat corporatif. Les professions doivent être organisées au même titre que les autres structures du pays mais doivent être clairement subordonnées à l'Etat.» Même si les choses ne sont pas présentées en ces termes, faut-il voir, autour de la question l'Etat, une opposition déjà présente à Vichy entre traditionalistes et modernisateurs?[75] Le parallèle a ses limites car le CEPEO cible les conséquences prêtées au corporatisme accusé d'«augmenter la concentration du pouvoir économique et politique dans un petit nombre de mains», ce qui déboucherait sur l'avènement des technocrates en leur sein et l'affaiblissement de l'Etat. On

71 «Les Nationalistes: vers l'avenir», *in: Les Cahiers universitaires,* N° 13, février 1963, p. 4.

72 Il faut relever qu'à l'intérieur du numéro l'article est intitulé: «Analyse du corporatisme» mais que sur la couverture du numéro figure: «Critique du corporatisme».

73 «Analyse du corporatisme», *Les Cahiers universitaires,* N° 13, février 1963, p. 7.

74 Cette citation et les suivantes sont tirées d'«Analyse du corporatisme», *op. cit.*, pp. 10-11.

75 Nous nous permettons de renvoyer sur ce point à Olivier DARD, «Le corporatisme entre traditionalistes et modernisateurs», *in:* Didier MUSIEDLAK (dir.), *Les expériences corporatives dans l'aire latine, op. cit.*, p. 67-102.

remarque ici que le CEPEO reprend et retourne contre les traditionalistes l'argumentaire qu'ils avaient développé pendant la guerre contre les comités d'organisation, fourriers, pour eux, de la technocratie, voire de la synarchie. D'autres critiques sont également développées par le CEPEO qui accuse les corporations de tendre «à protéger, à conserver les situations acquises, à empêcher l'évolution» tant sur le plan des «procédés techniques» que des «structures économiques». Enfin, le corporatisme est stigmatisé pour avoir «totalement négligé le problème posé par la structure capitaliste de l'entreprise» et édifié «toute sa conception sur la dualité capital propriétaire-travail salarié.» Il y a là, pour le CEPEO, un «défaut essentiel» car «la suppression de la propriété capitaliste de l'entreprise, propriété qui sert de justification juridique à la puissance des technocrates, est la condition nécessaire de la révolution du XXe siècle.»[76] Ces dénonciations générales sont importantes mais ne doivent pas conduire à négliger un autre élément majeur de ce texte, l'examen du cas portugais, preuve s'il en est de son importance d'alors dans les débats des droites nationalistes françaises. Le CEPEO l'envisage comme tel: «On pourrait nous objecter le cas du Portugal.» Il s'agit donc de démonter l'objection en montrant «les importantes différences existant entre le Portugal et les nations industrielles de l'Occident», la «grande prudence» mise dans le développement du corporatisme lusitanien et en soulignant que «le système en est encore à la phase du corporatisme d'Etat.» Au final, l'exemple portugais s'il peut être respecté,[77] ne saurait être imité:

> [...] grâce à des circonstances particulières et surtout au génie du Dr Salazar, le Portugal réalise aujourd'hui le dernier exemple d'Etat conservateur de conception nationaliste alors que les nouveaux Etats nationalistes d'Europe seront, eux, essentiellement révolutionnaires. Aussi, si de nombreux enseignements partiels peuvent être retirés de l'expérience portugaise, ne peut-on la transposer aux nations industrielles ni y trouver la justification de la doctrine corporative dont nous venons de présenter les erreurs et les insuffisances.

L'estocade est portée quelques lignes plus loin: «La tarte à la crème du corporatisme, chère encore à certains ‹nationaux› doit être totalement abandonnée par les nationalistes.»

76 Ce point est développé dans le cinquième chapitre du collectif CEPEO, *Eléments pour une économie organique,* qui est le numéro neuf, numéro spécial, d'*Europe-Action,* septembre 1963. Ce volume de plus de 140 pages aborde la question du corporatisme mais reproduit pour l'essentiel l'article précité, «Analyse du corporatisme».

77 Le numéro des *Cahiers universitaires* de février 1963 qui dénonce le corporatisme n'en fait pas moins de la publicité (p. 4) pour «La voix de l'Occident» et les éditoriaux de Jacques Ploncard d'Assac.

Si les «nationalistes» d'*Europe-Action* quittent la politique active après l'échec tixiériste et celui des recompositions de 1966-1967, un relais est pris à partir de 1969 par Ordre nouveau.[78] Ses dirigeants doivent proposer un programme économique et social même si cet objectif n'est pas central pour eux. La lecture des deux ouvrages[79] à vocation programmatique publiés en 1972 et 1973 livre cependant des enseignements précieux. Dans le volume de 1972, les développements intitulés «Injustice et déséquilibre social»[80] dénoncent classiquement une «crise de civilisation» et pointent les responsabilités du libéralisme et du marxisme. Le passage par la révolution française est de rigueur mais son contenu est instructif: il n'est nullement empreint de nostalgie pour l'héritage de l'Ancien Régime:

> La révolution française a supprimé les corps intermédiaires sclérosés et devenus facteurs de stagnation économique. Mais elle n'a su les remplacer par rien, livrant l'individu aux excès de l'étatisme comme aux appétits des classes dirigeantes qui s'emparaient de l'Etat.[81]

On ajoutera que le terme de corporation n'est jamais employé ce qui peut s'expliquer par un souci de prise de distance avec des penseurs jugés dépassés (dont Charles Maurras et ce davantage que Maurice Barrès)[82] et surtout parce que le reproche fait à Maurras est d'avoir «privilégié les liens matériels qui unissent individu et nation» tandis que d'autres (Maurice Barrès et Giovanni Gentile) «ont montré que la nation est une force spirituelle agissant au cœur de l'individu.»[83]

Ordre nouveau a-t-il pour autant, ainsi qu'il le proclame au nom d'une «ligne fondamentale», «abandonn[é] toute référence au passé»? La lecture du chapitre V, «Propositions pour un programme de gouvernement nationaliste et populaire», montre les limites de cette position. Les mots «corporatisme» et «corporation» ne sont certes jamais employés mais la chose n'est pas absente des perspectives tracées dans la proposition de créer, dans le

78 Ordre nouveau a été créé en novembre 1969. Le Mouvement social italien (MSI) lui sert de modèle. C'est lors de son second congrès (10-11 juin 1972) qu'il adopte une stratégie qui a donné naissance au Front national. Ordre nouveau a été dissous en même temps que la Ligue communiste par un décret du 23 juin 1973.

79 Ils ont été récemment réédités: Alain RENAULT présente *Ordre nouveau, Juin 1972 & 3e congrès 1973,* Coulommiers, Déterna Editions, 2009.

80 *Ibid.,* pp. 37-42.

81 *Ibid.,* p. 39.

82 Il faut rappeler «une ligne fondamentale» d'Ordre nouveau: «abandonner toute référence au passé» (*ibid.,* p. 95). On retrouve par ailleurs l'importance du sillage de Dominique VENNER, *Pour une critique positive* (brochure de 32 pages en supplément de *Politique française,* N° 98, «l'hebdomadaire de l'élite française») cité et dont des passages sont repris.

83 *Ibid.,* pp. 84-85.

cadre d'«Etats généraux», un «Conseil des Activités économiques et sociales» défini comme «l'organe de réflexion, de discussion et de proposition des représentants de la vie économique, de l'organisation sociale et de la création intellectuelle», et qui doit réunir «les délégués issus de la Production, des catégories socio-professionnelles, de la vie intellectuelle et artistique».[84] Le texte de mai 1973 offre un complément instructif à celui de 1972. Les mots peuvent être trompeurs car les propositions visant à dépasser la «participation» accompagnent des développements sur la «cogestion» et «l'autogestion», thèmes alors en vogue.[85] La «position d'Ordre Nouveau en matière de cogestion» est fort différente de ce qui s'écrit et se débat à l'époque. Le cadre projeté indique que «le politique doit dominer l'économie». L'économie envisagée est une économie dirigée et planifiée par l'Etat. Elle est organisée autour d'«un syndicalisme professionnel, unique, obligatoire» et l'économique et le social y sont clairement délimités. Il revient à «**l'entrepreneur**» (qui peut y associer le personnel par la voie d'une «cogestion») de «**créer les opportunités économiques et** [d']**en tirer profit**.» D'un autre côté, «**les décisions qui affectent directement les conditions de travail** entendues au sens large, relèvent du contrôle des travailleurs eux-mêmes.» Le projet d'Ordre nouveau, présenté en quelques pages est encore flou, ce qu'admettent les rédacteurs eux-mêmes qui présentent leurs «propositions» non comme «des mots d'ordres précis» mais comme «les bases générales d'un débat qui devra s'approfondir au sein du mouvement». Le caractère peu précis du projet n'en est cependant pas moins instructif sur ses grandes orientations. La rupture avec le corporatisme d'inspiration traditionaliste, tout comme avec celui des dictatures ibériques, est nette même si aucun exemple n'est cité. En revanche, il dessine, à l'heure où un néofascisme cherche sa voie, les chemins d'une économie dirigée où l'on retrouve quelques éléments d'un fascisme révolutionnaire tandis qu'il prolonge, sans les approfondir véritablement, quelques pistes ouvertes à l'époque d'*Europe-Action* et de «l'économie organique».

Conclusion

L'examen de la référence au corporatisme dans les droites nationalistes des années 1950 aux années 1970 ne montre pas seulement que cette dernière a décliné mais signifie un polymorphisme qui renvoie aussi à une polysémie

84 *Ibid.*, pp. 230-231.
85 *Ibid.*, pp. 431-435, pour les citations qui suivent. Les termes en gras figurent comme tels dans le texte original.

du terme corporatisme. Le poids des héritages est important et l'opposition entre traditionalistes et modernisateurs qui avait structuré le débat à l'époque de Vichy persiste après 1945 puisque, pour toute une partie des droites nationalistes, le traditionalisme est définitivement démonétisé, y compris dans ses versions étrangères: si Salazar peut être perçu comme une «sentinelle» de l'Occident et salué à ce titre, son action économique et sociale est en revanche beaucoup plus discutée. Cet archaïsme du corporatisme est ressenti par une partie de la mouvance traditionaliste qui réagit et se mobilise à partir des années cinquante. Le néo-traditionalisme, d'*Itinéraires* à la Cité catholique, ne se contente pas en effet de chanter les louanges d'un passé idéalisé. Il s'agit pour lui de souligner l'actualité du projet corporatiste, y compris, comme pour la Cité catholique, en modifiant la terminologie et en parlant dorénavant de «corps intermédiaires». Le glissement sémantique est d'importance mais signifie-t-il un changement profond des perspectives? La lecture des écrits corporatistes des années cinquante et soixante montre que le cadre est assez largement le même que par le passé: il s'agit de se situer dans une perspective contre-révolutionnaire, la nouveauté des années cinquante étant liée à la centralité de l'anticommunisme associé à la lutte antisubversive. De ce point de vue, il faut s'interroger sur la place et même l'autonomie du corporatisme dans une telle perspective, qui doivent être revues à la baisse si on compare la situation à celle des années trente: le corporatisme (quelles que soient les ambiguïtés revêtues par le terme) faisait consensus chez les catholiques de l'entre-deux-guerres. Par ailleurs, si on prend en compte l'évolution du catholicisme avec la montée du progressisme et les perspectives ouvertes par Vatican II, il apparaît que ce discours néo-traditionaliste se retrouve minoritaire dans le paysage d'alors du catholicisme.[86] En même temps, il apparaît politisé, à l'instar du progressisme qu'il combat violemment, progressisme qui pour sa part a non seulement rejeté le corporatisme mais aussi une grande partie de cet héritage de la doctrine sociale de l'Eglise que le néo-traditionalisme prétend au contraire incarner dans sa globalité et ce, jusqu'à Jean XXIII. Le débat sur le corporatisme donne ici le sentiment de se dérouler dans un cadre relativement clos dont sont largement exclues les mutations des entreprises, du syndicalisme et de la relation entre économie et Etat, même s'il faut souligner des développements sur la «technocratie synarchique».[87] Certes, ces phénomènes peuvent être pris en compte et nourrir certains propos mais ils font davantage l'objet de

86 Pour une vue d'ensemble, Denis PELLETIER, *La crise catholique. Religion, société, politique en France (1965-1978),* Paris, Payot, 2002.

87 Jean OUSSET, *Le marxisme-léninisme, op. cit.,* p. 30.

condamnations abruptes sur fond de dénonciation de la «subversion»[88] que d'analyses approfondies et critiques, sauf chez un Louis Salleron qui s'est employé à réfuter François Bloch-Lainé et ses projets de réforme de l'entreprise.[89] Du côté du nationalisme révolutionnaire, la réflexion sur la technocratie est largement présente à *Europe-Action* où le CEPEO a également critiqué l'ouvrage de François Bloch-Lainé, présenté comme un livre écrit «avec talent et brio [...] rempli d'idées, souvent attirantes, d'aperçus ingénieux et conçu pour que ses détracteurs apparaissent comme des vieilles barbes réactionnaires», ce qui permet au passage une salve contre les «nationaux», «tombés dans le panneau» car «incapables de voir les vrais dangers» et qui «ont stigmatisé» un livre auquel ils n'auraient rien compris.[90] Les rédacteurs du CEPEO se flattent d'avoir démasqué dans ce livre son «apparente bonne foi», sa «fausse objectivité» et le considèrent comme un «essai extrêmement séduisant, passionnant à parcourir, très instructif, mais aussi particulièrement dangereux.»[91] La dangerosité de l'essai est à rechercher dans l'objectif même de l'ouvrage et de la réforme qu'il propose: accroître les pouvoirs de la technocratie:

> Cet essai est révélateur [...] de la manière dont les technocrates camouflent leur dessein permanent: augmenter et asseoir leur puissance derrière le camouflage de réformes illusoires, une constante référence à un pseudo-progrès, et le rappel des ‹grands principes démocratiques›.[92]

Le résultat des «propositions» de Bloch-Lainé pour le CEPEO serait qu'elles «conduisent à dépouiller de tous ses pouvoirs le capitalisme traditionnel[93] au bénéfice de la technocratie, tout en donnant aux travailleurs des satisfactions illusoires, servant à camoufler l'opération.»[94] Dénonciateurs, les nationalistes-révolutionnaires ont peiné, après le CEPEO, à se transformer en une force de proposition adaptée aux enjeux du présent. Si pour eux le corporatisme était dépassé, il n'avait pu être remplacé par un autre projet solide, ce qui explique que le programme de l'Ordre nouveau, sans pour

88 Voir en particulier dans un article organisé en forme de revue de presse et intitulé «La subversion à l'œuvre», les commentaires de Paul Dehème, *in: L'Ordre français, nouvelle série,* N° 10, décembre 1963, pp. 81-88.

89 Et ce, dès le début: voir Louis SALLERON, *Pouvoir et propriété dans l'entreprise. Sur un livre de M. Bloch-Lainé,* brochure de 40 pages, supplément à la revue *Itinéraires,* reprise *in:* Louis SALLERON, *Diffuser la propriété,* Paris, Nouvelles Editions latines, collection «Itinéraires», 1964, pp. 161-220.

90 CEPEO, «Quand le diable se fait Ermite», *Europe-Action,* N° 8, août 1963, p. 36.

91 *Ibid.,* p. 37.

92 *Ibid.,* p. 41.

93 Les rédacteurs songent ici au capitalisme familial.

94 *Eléments pour une économie organique, op. cit.,* p. 82.

autant s'y référer explicitement, garde le corporatisme en ligne de mire et essaie de le coupler à des perspectives beaucoup plus contemporaines, ce qui débouche sur un programme flou et confus.

Depuis les années 1970, si on excepte certaines franges traditionalistes,[95] le corporatisme a perdu le peu d'aura qu'il pouvait encore avoir durant les années 1960, processus sans doute accéléré par l'effondrement des régimes salazariste et franquiste. Figure marquante du nationalisme révolutionnaire du début des années 1980, Jean-Gilles Malliarakis, fer de lance du «solidarisme» et promoteur du «nationalisme comme doctrine sociale» proclamait: «Sous le vocable de corporation, trop d'institutions ambigües, contradictoires, discutables ont vu le jour au XXème siècle pour que l'on puisse se réclamer sans restriction de l'idée corporatiste.»[96] «Sans restriction» ne signifie pas que le corporatisme est complètement abandonné. Ainsi, la plate-forme du Mouvement nationaliste révolutionnaire (MNR) fait expressément écho au corporatisme dans son projet de «solidarité sociale»:

> La société plus juste que nous construirons rejettera les dogmes du capitalisme libéral et du marxisme égalitaire. Cette société abolira les privilèges bourgeois, maîtrisera le développement économique par la Planification, imposera la Participation dans les grandes entreprises, organisera la Corporation des Métiers, expropriera les Multinationales et empêchera la toute puissance des grands monopoles.[97]

Le point XII du MNR, «Pour un syndicalisme mutuelliste des travailleurs», est plus précis et revient sur le passé:

> Les expériences du Salazarisme portugais, du Fascisme italien, du Franquisme espagnol ou du National socialisme allemand ont démontré qu'il ne fallait pas intégrer verticalement les nécessaires institutions du Syndicalisme corporatif (monopolisées dans ces régimes par les patrons et les bureaucrates). Héritiers de l'idée mutuelliste de Proudhon, les Solidaristes français luttent pour que les travailleurs développent un syndicalisme mutuelliste dans l'esprit de la Charte d'Amiens.[98]

Instructives sur le plan de l'histoire des idées et sur l'importance d'une «troisième voie»,[99] ces propositions du MNR n'ont eu en pratique qu'un écho

95 On songe en particulier au Manifeste politique et social publié en 1973 (Chiré-en-Montreuil, Diffusion de la Pensée française) de Pierre CHÂTEAU-JOBERT dit «Conan», compagnon de la Libération, chargé, après sa désertion en janvier 1962, du commandement de l'OAS dans l'Est algérien. Château-Jobert se réfère (p. 53) à «l'organisation professionnelle corporative» et cite Salazar à plusieurs reprises (pp. 71-74).

96 Jean-Gilles MALLIARAKIS, *Ni trusts ni soviets,* Paris, Editions du Trident-La Librairie française, 1985, pp. 9, 17.

97 *Ibid.,* p. 66.

98 *Ibid.,* p. 72. On remarque que Vichy n'est pas mentionné.

99 Sur le MNR et sur la «troisième voie», voir Jean-Paul GAUTIER, *Les extrêmes droites en France. De la traversée du désert à l'ascension du Front national (1945-2008),*

très limité car le «Mouvement» n'est qu'un groupuscule. Dans les milieux traditionalistes, si l'empreinte salazariste n'est pas oubliée pour les plus anciens militants,[100] lorsqu'on trouve une référence au corporatisme, elle ne dépasse pas le rappel historique ou le vœu pieux.[101] L'émergence du Front national (FN) n'a rien changé à l'affaire et on pourrait même considérer que le FN en a même été le fossoyeur puisque son programme économique et social affiche dès 1978, par la plume de Jean-Marie Le Pen, une défense des «libertés économiques»,[102] héritage sur lequel il s'appuie sept ans plus tard pour présenter le programme du Font national qui se réclame expressément «du courant libéral» dans «ce qu'il a de plus fécond» et aspire à «enraciner la révolution libérale dans l'opinion française et la rendre populaire».[103] Il est donc logique que le volet économique soit centré sur «la libération de l'économie» entendue comme une «désétatisation», une «déréglementation», la «suppression des aides», «la renaissance de l'esprit d'entreprise», etc.[104] Si on scrute l'ensemble du programme, on ne trouve ni le mot corporatisme ni la chose, la seule occurrence relevée étant un passage consacré au principe de subsidiarité indiquant que:

> L'Etat laisse aux agents économiques tout ce qui est de leur ressort, et que là où un minimum d'organisation collective est indispensable, comme c'est le cas pour l'agriculture, il préfère confier des pouvoirs aux représentants de la profession que de les exercer directement par l'intermédiaire de ses propres administrations.[105]

A ce stade, on ne saurait parler de corporatisme, même minimum.

Paris, Editions Syllepse, 2009, pp. 253-258 et les nombreux développements de Nicolas LEBOURG, *Le monde vu de la plus extrême droite. Du fascisme au nationalisme-révolutionnaire,* Perpignan, Presses universitaires de Perpignan, 2010.

100 On citera ici le propos liminaire de Jean Auguy présentant la republication d'un article de Jean HAUPT, «Salazar, écrivain portugais…»: «Au moment de remettre ce Cahier à l'imprimeur, je remarque que 1990 est le 20e anniversaire du décès de Salazar. Le président du Portugal a eu trop d'influence sur nos jeunes années pour qu'il n'ait pas sa place dans ce Cahier.» (*Cahiers de Chiré,* N° 5, 1990, p. 149).

101 Antoine MURAT, «L'organisation corporative dans un ordre corporatif. Face aux faux dogmes de 1789, une doctrine contre-révolutionnaire», *Cahiers de Chiré,* N° 5, *op. cit.,* pp. 257-268. On rappellera qu'Antoine Murat fut un avocat maurrassien proche de Marie de Roux.

102 Jean-Marie LE PEN présente *Pour la France, programme du Front national,* Paris, Albatros, 1985, p. 10 (la préface de 1978 est reproduite en ouverture de l'ouvrage paru en 1985). Significativement dans cette préface de 1978, si Le Pen cite Maurras (p. 9), lorsqu'il évoque les communautés (p. 10), il ne mentionne que la Famille et la Patrie.

103 *Ibid.,* pp. 31, 66.

104 *Ibid.,* pp. 53-57, 62-64.

105 *Ibid.,* p. 52.

Jacques Warnier, itinéraire d'un patron corporatiste des années 1930-1950

Régis BOULAT
Université Pierre-Mendès France – Grenoble 2

Né le 14 décembre 1901 à Reims dans une famille chrétienne, Jacques Warnier[1] est le fils aîné d'André Warnier, patron des Etablissements Warnier-David, négoce familial de textile de laine relevé en 1839 par le grand-père de Jacques, Jules Warnier.[2] A 17 ans, davantage intéressé par la poésie, les beaux-arts et la littérature que par l'affaire familiale, Jacques Warnier se prépare néanmoins à succéder à son père: envoyé en Angleterre, il y apprend, notamment, les méthodes de vente (1918-1920). Industriel malgré lui, il se passionne davantage pour les chevaux de course et les Bugatti que pour l'entreprise qu'il dirige avec son beau-frère François Hanrot, à partir de 1926. A la fin des années vingt, Warnier effectue également plusieurs voyages aux Etats-Unis, alors en pleine prospérité: loin d'être «fasciné»,[3] il est, au contraire, effrayé par la «mystique du dollar», le «matérialisme court» et «l'étendue des ravages causés par une séparation absolue entre les activités temporelles et toute valeur spirituelle authentique».[4] Lorsque la crise éclate, les Etablissements

1 Isabelle GRANIER, *Jacques Warnier (1901-1966), patron chrétien? De l'idéal corporatiste au pragmatisme «moderniste»,* mémoire de maîtrise dirigé par François Caron, université Paris IV, 1990.

2 Employé dans le commerce de tissus d'Adophe David, il épouse sa fille Elisa et donne une grande extension à une maison dont il prend la tête à la mort de son beau-père. Président de la Société industrielle, membre de la Chambre de commerce, fondateur de l'Ecole professionnelle, l'une des premières ouvertes en France. Collectionneur de Corot, Jules Warnier est également conseiller municipal de Reims et député de 1871 à 1976, c'est un proche de Jules Simon.

3 Régis BOULAT, «Les patrons redécouvrent l'Amérique», *in:* Jean-Claude DAUMAS (dir.), *Dictionnaire historique des patrons français,* Paris, Flammarion, 2010, pp. 1035-1039.

4 «En voyant vivre les Américains pendant leur prospérité, j'ai compris qu'ailleurs qu'en Russie, des hommes pouvaient ne pas être libres, et que si certaines institutions sont un péril mortel pour la liberté humaine, l'oubli collectif de certaines valeurs en est un bien grave aussi; leur mystique du dollar faisait de beaucoup des esclaves standardisés incapables de rompre leurs chaînes, essayant de se justifier en abritant

Le Corporatisme dans l'aire francophone au XXe siècle. Etudes réunies par Olivier DARD. Berne: Peter Lang, 2011. ISBN 978-3-0343-1066-6.

Warnier-David, qui produisent des étoffes de belle qualité, font alors la plus grande part de leur chiffre d'affaire grâce à des exportations vers les pays anglo-saxons. Ils enregistrent de lourdes pertes: le personnel est réduit de moitié, passant de 100 à 50 employés, le capital de la SARL est réduit de plus du tiers et les bureaux de Londres et de Roubaix sont fermés.[5]

Réfléchissant, à partir de 1931, tant aux causes profondes d'une crise qui met en péril l'existence même de Warnier-David comme à l'ensemble des problèmes de la cité, auxquels il porte finalement plus d'intérêt qu'aux problèmes commerciaux, Jacques Warnier «s'éveille», pour reprendre la formule de Gabriel Marcel, à une conscience «exacte et ample» de sa tâche professionnelle et de son rôle de chrétien. Grâce à *La Vie intellectuelle,* revue à laquelle son épouse Germaine est abonnée, Warnier découvre les thèses du catholicisme social et les principaux débats concernant la notion de corporatisme alors en pleine reconfiguration.[6] Deux articles d'octobre 1932 l'intéressent particulièrement: le premier, intitulé «La gangue», montre qu'estimer que les principes de l'Evangile ne doivent gouverner que la vie privée revient à légitimer les inégalités existantes alors que le second, «Les catholiques dans la vie publique», enjoint au chrétien de ne considérer l'ordre établi que comme un état provisoire en voie d'amélioration, un palier en vue d'un ordre nouveau...[7] Si *La Vie intellectuelle* critique le régime capitaliste libéral sur la base de *Rerum novarum* et de *Quadragesimo Anno,* la revue considère également que la lutte des classes doit se changer peu à peu en «légitime discussion d'intérêts». Pour Georges Coquelle-Viance, une «communauté corporative», à l'opposé du corporatisme d'Etat en vigueur dans les régimes totalitaires – les régimes corporatifs de pays comme la Suisse et l'Autriche étant montrés, au contraire, en exemple –, grâce à un Etat fort mais non dictatorial, supprimerait les contraintes abstraites du libéralisme et du socialisme, aboutirait à une synthèse permettant de résoudre les contra-

---

leur matérialisme sous un vocabulaire creux rempli de phrases toutes faites célébrant la beauté de l'effort libre et la valeur en soi des techniques.» Centre des archives du monde du travail (CAMT), Papiers Jacques Warnier, 57AS28, réponse à l'enquête de *Civilisation,* pp. 2-3.

5 Sur le secteur lainier, voir Jean-Claude DAUMAS, *Les territoires de la laine, histoire de l'industrie lainière en France au XIXe siècle,* Villeneuve-d'Ascq, Presses universitaires du Septentrion, 2004, et *L'amour du drap. Blin et Blin. Elbeuf,* Besançon, Presses universitaires franc-comtoises, 1999; sur la conjoncture économique en champagne voir Michel Hau, *La croissance économique en Champagne de 1810 à 1969,* Paris, Ophrys, 1976.

6 François DENORD, «Corporatisme», *in:* Jean-Claude DAUMAS (dir.), *op. cit.,* 2010, pp. 1018-1022.

7 Jean-Claude DELBREIL, *La revue* La Vie intellectuelle. *Marc Sangnier, le thomisme et le personnalisme,* Paris, Cerf, 2008, pp. 64-65.

dictions apparentes entre le bien social et le bien économique, entre la liberté et l'autorité, dans l'optique du bien commun. Poursuivant sa réflexion, Warnier prend conscience de l'importance des notions de «bien commun» dont découle l'idée de «co-responsabilité des acteurs sociaux», de droits et de devoirs conférés par une position éminente, il acquiert la certitude que l'économique et le social sont indissociables et que l'Etat ne peut décider à la place des intéressés. Considérant désormais que le problème du travail est à la fois un problème économique et un problème social, il étudie également les œuvres d'Albert de Mun et de La Tour du Pin comme les réalisations de Léon Harmel[8] auxquelles il n'adhère que partiellement, «ce dernier considérant ses ouvriers comme des éternels mineurs».

«Désireux de refaire l'âme des bâtisseurs de cathédrale» face aux «désordres de la cité que des événements récents ont rendu perceptibles aux plus somnolents», Jacques Warnier s'implique, aux côtés de Jean Daujat, en 1934, dans la Société de Saint-Louis qui rassemble «des foyers résolument chrétiens» attachés au «rétablissement d'un ordre temporel véritable» grâce à l'éducation chrétienne des enfants, à une économie ordonnée aux besoins réels de l'homme et à l'organisation des cadres de l'activité humaine dans le métier. Toutefois, c'est avec le Centre des métiers français – il assimile alors le monarchisme au progrès social – et l'Alliance corporative de Reims que Warnier s'impose, à partir de 1936-1937, comme un véritable pionnier, faisant passer le corporatisme du stade du discours théorique à celui de réalisation concrète. Membre d'organisations comme le Comité central de l'organisation professionnelle (CCOP, 1936) ou le Centre des jeunes patrons (CJP, 1938) qui, dans un contexte de réorganisation du patronat après le Front populaire, fédèrent patrons réactionnaires et modernistes autour de la notion de corporatisme; il met ensuite en place, pendant la Deuxième Guerre mondiale, l'Office des comités sociaux (OCS), seul organisme de la Charte ayant fonctionné et à avoir réussi son action. Après-guerre, pour répondre au besoin intellectuel resté insatisfait d'une théorie générale de l'entreprise, il est à l'origine du Centre de recherche des chefs d'entreprises (CRC, 1953), qui réunit les grands patrons de l'époque dans une section d'études générales tout en dispensant des formations tenant compte des dernières techniques managériales élaborées aux Etats-Unis.

8 Sur le rôle de Léon Harmel et le patronat chrétien, voir Pierre TRIMOUILLE, *Léon Harmel et l'usine chrétienne du Val-des-Bois (1840-1914). Fécondité d'une expérience sociale,* Lyon, Presses universitaires de Lyon, 1974, André GRELON, «Le patronat chrétien», *in:* Jean-Claude DAUMAS (dir.), *op. cit.,* 2010, pp. 1055-1060, et Emeric Saucourt-Armel, *Léon Harmel (1829-1915) et le patronat chrétien face à la politique sociale de l'Eglise,* mémoire de l'IEP de Bordeaux, 1998.

Le moment semble venu de saisir l'itinéraire de cet homme autour d'un fil rouge, le corporatisme, dont il est à la fois un praticien en tant que chef d'entreprise, et un théoricien, des années trente aux années cinquante. Sans refaire l'histoire du CCOP, de l'OCS, du CRC ou du CJP on peut se demander, notamment, comment le jeune chef d'entreprise autodidacte devient un pionnier du corporatisme, de l'Alliance corporative au CCOP; il s'agit également de revenir sur son rôle exact dans la vie tourmentée de l'OCS avant de voir, enfin, comment cet homme de réseaux exerce une influence importante au sein du patronat français via le CRC.

Pour un corporatisme monarchiste et chrétien

Le Centre des métiers français et l'Alliance corporative

A partir du milieu des années trente, un projet corporatiste voit le jour dans l'entourage du comte de Paris.[9] Le libéralisme ayant failli, la France doit trouver une voie de redressement originale, sociale, corporatiste. Exposant les thèmes hérités de La Tour du Pin, condamnant capitalisme et collectivisme, subordonnant le réformisme et la révolution corporatiste à une profonde réforme spirituelle, *Courrier royal,* où l'on retrouve le secrétaire du Comte à Bruxelles, André Voisin, développe ainsi les thèmes de fond d'un corporatisme imprégné de catholicisme social. Dans ce contexte, en janvier 1936, Jacques Warnier fonde, à Reims, un petit Centre des métiers français à partir d'un cercle d'amis avec lesquels il réfléchit depuis quelques mois: il s'agit d'étudier les questions corporatives, de former des cadres, d'instruire des animateurs en vue de diffuser la doctrine corporative et, le cas échéant, de prendre la tête de groupements afin d'éviter une intervention de l'Etat et «des corporations fascistes». Parallèlement et officieusement, le Centre mène des actions de propagande royaliste appréciées par le comte de Paris qui reçoit personnellement Warnier au cours d'un dîner privé. En avril 1936, jugeant que le nombre d'adhérents est suffisamment important pour louer un immeuble et appointer à plein-temps un secrétaire, Warnier constitue officiellement un Centre régional des métiers français de Cham-

9 Voir Bruno GOYET, *Henri d'Orléans comte de Paris (1908-1999). Le prince impossible,* Paris, O. Jacob, 2001, pp. 186-188, 213, 220 *sqq.;* Olivier DARD, «Les milieux économiques et l'action française», *in:* Michel LEYMARIE, Jacques PRÉVOTAT (dirs.), *L'Action française, culture, société et politique,* Villeneuve-d'Ascq, Presses universitaires du Septentrion, 2008, pp. 151 *sqq*.

pagne. En juin 1936, Warnier, qui fait partie du Comité de patronage du premier congrès des Métiers français, affiche 140 adhérents permettant de «toucher un millier de personnes»[10] mais la propagande monarchiste freine le développement du Centre. Bien que n'étant pas monarchiste au départ, Warnier en est, à titre personnel, arrivé à la conclusion que la monarchie serait, «si elle est psychologiquement possible en France», «la solution la meilleure pour éviter les excès d'une dictature ou la ruine du marxisme».[11] Assimilant le monarchisme au progrès social, il espère qu'en étudiant les thèses corporatives les auditeurs du Centre des métiers français en viendront à adopter la même attitude.

> Nous touchons des gens d'opinions les plus diverses en leur faisant sentir la nécessité d'organiser les professions; d'eux-mêmes ils concluent à la nécessité d'un Etat fort et impartial pour instaurer les corporations. De là à la monarchie, il n'y a qu'un pas, vite franchi d'ailleurs. Nous avons agi de cette façon pour ne pas heurter de front les vieilles idées républicaines qui, au premier abord, auraient été un obstacle infranchissable à une conversion à la monarchie.[12]

Les événements de juin 1936 ne font que renforcer ses convictions alors que, à la faveur des grèves, des professionnels désemparés viennent grossir les rangs d'un Centre ouvertement antimarxiste et anticégétiste. Warnier considère alors que le prochain régime politique français sera «un régime fort» qui aura le choix entre le marxisme («ce qu'il faut éviter à tout prix») et un corporatisme monarchiste et chrétien.

> Le corporatisme sera appliqué par un fascisme venu de gauche, de droite ou bien par la monarchie avec le Comte de Paris. Or, si les cadres ne sont pas prêts, les Français ne pourront éviter des corporations fascistes, c'est-à-dire dirigées par l'Etat. Il faut donc préparer les institutions sociales et économiques qu'un pouvoir politique fort appliquera. Les Métiers français, en dehors des opinions politiques de leurs membres, préparent des corporations basées sur l'enseignement de l'Eglise.

Lucide, il concède néanmoins:

> Malgré la réputation que nous avons à Reims, je vous assure que les métiers français se mettront au service du régime qui adoptera notre doctrine économique et sociale, que ce régime ait pour arbitre suprême et responsable un chef élu ou héréditaire.[13]

Face à «l'anarchie économique et sociale généralisée»,[14] conséquence de la faillite d'un libéralisme qui n'existe plus que de nom («en conservant

10 CAMT, 57AS11, lettre de Warnier à Laupètre, 5 juin 1936.
11 CAMT, 57AS28, lettre du 29 avril 1937.
12 CAMT, 57AS11, lettre de Warnier à Laupètre, 5 juin 1936.
13 CAMT, 57AS11, lettre de Warnier à Druart, 30 novembre 1936.
14 Warnier déplore l'anarchie du côté patronal (coexistence de plusieurs syndicats, individualisme des entreprises), du côté ouvrier (peu syndiqués avant juin 1936

l'étiquette libérale tout en ne le pratiquant pas, on arrive à l'anarchie ou à la ploutocratie économique et on ne sort pas de l'injustice sociale») et face au marxisme «largement proposé à l'inquiétude légitime de tous ceux qui travaillent», Warnier et les membres du bureau d'études corporatives des Métiers français souhaitent faire passer le corporatisme du stade de la doctrine à celui de la réalisation concrète. Sur le modèle de l'Alliance corporative de l'industrie textile du Haut-Rhin qui regroupe 22 firmes et plus de 1 200 employés,[15] ils décident donc de créer, afin de coordonner la profession, un organisme réunissant, d'une part, l'Union professionnelle des syndicats patronaux des industries et commerce textiles de Reims et, d'autre part, les associations professionnelles du personnel du textile, les employés constituant une Association professionnelle des cadres et employés des industries de la région. Si le but de l'Alliance corporative des industries et commerce textiles de Reims n'est pas de faire participer le personnel à la gestion des entreprises («le chef, parce qu'il est le chef, a le droit et le devoir de direction»), il s'agit toutefois d'aller plus loin que la constitution d'une caisse corporative. Constituée sous la forme juridique d'une union de syndicats, elle est dirigée par un conseil de 18 membres (neuf représentants des employés et neuf représentants patronaux) et a pour objet d'établir des liens entre employeurs et employés en vue du bien commun de la profession, de créer un centre d'études et d'action pour la défense des intérêts du textile, de constituer un comité d'arbitrage de conciliation en vue de résoudre les litiges, de créer des institutions corporatives assurant au personnel une sécurité matérielle et morale aussi grande que possible et permettant de constituer des

---

mais entrés en masse à la Confédération générale du travail depuis) comme de l'économie dans son ensemble (alors que les salaires étaient bas, toutes les entreprises textiles de Reims étant en moyenne déficitaires depuis 1929, leur relèvement de 40 à 45 %, en prenant pour base le gain de la semaine, correspond à un minimum de 75 % dans les prix de revient avec les 40 heures et les congés payés), voir Jacques WARNIER, «L'Alliance corporative des industries et commerces textiles de Reims et de la région», *in: L'Ordre corporatif français. Cahier mensuel de l'Union nationale des groupements corporatifs,* N° 1, décembre 1938, pp. 12-21. Voir également, dans le même numéro, André VOISIN, «Force et faiblesse du mouvement corporatif français», pp. 9-10.

15 Constituée, d'une part, par le syndicat professionnel patronal de l'industrie textile du Haut-Rhin et, d'autre part, par la fédération des employés du textile du Haut-Rhin, l'Alliance admet tous les collaborateurs, employés, agents de maitrise et personnel au mois. Gérée paritairement, l'Alliance met en place un certain nombre de mesures concernant les retraites (retraite égale à 1 % de tous les salaires reçus depuis l'inscription à la caisse), les indemnités, en cas de décès ou d'invalidité (indemnités de décès représentent 15 fois le dernier salaire mensuel majoré de 25 % par enfant et diminué de 50 % pour les célibataires), l'apprentissage, le placement, les questions sociales et les loisirs (retour de la mère au foyer, organisation de fêtes, etc.).

caisses spéciales de secours mutuels et de retraite.[16] Les réactions sont diverses: alors que le Syndicat professionnel français finit par recommander à ses membres d'entrer dans l'Alliance, disposant ainsi de représentants à son conseil, la Confédération française des travailleurs chrétiens (CFTC) voit cette «concurrence» d'un mauvais œil alors que la Confédération générale du travail (CGT) s'en désintéresse, sans toutefois montrer d'hostilité et sans donner de mot d'ordre à ses membres.

Warnier peut désormais s'afficher comme un pionnier du corporatisme, tant au deuxième congrès des Métiers français que lors d'une série de conférences rassemblant, à Paris comme en province, en 1937-1938, «un public en or, convenable, si bourgeois, si attentif, si avide d'entendre la bonne parole et visiblement royaliste»:

> M. Warnier nous parle de ce qu'il a fait. Il nous expose comment il a tenté de réaliser une corporation du textile rémois. Il raconte ses efforts ses peines et ses succès [...] Mais il expose trop rapidement des faits qui lui paraissent simples parce qu'il les vit, mais qui nous apparaissent à nous compliqués, et dont nous aimerions tout le détail car ils nous apparaissent gros de conséquences politiques juridiques et sociales.[17]

Outre que cette forme de corporatisme rejette pour des raisons économiques les ouvriers et leurs syndicats nationaux, les commentateurs se demandent s'il ne s'agit pas d'une nouvelle forme de paternalisme «avec ce que le paternalisme comporte de juste quand il est animé par un esprit chrétien». Warnier reconnaît d'ailleurs lui-même que l'essentiel n'est pas résolu par la création des Alliances:

> Dans le cadre des institutions actuelles, des Alliances corporatives peuvent remplir une partie de leurs buts seulement. Pour qu'elles puissent parvenir à remettre de l'ordre dans l'économie et la justice dans les rapports sociaux, il faudra que l'Etat les reconnaisse et leur attribue un pouvoir de juridiction, ce qui entraînera la transformation des institutions actuelles, incompatibles avec l'existence de ces corps puissants que seront les professions organisées corporativement et gérées par elles-mêmes.

16 La caisse corporative est alimentée, d'une part, par le versement obligatoire des 3,5 % par les patrons sur les appointements de la totalité du personnel intéressé, affilié ou non à l'Alliance; d'autre part, par le versement obligatoire de 0,5 % par chacun des membres de l'Association des employés et un surplus de 3 % pour ceux qui désirent se constituer une retraite. Ces pourcentages sont affectés aux prestations suivantes: 0,5 % du patron et 0,5 % de l'employé servent à contracter une assurance-décès au bénéfice de l'employé cotisant; 3 % de l'employé et 3 % du patron, dans le cas de ceux qui souscrivent à une retraite, s'inscrivent à un compte retraite au bénéfice du cotisant.

17 Jacques Batuaud, «Une soirée avec les corporatistes», *in: Le Petit démocrate,* 23 janvier 1938, voir également «Une réunion consacrée au pré-corporatisme: l'expérience des textiles de Reims», *in: L'Est Républicain,* 30 janvier 1938.

Seule la justice sociale permettra d'instaurer un ordre véritable et «il ne peut y avoir les deux qu'avec un pays gouverné dans l'impartialité, qu'avec un Etat capable de gouverner, de faire tenir à la France sa place dans le monde». Pour atteindre ce but, Warnier entend «refaire la France», moins «par la tête»[18] que «par la base profonde», puisqu'il s'agit de développer chez les Français «une mystique» («justice sociale par la corporation, ordre par la mise par terre des Grands Princes, nécessité d'une famille stable à la tête de la France arbitrant les libertés»), de créer une cohésion sociale grâce à des hommes «qui sont par eux-mêmes des forces morales» («c'est-à-dire faire une école de chefs: les trouver dans les 20 à 30 ans, de 30 à 40 pour ceux qui ont déjà compris sinon inutile de chercher au-dessus de 30, donc appuyer le Centre des stages Saint-Louis») tout en évitant de compromettre les Métiers français et la Société de Saint-Louis «dans tout ce qui peut sembler être bourgeois, capitaliste (défense du coffre-fort), fasciste et clérical». Naturellement «les manœuvres, les fonctionnaires maçons genre instituteurs etc. qui cherchent le pouvoir et qui sont tous à classer dans les ennemis» ne pourraient être convertis…

Le Comité central de l'organisation professionnelle et le Centre des jeunes patrons:

Après le «Diktat» de l'accord Matignon et les remous provoqués au sein de la Confédération générale de la production française (CGPF), Maurice Olivier-Dewavrin, Roger-Jean Gaulon, Jean Lobstein, André Monestier et quelques autres fondent le CCOP le 8 juillet 1936 pour rétablir l'harmonie entre le capital et le travail, remplacer la lutte des classes par la collaboration, organiser la profession par la profession, former des ententes professionnelles censées permettre un ajustement de la production à la consommation, rétablir le profit et de rémunérer les collaborateurs... En résumé, sauver le patronat et éviter une intervention de l'Etat. Si le CCOP réunit d'abord ses membres autour de journées d'études, à partir de l'automne 1937, le moment est venu de passer aux réalisations pratiques:

> Je crois maintenant que les patrons sont un peu étonnés qu'on ne leur ait pas encore précisé, d'une manière formelle, les différents efforts qu'ils devraient fournir pour que

18 «Impossible pour le moment parce qu'il n'y a pas de tête possible: aucun chef de ligue (La Rocque, Taittinger), ancien ministre (Tardieu), officier (Weygand, Chiappe), nouvelle force (Doriot), groupements intellectuels impossibles, catholiques encore moins, Comte de Paris impossible psychologiquement pour l'heure», CAMT, Jacques Warnier, note manuscrite, août 1936, p. 1.

> cela change et je pense qu'ils n'attendent que cette précision, non pas impérative mais nettement posée, pour se mettre en branle.[19]

Intéressés par l'Alliance corporative de Reims, Gaulon et Olivier prennent contact avec Warnier qui va jouer un rôle important dans l'élaboration de la charte patronale, dans les travaux de la Commission des alliances sociales dont il devient le vice-président[20] comme dans la fondation du CJP en 1938.[21] En ce qui concerne la charte patronale, Jean Lobstein et André Monestier considèrent comme urgent de redéfinir le rôle du patron, l'ossature patronale de base (professionnelle, interprofessionnelle, régionale, nationale) et son fonctionnement alors que pour Warnier il paraît plus important d'insister plutôt dans le sens corporatif «afin d'empêcher le patronat de se constituer sous forme d'organisation uniquement patronale, ce qui serait dangereux pour l'avenir». Warnier manifeste également toute sa méfiance vis-à-vis du Comité de prévoyance d'action sociale (CPAS):

> Le CCOP a l'air de mettre sur le même pied, au point de vue organisation officielle du patronat, le CPAS et la CGPF, alors qu'il existe dans un certain nombre de régions de France des organismes de propagande et d'action sociale – pense-t-il aux Métiers français? – dont l'esprit est de loin préférable à celui du CPAS, plus ou moins entaché de maçonnerie.[22]

Si, pour les dirigeants du CCOP, tous les syndicats et groupements patronaux doivent recevoir des directives précises et fermes des «organisations patronales supérieures» (CCOP, CPAS, CGPF), Warnier, qui postule l'unité du patronat et la primauté de la CGPF comme des données essentielles, voit davantage dans le Comité un organisme d'étude, un centre de réflexion. Surtout, il considère que l'organisation patronale est dangereuse sans organisation corporative.[23] Finalement le projet de charte patronale qui voit le jour en

19 CAMT, 57AS17, lettre d'Olivier à Warnier, 6 septembre 1937.

20 Sur le CCOP et son rôle dans la formation de permanents patronaux, nous nous permettons de renvoyer à Régis BOULAT, «Le CCOP, le fonctionnement syndicat et la formation des permanents patronaux 1936-1941», *in:* Olivier DARD, Gilles RICHARD (dirs.), *Les permanents patronaux: éléments pour l'histoire de l'organisation du patronat en France dans la première moitié du XXe siècle,* Metz, CRHCEO, 2005, pp. 171-198.

21 Sur le rôle de Warnier au CJP nous nous permettons de renvoyer aux recherches en cours de Florent LE BOT, «Entre réaction et relève. La naissance du Centre des jeunes patrons 1938-1944», *XXe Siècle,* à paraître, 2011 et «Le CJP/CJD», *in:* Jean-Claude DAUMAS (dir.), *op. cit.,* 2010, pp. 1106-1110, comme à celle, plus anciennes, de Philippe BERNOUX, *Les nouveaux patrons: le Centre des jeunes dirigeants d'entreprise,* Paris, Editions ouvrières, 1974.

22 Il entre ainsi au conseil d'administration du CCOP, CAMT, 57AS17, lettre de Warnier à Louis Bauchamps-Allard, 12 août 1937.

23 CAMT, 57AS17, note manuscrite de Warnier, été 1937.

septembre 1937 est un texte d'une dizaine de pages comportant 56 articles organisés en quatre chapitres concernant respectivement le rôle du patron (devoirs et droits envers ses collègues, ses groupements syndicaux, ses actionnaires, son personnel et ses clients), l'ossature patronale professionnelle et interprofessionnelle régionale et nationale, le rôle et le financement de ses différentes composantes et, enfin, le fonctionnement de l'organisation professionnelle. Les réactions sont vives, «les tendances délibérément individualistes des uns s'opposant aux tendances délibérément organisatrices des autres». Si Gignoux adhère personnellement au projet, la commission économique de la CGPF est plus perplexe. En effet, le projet du CCOP propose de résoudre les questions des organisations professionnelles et des ententes d'un seul coup alors que les ententes portent sur un produit pour lequel chacun intervient d'après la quote-part qui lui a été reconnue et que les organisations professionnelles, chargées de la défense d'intérêts, fonctionnent par le principe de la représentation. De son côté, la Commission des alliances sociales, créée en novembre 1937, doit non seulement préparer l'organisation future des professions sur le plan social mais elle doit mettre en œuvre des améliorations sociales partielles (allocation logement pour la famille nombreuse ouvrière, aide au mariage, incitation à la natalité, retour de la mère au foyer, renforcement du contrôle des allocations familiales et des sanctions, retraite des vieux et prévoyance, formation et orientation professionnelle), étudier les organismes paritaires prévus par la charte professionnelle, donner un cadre juridique aux alliances et rechercher vers quelles réalisations il convient de les orienter en examinant ce qui a déjà été entrepris en France – les Alliances de Mulhouse et de Reims en particulier – comme à l'étranger. Ici, c'est le «modèle portugais» qui intéresse tout particulièrement la Commission: son vice-président, Yves Comar, organise même un voyage au Portugal en juin-juillet 1938 au cours duquel les membres du CCOP sont reçus par Salazar avant de publier une *Enquête sur l'organisation sociale de la profession au Portugal.* Comar est notamment intéressé par les Caisses syndicales de prévoyance:

> qui trouvent leur naissance dans les contrats collectifs qui ne sont signés que lorsque la profession est organisée sur un plan patronal et ouvrier, les avantages sociaux et la prospérité économique de la profession sont ainsi liés et on évite de voir les charges sociales arbitrairement fixées par l'Etat. Ces caisses fonctionnent déjà normalement et sans qu'il soit possible d'établir de comparaison entre le Portugal et la France, il semble que la prudence de leurs initiatives procure de précieux renseignements.[24]

24 CAMT, 57AS17, compte rendu de la réunion de la Commission des alliances professionnelles du 11 janvier 1939.

Warnier regrette d'autant plus de ne pouvoir être du voyage que le Portugal est alors «le pays qui l'intéresse le plus à étudier étant donné l'effort accompli par Salazar». Sans doute est-il séduit, comme Comar, d'une part, par la volonté affichée des années 1933-1934 d'établir un corporatisme d'association dans lequel l'Etat n'interviendrait que peu et, d'autre part, par l'institution d'une prévoyance corporative qui apparait comme une anti-providence vers 1937.

Avec comme toile de fond les modèles portugais et suisse,[25] les expériences tentées à Reims ou en Alsace, les travaux de la Commission s'articulent autour du choix à faire entre répartition ou capitalisation dans la gestion des fonds de retraite (condamnation de la capitalisation), des buts et des moyens des caisses professionnelles (améliorations possibles pour la «retraite des vieux», les secours en cas de décès, la structure des alliances corporatives). Il est entendu que l'organisation de la profession doit être simultanée sur les plans économique et social avec l'engagement, du côté patronal, de participer aux charges sociales de la profession. Pour Yves Comar, qui dresse une synthèse des travaux en 1938, les alliances professionnelles sont des organismes à buts sociaux faisant partie de la profession organisée qui doivent prendre la forme d'organismes paritaires professionnels.

L'Office des comités sociaux

Mobilisé comme officier d'artillerie lorsque la Deuxième Guerre mondiale éclate, l'objectif de Warnier est toujours de «refaire la France sur des bases corporatives»:

> Pour ma part je me fais à moi-même le serment de ne pas, moralement parlant, déposer les armes après la guerre, c'est-à-dire de ne pas me reposer ni me confiner dans ma vie personnelle tant que la France n'aura pas été refaite. Je crois qu'il serait très important que nous soyons nombreux à faire le même serment pour que ne se reproduise pas après cette guerre, ce qui s'est produit après 1919, où les anciens combattants qui pouvaient tout dire et tout faire ont, par lassitude, laisser les profiteurs de l'état de chose établi, continuer leurs combinaisons, alors qu'il aurait été possible à l'époque de rénover notre pays.[26]

Blessé grièvement le 18 juin 1940 par 70 éclats de balle dont un à l'œil, il est fait prisonnier au camp d'Haxo avant d'être soigné à Nancy grâce à Georges Laederich, cotonnier des Vosges et militant corporatiste.[27] Réformé en octobre,

25 Philippe MASPOLI, *Le corporatisme et la droite en Suisse romande,* Lausanne, Antipodes, collection «Histoire et société contemporaines», tome 14/93, 1993.
26 CAMT, 57AS11, lettre de Warnier à *Justice sociale,* 18 décembre 1939.
27 Warnier a fait sa connaissance vers 1935 au cours de réunions professionnelles.

il regagne Reims, fermement décidé à défendre la cause corporatiste. Si la loi du 16 août 1940 lui apparaît, ainsi qu'aux autres membres du CCOP, comme le couronnement d'une lutte de quatre ans,[28] c'est surtout le discours du 1er mars 1941 du maréchal Pétain prononcé à Saint-Etienne et rédigé par Paul Estèbe, son secrétaire pour les questions sociales,[29] qui joue un rôle décisif.

Le discours de Saint-Etienne et ses conséquences:

Désireux de faire «disparaître la lutte des classes fatales à la nation», désignant l'entreprise comme une communauté de travail, le maréchal considère que seule sa transformation peut fournir la base de la profession organisée. Il annonce qu'une loi doit instituer prochainement «des organismes simples désignés sous le nom de comités sociaux» dans lesquels «patrons, techniciens et ouvriers rechercheront ensemble les solutions des problèmes actuels dans une commune volonté de justice». Marqué, Warnier rédige en avril une petite brochure, *De l'institution des comités sociaux prévus par le chef de l'Etat dans son message du 1er mars,* dans laquelle il plaide pour l'institution d'un système professionnel basé sur le respect de la personne humaine et de ses besoins afin d'établir la paix sociale et d'assurer le relèvement du pays. L'Etat ne doit jouer qu'un rôle d'impulsion: «C'est à nous professionnels de créer nos propres institutions, de créer les coutumes souples et vivantes adaptées aux diverses professions et aux diverses régions.» Naturellement, il ne faut pas faire du passé table rase car «la transformation des esprits ne peut être que lente». En outre, le nouveau système doit, malgré tout, intégrer les syndicats à condition qu'ils subordonnent leurs intérêts particuliers tant «au

---

En 1946, Warnier témoigne en sa faveur lors de son procès, CAMT, 57AS3.

28 Sur «l'organisation provisoire de l'économie» mise en place par Vichy et le patronat pendant la période nous renvoyons, notamment, à Olivier DARD, Jean-Claude DAUMAS et François MARCOT (dirs.), *L'Occupation, l'Etat français et les entreprises,* Paris, ADHE, 2000; Hervé JOLY (dir.), *Les Comités d'organisation et l'économie dirigée du régime de Vichy,* Caen, CRHQ, 2004 et Philippe VERHEYDE, «L'Occupation», *in:* Jean-Claude DAUMAS (dir.), *op. cit.,* 2010, pp. 1301-1307.

29 Dans les années trente, le parcours idéologique de Paul Estèbe (1904-1991), licencié en lettres et docteur en droit, va, du socialisme au néo-socialisme. Président des Jeunesses de l'Union socialiste républicaine à partir de 1937, il en est écarté et fonde le Mouvement du maximum social. Pacifiste, il collabore aux *Nouveaux Cahiers* avant d'intégrer, à la demande de Du Moulin, le cabinet civil du maréchal. Spécialiste des questions sociales, il quitte ses fonctions en août 1943 sous les pressions allemandes qui l'emprisonnent et le déportent. *Cf.* Jérôme COTILLON, «Un homme d'influence à Vichy: Henry du Moulin de Labarthète», *in: Revue historique,* N° 622, avril-juin 2002, p. 365.

bien commun professionnel et national» qu'à «l'intérêt général»: pour ce faire, il s'agit de les transformer en syndicats professionnels afin d'éviter, d'une part, «l'écueil de la vaste confédération qui a tendance à s'éloigner du professionnel pour assumer un rôle politique» et, d'autre part, le danger «du syndicat d'entreprise qui serait incapable de garantir l'indépendance ouvrière». Le nouveau système professionnel reposera sur des comités sociaux (CS) qui ne s'occuperont pas des questions économiques, les comités d'organisation (CO) étant là pour cela, mais devront gérer les œuvres sociales. Les CS seront hiérarchisés, depuis l'échelon national avec les comités sociaux professionnels, jusqu'à l'échelon de l'entreprise avec les CS d'entreprises en passant par l'échelon régional et local avec les comités sociaux interprofessionnels.

Pour Warnier le système se construira d'autant plus facilement que les premiers CS seront institués là «où se trouvent des professionnels qui ont déjà réfléchi à la question et qui sont prêts à agir»: «il faut des hommes qui partent comme pour une croisade contre l'injustice et contre les souffrances qui nous accablent tous». Une croisade? Contre la lutte des classes engendrée par le libéralisme: «L'événement capital de la Révolution nationale en cours est probablement l'abandon du libéralisme économique et le renversement de valeurs que suppose cet abandon». Alors que la brochure, éditée par le Groupement patronal de Reims puis par la Société d'éditions économiques et sociales dirigée par André Voisin, reçoit un accueil favorable de la part de nombreux patrons de l'Est de la France, du Nord, du CCOP et du CJP, Warnier et le Groupement interprofessionnel des syndicats patronaux de Reims passent de la théorie à la pratique en créant sans attendre les premiers comités sociaux au sein de plusieurs entreprises de Reims et d'Epernay:[30] le 5 juin 1941, au sein des établissements Warnier-David, se constitue non pas un comité social d'entreprise (le personnel n'est pas assez nombreux) mais un petit comité de fait composé d'un représentant des cadres, de quatre représentants ouvriers et de Warnier lui-même. Pour ce dernier, il fallait agir sans attendre, la loi n'ayant pas le pouvoir de créer mais seulement de consacrer ce qui existe déjà.

30 Robert de Voguë du côté patronal et Fernand Muls, conseiller général d'Epernay élu SFIO créent en commun le Comité social interprofessionnel d'Epernay traitant les questions sociales posées aux professionnels de l'arrondissement. Salaires, placements, chômage, différends sociaux et œuvres sociales...

L'OCS

Le 30 juillet 1941, Warnier fonde avec André Voisin[31] et Georges Laederich, un Centre d'information des comités sociaux censé promouvoir les comités sociaux d'entreprises (CSE). Voisin est alors en contacts étroits avec un certain nombre de personnalités éminentes du patronat français dont Gignoux:

> Gignoux estime qu'un centre d'information est une très grosse histoire et qu'il faut s'entendre avec Vichy. Il va toucher Bertaux et Lobstein à ce sujet. Il estime qu'il est nécessaire de voir très grand ou de ne rien tenter. Si le grand est possible, avec l'appui de Vichy, il m'a laissé entendre que les moyens ne manqueraient pas.[32]

Voisin et Warnier mettent au point une liste de personnalités intéressées par leur projet comme Maurice Bouvier-Ajam sur lequel Voisin exerce une grande influence tout en cherchant à éviter l'emprise de Bichelonne *via* le Centre d'information interprofessionnelle (CII), celle du colonel Brenot *via* le CPAS (pour Warnier, «il est absolument impossible de faire du neuf sous l'égide d'une section sociale du CPAS»), et à vaincre les réticences de syndicalistes ouvriers qui désireraient plutôt un organisme officiel.

Le projet, ayant attiré l'attention de René Belin[33] et de Jean Terray, devient l'Office des comités sociaux (OCS), association régie par la loi de 1901 dont les statuts sont finalement déposés, pour des raisons pratiques, en zone libre à Tarare (Rhône) le 19 janvier 1942. Le but de l'OCS est la diffusion d'informations concernant la Charte du travail, la création de comités sociaux provisoires d'entreprises, leur animation, leur réorganisation, la mise au point d'une doctrine et d'une technique de vie de ces comités... En résumé, un rôle d'information et d'impulsion dans la création des CSE mais pas un contrôle direct sur eux au nom des pouvoirs publics. Pour Warnier «l'association doit rester en dehors de toute question de politique extérieure» car «il faut construire la Charte par le bas». Pour ce faire, l'OCS repose, en zone occupée comme en zone libre, sur trois commissions consultatives (patrons, cadres, ouvriers) représentant équitablement les différentes fédérations syndicales; sur une commission tripartite nationale détenant un pouvoir exécutif et, enfin, sur un bureau directeur (directeur de l'OCS, présidents et vice-présidents des trois commissions consultatives).

Warnier et les fondateurs de l'OCS espèrent trouver dans la Charte, pilier de la «Révolution nationale» qu'ils appellent de leurs vœux («loi majeure mise en œuvre par un ministère mineur», le secrétariat d'Etat au Travail) des indications précises quant aux caractéristiques des CSE. Résultat d'un com-

31 CAMT, 57AS1 pour la correspondance Voisin-Warnier.

32 CAMT, 57AS1, lettre d'André Voisin à Jacques Warnier, 14 août 1941.

33 CAMT, 57AS1, lettre de Belin à Warnier, 24 octobre 1941.

promis laborieux entre corporatistes présents dans l'entourage du maréchal et syndicalistes réunis autour de Belin, elle est finalement publiée à l'automne 1941 et juxtapose une organisation reposant sur les syndicats dépouillés de leur caractère revendicatif et une autre, d'esprit corporatiste fondée sur les associations professionnelles mixtes et les comités sociaux d'entreprise. Si les patrons s'y rallient en nombre, c'est moins par adhésion au corporatisme pour lequel ils n'ont qu'indifférence – exception faite du CJP, des rémois, du syndicat du cuir, du textile du nord... – que par volonté de mettre fin à la lutte des classes, de rétablir le pouvoir des chefs d'entreprise et d'encadrer les salariés. Tout en coopérant à la mise en place compliquée de tout l'appareil prévu par la charte (familles professionnelles, syndicats uniques et comités sociaux) les représentants patronaux défendent l'indépendance de leurs organisations contre l'ingérence de l'Etat.[34] Le succès et la diffusion rapide des CSE (372 en janvier 1942, 4 644 en janvier 1943 et 9 000 en mai 1944, 60 % des entreprises de plus de 100 salariés) ne doivent pas être interprétés seulement comme une réponse des patrons à une initiative du régime et/ou à la dégradation des conditions matérielles des ouvriers. De nombreuses créations de CSE correspondent à des prises de conscience par la direction qu'elle ne peut pas davantage se passer de représentation du personnel que se contenter d'un paternalisme traditionnel. C'est ce qui explique que, en dehors de tout encouragement du régime, des patrons renouent les fils du dialogue interrompu avec leur personnel. En ce sens le discours de Saint-Etienne et la Charte répondent à leurs attentes. La volonté du patronat de réaménager à sa convenance les rapports avec les salariés explique que la modalité de désignation des délégués du personnel, définie de façon peu claire dans la Charte, revêt une importance cruciale: souhaitant que les syndicats ouvriers prennent toute leur place dans les CSE, Warnier considère que le personnel doit élire directement ses délégués alors que beaucoup de patrons sont, au contraire, favorables à une formule où ils désigneraient directement les délégués du personnel sans tenir compte des syndicats. De même, le statut juridique du CSE n'étant pas clairement défini (la Charte lui accorde des droits mais lui dénie la personnalité morale), des problèmes de financement se posent: alors que, dans la pratique, certaines banques acceptent d'ouvrir des comptes au nom des CSE, alimentés par des fonds apportés par le chef d'entreprise, Warnier préfère la formule d'un financement paritaire où des cotisations ouvrières s'ajoutent à l'apport patronal afin d'éviter toute suspicion de paternalisme.

34 Sur la Charte et la politique sociale de Vichy, voir Jean-Claude DAUMAS, «La Charte du travail et la politique sociale de Vichy», *in:* Jean-Claude DAUMAS (dir.), *op. cit.*, 2010, pp. 1307-1312.

En avril 1943, il faut, pour Warnier, en s'inspirant du message de Saint-Etienne et de l'esprit de la Charte:

> préparer dès maintenant l'avenir, lorsqu'il sera possible, dans un pays ayant retrouvé la souveraineté de construire ses institutions professionnelles que réclamait Pie XI et qui permettront d'assurer la justice sociale et la paix sociale. Ce qui est fait en ce moment n'est pas perdu pour l'avenir à condition que nous ne laissions pas compromettre des idées justes par les conditions présentes qui nous sont imposées et qui ne découlent en rien de ces idées. Les CSE, partout où ils ont été constitués loyalement et où ils vivent réellement, préparent cette communauté de travail de l'avenir qui rendra à l'ouvrier, sécurité et dignité et le déprolétarisera.[35]

Pour résumer, il s'agit de mettre la production au service de l'homme et non plus, comme le voulait le libéralisme, se servir de l'homme pour la production.

A l'OCS, en plein développement, Warnier et Voisin se trouvent rapidement dans une position inconfortable car leur association privée, théoriquement indépendante, est en proie à l'ingérence croissante du secrétariat d'Etat au Travail qui en assure le financement à partir de janvier 1942 et favorise l'entrée dans les commissions consultatives d'anciens syndicalistes cégétistes. Ces derniers, déçus par la Charte, espèrent bien prendre le contrôle de l'OCS. Les fortes tensions entre Belin-Terray-Warnier-les fédéraux sont à ce point fortes qu'André Voisin est remplacé par André Romieu en avril 1942. Les choses ne s'arrangent pas avec l'arrivée d'Hubert Lagardelle qui charge Georges Dumoulin de diriger l'inspection des CSE et reconstitue les commissions départementales du travail (commissions consultatives de professionnels placées auprès des pouvoirs publics). Warnier compte sur de nouveaux statuts censés entériner la fusion des commissions consultatives et exécutives des deux zones suite à la suppression de la ligne de démarcation, pour desserrer l'étau mais la pression des «syndicalistes» (Auguste Dauthille, président de la Commission ouvrière, Emilie Lefranc, ...) sur Lagardelle est grande. Le 14 septembre 1943, la Commission tripartite nationale adopte enfin les nouveaux statuts à l'étude depuis juin: la nouvelle assemblée générale de l'OCS doit comporter 210 membres dont 120 représentants des familles professionnelles (désignées elles-mêmes par les commissions prévues par l'article 77 de la Charte, en accord avec les fédérations syndicales) et 90 représentants des régions (désignés par les commissions tripartites départementales de l'OCS).[36] Si Warnier, à présent président du bureau directeur de l'OCS, réussit à mener

35 Jean-Claude DAUMAS, «La Charte du travail et les politiques sociales des entreprises sous Vichy : entre corporatisme, paternalisme et modernisation», *in:* Didier MUSIEDLAK (dir.), *Les expériences corporatives dans l'aire latine*, Berne, P. Lang, 2010, pp. 371-390.

36 Isabelle GRANIER, *op. cit.*, pp. 53 *sqq.*

la réforme des statuts et ce malgré une tentative de scission des syndicalistes à l'automne 1943 (après l'ordre donné à ses adhérents par la CGT clandestine de se retirer des organismes de la Charte et de l'OCS), il ne peut lutter contre l'influence de Marcel Déat. Après la désignation par Bichelonne de Vernier pour le représenter au sein de l'Office en mars 1944, après le remplacement de Romieu par Vernier, c'est par une loi du 15 mars 1944 que, finalement, Déat crée un nouvel office, le renouvelant sur des bases préparées par Bichelonne.[37]

Dès lors, le corporatisme souple de Warnier tourne au dirigisme. En signe de protestation, de nombreuses commissions tripartites départementales démissionnent en chaîne dans les deux mois, dont celle de Reims, le 21 mars 1944. Ces derniers rebondissements marquent la fin de l'OCS. Pourtant, alors que la Charte est un échec complet, les comités sociaux d'entreprises connaissent un réel succès, affichant des réalisations impressionnantes (ravitaillement, développement des œuvres sociales, santé, enfance, formation professionnelle...). La guerre a ainsi favorisé l'adaptation de la tutelle patronale aux exigences nouvelles de la rationalisation du travail, permettant ainsi aux entreprises issues de secteurs traditionnels de rattraper leur retard sur des secteurs plus modernes qui ont innové en matière sociale au cours des années 1920. Ainsi, de juillet 1941 à mars 1944, Warnier doit lutter sans cesse contre certains éléments politiques qui veulent transformer l'OCS et le vaste réseau qui la constituait en province en un instrument de propagande.

Au cours de l'été 1944, recherché par la Gestapo, Warnier se cache à Paris:

> Ce dénouement qui approche, qui est là semble-t-il, voilà plusieurs années que j'y pense; j'y pense depuis l'hôpital d'Epinal, car si j'ai constaté la défaite, je n'ai jamais voulu croire à une emprise longue de l'Allemagne sur la France. Et dès l'été 1940, je pensais au moment où mon pays recouvrerait sa liberté. Et depuis ma sortie de la l'hôpital, j'agis en fonction de cet avenir. C'est ainsi que ni l'Alliance corporatiste ni le CJP, ni l'Office des comités sociaux n'ont pris une position qui puisse les empêcher de servir au moment de la reconstruction. J'ai réussi à l'Alliance, au CJP, dans d'autres organismes moindres, j'ai perdu la partie à l'Office contre l'entourage de Déat.

Au final, il considère que ces quatre années auront marqué le pays:

> Ce n'est pas du jour au lendemain que l'on supprimera les habitudes de pensée et les institutions de cette révolution nationale avortée... Les moins de 40 ans accepteront-ils un Chautemps? Accepteront-ils l'emprise juive et le parlementarisme?

Mieux, «si le maréchal se trouve à Paris au moment opportun» et «s'il est bien conseillé», il peut, «en prenant d'énergiques mesures concernant les hommes, être le responsable reconnu par les Alliés». De retour à Reims en septembre, il

37 CAMT, 57AS1, projet de note de Warnier, juin 1944. Voir également Jean-Pierre Le Crom, *Syndicats nous voilà. Vichy et le corporatisme,* Paris, Editions de l'atelier, 1995, pp. 299-300.

a l'impression de vivre «la fin d'un acte» le 8 mai 1945: «c'est maintenant, j'en ai l'intuition, que va se jouer la tragédie, le sort de la civilisation chrétienne occidentale.»

Le Centre de recherche des chefs d'entreprises

Les Etats-Unis redécouverts à l'origine du CRC

Après-guerre, dans la droite ligne de son action entamée avec l'Alliance, le CCOP ou l'OCS, Jacques Warnier participe au lancement de la revue trimestrielle *Sources* dont le premier numéro paraît en juillet 1950: «œuvre d'une équipe d'hommes unis par le travail et l'amitié et désireux de faire passer leur foi dans leurs actes»,[38] *Sources* rejette le matérialisme historique dont les «deux propositions contraires du capitalisme et du communisme appartiennent à la même nature» («Les sociétés contemporaines se sont cristallisées en systèmes contradictoires de nécessités matérielles qui ne peuvent se donner mutuellement que la mort») et s'intéresse, en vrac, à la notion d'élite, à des questions relatives à la foi, aux conventions collectives et à la propriété...[39] Toutefois, c'est bien le renouvellement qui l'emporte: la disparition de son engagement monarchiste s'accompagne d'une redécouverte des Etats-Unis en 1951 à l'occasion d'une mission de productivité patronale. Loin de condamner le productivisme américain au nom d'un danger pour la civilisation comme dans les années trente, il apprécie désormais un pays transformé par la «révolution morale» du New Deal tout en étant frappé, comme d'autres, par le niveau de vie des ouvriers américains...[40] Il rencontre notamment des représentants de premier plan de l'administration, du patronat, des syndicats ouvriers, visite la Harvard Business School, le Massachusetts Institute of Technology (MIT), Yale, Ann Arbor... Ce voyage le conforte dans son idée de créer en France un institut économico-humain comportant une section de

38 Le Comité de rédaction compte notamment, outre Warnier, Jean Daujat, Henri Migeon, Jean Predseil, André Romieu, Louis Salleron...

39 Jean de FABRÈGUES, «Propriété personnelle et morale chrétienne», *in: Sources,* N° 8, mai-juin 1953, pp. 112-122.

40 «La prospérité de ce pays, à première vue, est inouïe. C'est exact qu'autour de chaque usine, on voir le parc d'autos des ouvriers et que, dans les quartiers ouvriers, on voit également le soir, les autos devant les postes et l'antenne spéciale de télévision sur presque chaque toit; l'air est conditionné dans toutes les chambres de l'hôtel et dans les pièces du ministère du Travail où nous nous réunissons», CAMT, 57AS4.

recherche sur le psychologique, le social et l'économique et une école de direction des entreprises, les deux aspects étant indissociables.[41] Le tout est de mobiliser les Français:

> Il faut qu'un nombre suffisant de chefs d'entreprises et de dirigeants ouvriers comprenne ce qu'il y a à faire; que l'ensemble des Français comprennent aussi qu'une augmentation du niveau de vie générale ne dépend pas, ou tout au moins très peu, d'une répartition différente d'un gâteau dont la taille ne changerait pas, mais que le seul moyen d'y parvenir est d'augmenter la taille du gâteau, que les méthodes d'organisation et de direction des entreprises soient améliorées, ainsi que l'équipement des usines, le conditionnement des marchandises et le circuit de distribution, qu'enfin les travailleurs français se rendent compte par l'expérience que toute augmentation de productivité paye. [...] Il faut aussi qu'un très grand nombre de Français soit formés aux meilleures méthodes d'organisation et de relations humaines, d'où la nécessité de cet Institut.[42]

De retour en France, dans un contexte de croisade pour l'accroissement de la productivité et face au besoin resté finalement insatisfait depuis 1936 d'une théorie générale de l'entreprise susceptible de représenter les délicats mécanismes régissant les communautés d'hommes et de machines, Jacques Warnier, Georges Villiers (conseillé par le docteur Gros)[43] et le Centre des jeunes patrons sont à l'origine du Centre de recherches et d'études des chefs d'entreprise (CRC) dont les statuts sont finalement déposés en janvier 1953. Créé sous le patronage du Conseil national du patronat français (CNPF), ce groupement professionnel patronal rassemble 21 membres fondateurs parmi lesquels, outre Villiers et Warnier, Alfred Landucci (président de Kodak-Pathé), Rolf Nordling (président du Comité national de l'organisation française, CNOF), René Norguet (président de la Chambre syndicale des constructeurs de navires et de la Commission productivité du CNPF), Emmanuel Mayolle, Guy Raclet... Ces fondateurs sont rejoints par Paul Huvelin, Raoul de Vitry et un certain nombre de polytechniciens.[44] Au cours de leurs échanges de vues, ils dégagent «les idées fondamentales qu'il est souhaitable de voir répercuter et diffuser peu à peu par une action personnelle et persuasive» car

> toute propagande voyante qui, en définitive donnerait à ces idées un retentissement brutal irait à l'encontre du but recherché... Il conviendra d'employer les méthodes les

41 CAMT, 57AS4, note de Warnier, «Contacts USA», rédigée au retour des Etats-Unis.

42 *Ibid.*

43 Ancien collaborateur d'Alexis Carrel et président de la Société internationale des conseillers de synthèse créée en 1947 afin de «ressourcer» les patrons, leur permettant ainsi de résoudre le problème de la lutte des classes...

44 Sur l'histoire du CRC, nous nous permettons de renvoyer à Régis BOULAT, «Du centre de recherche des chefs d'entreprise à l'Institut de l'entreprise ou comment gagner la guerre des idées dans la seconde moitié du XXe siècle», *in:* Olivier DARD, Gilles RICHARD (dirs.), *Les droites et l'économie en France au XXe siècle,* Paris, Riveneuve Editions, 2011, pp. 27-53.

> plus appropriées aux mentalités particulières à chaque milieu patronal pour intéresser les chefs d'entreprise.[45]

De plus, le CRC ne devant pas, comme naguère le CCOP et le CPAS face à la CGPF, se confondre et se substituer au CNPF, il n'est pas doté d'une structure professionnelle et régionale mais composé simplement de membres dont certains – les plus orthodoxes – seront ses correspondants.

Président du bureau provisoire, Warnier expose la doctrine du CRC dans la note *Ethique et finalité* dans laquelle il déplore notamment le manque de consensus sur le rôle de l'industrie, rappelle que l'entreprise a une triple mission (responsabilité économique, humaine et sociale) et que le chef d'entreprise doit chercher «plus loin que des buts matériels». Alors que la finalité de l'industrie «est de permettre à tous les hommes d'épanouir leur personnalité, d'accéder aux valeurs culturelles, morales et spirituelles de notre civilisation fondée sur la dignité de la personne humaine», les patrons français ont eu jusque-là une conception privée, individualiste, rétrécie de leur rôle:

> Leur horizon c'est leur bilan et la neutralisation des ennuis sociaux (l'attitude CGT communiste semble justifier cette attitude). Même dans leur entreprise, les vues ne sont pas à échéance lointaine: l'année en cours et les trois qui suivent au maximum. Souvent bons techniciens ou bons commerçants ou bons financiers, ils sont rarement de bons chefs complets. Sur un autre plan, l'économie française stagne depuis 1914 d'où le sentiment de frustration des Français: le mal ne vient pas de la pauvreté générale mais du capitalisme, c'est-à-dire des structures et de l'accaparement par la classe patronale et beaucoup, même non communistes, en sont persuadés. Cette propagande gagne et séduit même parmi les meilleurs.

Si les patrons ne donnent pas la preuve qu'ils peuvent faire réaliser des progrès à la production et répartir équitablement les richesses, ils seront éliminés au bénéfice de formes opposées:

> Economie libre orientée vs économie dictatorialement dirigée; économie prétendue au service des patrons et capitalistes vs économie au service du pays sans tenir compte des hommes; entreprises autonomes vs entreprises spécialisées et intégrées dans des ensembles et dirigées par des fonctionnaires. En gros économie d'Etat dictatoriale à tous les échelons et suppression de tous les efforts libres. Or, ceci peut se réaliser sans révolution sanglante par un certain nombre de glissements à la faveur d'enthousiasmes des masses.

Ainsi, le caractère industriel de la civilisation doit conduire le chef d'entreprise à assumer un rôle qui déborde largement celui de l'entrepreneur, car, à défaut de combiner la pensée et l'action,[46] il sera remplacé par le «techno-

45 CAMT, 57AS5, note 3 du CRC, 1er septembre 1953.

46 «Car la doctrine sans l'action revêt un caractère philosophique et abstrait qui n'apporte pas aux chefs d'entreprise dans leur vie professionnelle une aide immédiate et constante. D'un autre côté, une action qui ne serait pas sous-tendue par une

crate». Afin d'éviter ce scénario cauchemardesque, une action de formation des futurs patrons s'avère nécessaire.

La formation

De la même façon qu'il souhaitait créer une «école de chefs» au sein de la Société de Saint-Louis afin de «refaire la France» dans les années trente, Jacques Warnier voit dans le CRC un moyen de formation des futurs patrons et cadres dirigeants français. Il s'agit également de reprendre en main les questions de formation alors en passe d'échapper au contrôle du CNPF tout en élaborant un socle idéologique commun au patronat. A l'origine, la volonté de Warnier consiste à mettre à la disposition des différents organismes abordant déjà ces questions et dont «certains aspects des enseignements sont fâcheux pour ne pas dire plus» («nous ne pouvons continuer à leur laisser faire n'importe quoi, certains commencent à aborder la philosophie patronale !»),[47] des programmes et des animateurs, voire de «jouer un rôle de coordination entre eux afin que la formation patronale en France ne soit pas tirée à hue et à dia et qu'aucune région française risque d'ignorer les efforts faits dans ce domaine». Faute de jouer un rôle de coordination, le but est surtout de faire comprendre que le CRC «est le véhicule de la pensée et de l'opinion représentative des chefs d'entreprise français, qu'à ce titre et par vocation, il est seul capable d'orienter valablement la formation patronale en France». Conscient qu'il ne pourra supplanter ces organismes existants, le CRC refuse que soient faites des formations hétérodoxes à sa doctrine.[48]

Afin de sensibiliser au mieux les différents auditoires visés (le chef d'entreprise en fonction, le futur chef d'entreprise, le cadre ou futur cadre de direction, et l'étudiant sortant des grandes écoles) aux questions d'organisation et de gestion comme aux «questions humaines»,[49] une mission d'étude est envoyée aux Etats-Unis au printemps 1953. De retour en France, Jean

---

doctrine serait rapidement stérile et s'essoufflerait», CAMT, 57AS5, note 3 du CRC, 1er septembre 1953.

47 CAMT, 57AS6, compte rendu de la réunion du 28 mai 1953.

48 CAMT, 57AS5, attitude du CRC à l'égard des organismes extérieurs, 4 juin 1943 (dernier état), p. 3.

49 «La vie d'une entreprise étant un tout, les problèmes humains n'y existant que parce qu'il y a gestion et chaque acte d'organisation et de gestion ayant une répercussion humaine, il ne faut pas envisager d'enseigner, ex-cathedra ou autrement, les disciplines d'organisation d'une part, des notions de psycho-sociologie de l'autre. Ce serait adopter l'optique universitaires classique, isolant les disciplines de leur contexte vivant».

Predseil, Maurice Teper et Jean Benoît, désireux de faire pénétrer ce qu'ils ont vu à l'Institut Maynard de Pittsburgh, dans la petite et moyenne entreprise réputée traditionaliste,[50] bâtissent les programmes des futurs cours en reprenant le principe de sessions de quatre semaines divisées en deux pôles thématiques (métiers de direction et gestion des entreprises).[51] Ils se chargent également de trouver des conférenciers et des locaux (le château de Louche situé à Anet-sur-Marne), où pendant quatre semaines de formation, les stagiaires seront hébergés en pension complète, Warnier estimant que l'internat, envisagé comme une sorte de retraite, est une condition indispensable à la réussite du stage. Si le recrutement des stagiaires s'effectue par relations pour les premiers cycles de 1954, Warnier veut les promouvoir plus largement: «il nous faut les vendre».[52] Les participants aux sessions sont de plus en plus nombreux: de 97 participants en 1954-1955, on passe à 159 dès l'année suivante et à 225 en 1956-1957. Ces sessions de quatre semaines sont l'expression d'un pôle moderniste du patronat favorable aux réformes lancées par les pouvoirs publics en ce qui concerne le perfectionnement des dirigeants d'entreprises.[53] De leur côté, Jean-Pierre Nioche et Matthias Kipping montrent qu'il s'agit d'un élément, parmi d'autres, du dispositif tissé par le CNPF afin de contrôler les initiatives touchant la formation des managers,[54] étant entendu que si l'influence américaine est forte en Europe et en France, en particulier pendant les années 1950, les changements les plus importants dans l'éducation à la gestion, liés à l'inspiration américaine, n'interviennent que dans la seconde moitié des années 1960.

Malgré leur succès, les sessions sont critiquées dès l'origine par certains membres du CRC manipulés par Gros. Pour Warnier qui veut maintenir à tout prix l'unité du CRC, Gros veut «diriger les élites françaises et les entraîner dans des actions inspirées par une philosophie syncrétiste et équivoque, synthèse entre marxisme et spiritualisme».[55] Ce travail de sape conduit pourtant à une scission de fait: dès 1955, les deux branches de l'activité du CRC fonctionnent sans liens entre elles et Warnier qui ne peut plus jouer son rôle

50 CAMT, 75AS6, lettre de Benoît à Warnier, 13 août 1953.

51 CAMT, 57AS6, programme des cours de quatre semaines, 13 novembre 1953.

52 CAMT, 57AS6, avant projet d'ordre du jour d'une réunion du bureau, rédigé par Warnier, avril 1954.

53 Marie-Emmanuelle CHESSEL, Fabienne PAVIS, *Le technocrate, le patron et le professeur, une histoire de l'enseignement supérieur de gestion,* Paris, Belin, 2001, pp. 39-44.

54 Matthias KIPPING, Jean-Pierre NIOCHE, «Politique de productivité et formations à la gestion en France (1945-1960): un essai non transformé», *in: Entreprises et histoire,* N° 14-15, juin 1997, pp. 76-77.

55 CAMT, 57AS9, note «Problèmes posés en octobre 1956», 30 octobre 1956. Voir également 57AS6, note sur la soirée du château de Louche, 5 mai 1954.

d'agent de liaison songe alors à démissionner.[56] La dégradation des liens entre Warnier, d'une part, et Villiers-Gros, d'autre part, est totale:

> La conception de Villiers et de Gros est le contraire de la mienne: je parle d'actions conjuguées, eux d'actions nettement séparées. Les équipes provenant des cycles de formation générale, je les veux et je cherche des leaders. Suis donc d'accord avec la prise en charge par P. Huvelin. Pourquoi ne pas me dire franchement que l'on n'est pas d'accord lorsque je dis que les études abstraites nécessitent des actions complémentaires pour permettre aux notions dégagées de s'incarner? On ne veut probablement pas pouvoir situer géographiquement le centre de cette pensée des dirigeants français de l'économie. En fait je ne sais plus si nous sommes ou non d'accord sur le fond entre nous.[57]

S'il réussit à redonner un semblant d'unité à l'ensemble au printemps 1956, il doit toutefois faire face à l'ingérence croissante de Villiers et de son entourage,[58] éventualité qu'il redoutait dès l'origine («Nous ne pouvons pas faire l'Institut en dehors du CNPF, mais nous devons éviter qu'il y ait une voix prépondérante»).[59] L'emprise du CNPF se renforce encore lorsqu'il s'agit de rembourser les prêts contractés pour l'achat du château du Jouy en Josas où les modifications ont lieu et dont le CRC ne peut assumer seul la charge.[60] Dans ce contexte, alors que l'avenir du CRC tel que l'a conçu Warnier est en jeu, ce dernier doit cesser brutalement toute activité après un infarctus du myocarde en 1957.[61] Il est remplacé à sa demande par Arnaud de Vogüe qui partage ses vues quant à l'unité nécessaire entre la section formation et celle des études générales. Sa santé s'améliorant, il accepte la présidence de la Fédération française du tissage de laine en 1961 mais il est à nouveau frappé par une attaque, en 1964, qui le prive totalement de la parole. Il s'éteint à Paris deux ans plus tard.

56 Ce dernier se demande même si la scission n'est pas dirigée contre lui: «A-t-on peur que le CRC ne devienne ma chose?» s'interroge-t-il… CAMT, 57AS8, note manuscrite de Warnier, «Ma lettre», 15 février 1955.

57 CAMT, 57AS8, note de Warnier, 15 février 1955. Voir également une lettre de Warnier à Villiers en date du 7 février.

58 «Villiers se méfie de tout ce qu'il ne dirige pas entièrement lui-même, Mayolle est content à partir du moment où l'aspect financier passe entre ses mains alors il se sent le maitre, cela lui suffit», CAMT, 57AS9, note de Warnier, 1er février 1956.

59 CAMT, 57AS4, note de Warnier «Institut d'études économico-humaines», s. d.

60 Si le CNPF avait financé pour moitié le premier budget de 1953, Warnier mécontent avait réussi à trouver des soutiens diversifiés et réduire cet apport en tiers du budget total en 1954. Après la «compartimentation», la situation financière de l'association est bouleversée puisque le budget, commun à l'origine, éclate en trois parties distinctes: d'une part, études générales et formation générale (qui s'autofinancent en raison de la participation financière des auditeurs venus assister aux sessions) et, d'autre part, secrétariat (dont le déficit est comblé annuellement par une subvention d'équilibre du CNPF). Voir Isabelle GRANIER, *op. cit.*, p. 89.

61 CAMT, 57AS9, lettre de Warnier à Villiers, 12 novembre 1957.

Si, des années trente aux années cinquante, Jacques Warnier délaisse peu à peu un idéal corporatiste au profit d'un «modernisme pragmatique», son itinéraire n'en est pas moins marqué par un certain nombre d'invariants: c'est avant tout un homme profondément croyant qui tente d'instiller un peu de ce «levain chrétien»[62] dans toutes les entreprises auxquelles il participe. Pour autant, il refuse le qualificatif de «patron chrétien» – comme la présidence du Centre français du patronat chrétien qu'on lui propose pourtant après la Deuxième Guerre mondiale – ayant compris que le but n'était que de faire du prosélytisme religieux dans le cadre professionnel ou militant. De même, son souci constant, des Métiers français au CRC, en passant par le CCOP ou l'OCS est d'instituer en France un nouvel «état d'esprit» synonyme de paix et de justice sociale: dans ce contexte, il considère certainement le corporatisme moins comme une fin en soi que comme un moyen de changer la société.

62 CAMT, 57AS25, note manuscrite de Warnier, «avenir du CJP», 6 juin 1949.

Le corporatisme dans l'aire francophone: Belgique – Suisse – Canada

La Suisse, le corporatisme et ses sources d'inspiration

Hans-Ulrich JOST
Université de Lausanne

Territoire exigu et dissocié en régions qui pratiquent des langues différentes (française, allemande, italienne, romanche) et deux religions reconnues (protestante, catholique), la Suisse s'avère particulièrement perméable aux courants d'idées à l'œuvre dans les grands pays voisins, en particulier l'Allemagne, l'Autriche, la France et l'Italie. Les idées corporatistes, discutées dès la fin du XIXe siècle mais développées surtout dans l'entre-deux-guerres, illustrent de manière pertinente ces transferts et leur recomposition selon les spécificités propres à un canton ou une région. Ainsi Genève comme la Suisse romande s'orientait-elle plutôt sur la France, Fribourg s'inspirait davantage de Rome et de l'Autriche, tandis que la Suisse alémanique et le Tessin italophone se tournaient vers l'Allemagne et l'Italie. En sus, s'ajoutait à ces influences cosmopolites une source d'inspiration autochtone, issue de l'expérience de quelques associations professionnelles créées au cours de la seconde moitié du XIXe siècle.

Dans les cantons ou régions marqués à la fois par une plus ou moins forte industrialisation et leur conversion au protestantisme, la pensée corporatiste tend, sauf rare exception, à un certain pragmatisme. En territoires catholiques, en revanche, encore largement ruraux et dominés politiquement par les conservateurs, les composantes idéologiques prennent le dessus. De cette situation, à laquelle se superpose sans la recouper la question des langues et donc de cultures distinctes, sans insister ici sur l'hétérogénéité des projets corporatistes voire les divergences au sein d'un même courant de pensée, découle une complexité dont il est difficile de rendre compte de manière synthétique. C'est donc en illustrant par quelques cas de figure que je tenterai de dessiner les forces et les doctrines les plus significatives du corporatisme, tel qu'il émerge, se développe ou se répercute dans le monde politique helvétique.

Le Corporatisme dans l'aire francophone au XXe siècle. Etudes réunies par Olivier DARD. Berne: Peter Lang, 2011. ISBN 978-3-0343-1066-6.

Les foyers du corporatisme helvétique

Chef-lieu du canton au nom éponyme, Fribourg incarne en Suisse l'un des foyers les plus dynamiques du corporatisme catholique, où voit le jour, en 1884, l'Union catholique d'études sociales et économiques, plus connue sous le nom d'Union de Fribourg. C'est dans ce cercle, inspiré et présidé par l'évêque Gaspard Mermillod, que se retrouvent des personnalités comme René de La Tour du Pin, Louis Milcent, Henri Lorin, Albert de Mun, Karl Heinrich zu Löwenstein ou Karl von Vogelsang, et que se discutent les doctrines catholiques sur le rôle de l'Etat et de la politique dans le domaine du travail. En 1891, après avoir participé à la rédaction de l'encyclique *Rerum Novarum,* l'Union se dissout et ses idées corporatistes sont relayées conjointement par l'Université de Fribourg, fondée en 1889, et la Vereinigung katholischer Sozialpolitiker où une partie de ses membres poursuit ses travaux.[1] Au cours de ces mêmes années et guidé par la législation autrichienne relative à l'organisation des métiers, l'un des cofondateurs de l'Université de Fribourg, le député au Conseil national Caspar Decurtins (1855-1916) sollicite la création de corporations professionnelles. Une démarche soutenue par le professeur de théologie Joseph Beck (1858-1943) qui a fait des études à Louvain et Innsbruck, et par l'avocat bâlois Ernst Feigenwinter (1853-1919). Assumant de surcroît moult fonctions au sein des organisations politiques et sociales catholiques, ces trois notables helvétiques parviennent à créer une base solide pour les projets corporatistes du XXe siècle.[2]

Ce n'est toutefois qu'au cours de l'entre-deux-guerres que les thèses corporatistes occupent une place majeure dans la pensée politique du catholicisme helvétique. L'encyclique *Quadragesimo Anno* de 1931 en constitue le principal pilier spirituel, alors que se maintient en arrière-plan le souvenir de la Grève générale nationale de 1918, la seule que la Suisse a connue. A Fribourg, qui demeure un des hauts lieux de cette pensée, trois personnalités

1 Michel CHARRIÈRE, «Aux sources de la doctrine sociale. L'Union de Fribourg (1884-1891)», *in: Choisir,* novembre 1982, pp. 12-19; Aram MATTIOLI, «Die Union de Fribourg oder die gegenrevolutionären Wurzeln der katholischen Soziallehre», *in:* Aram MATTIOLI, Gerhard WANNER (éds.), *Katholizismus und «soziale Frage». Ursprünge und Auswirkungen der Enzyklyka «Rerum Novarum» in Deutschland, Lichtenstein, Vorarlberg und St. Gallen,* Zurich, Chronos, 1995, pp. 15-32; Bernhard PRONGUÉ, *Catholicisme social, corporatisme et syndicalisme chrétien en Suisse romande 1888-1949,* Porrentruy, Impr. La Bonne Presse, 1968.

2 Quirin WEBER, *Korporatismus statt Sozialismus. Die Idee der berufsständischen Ordnung im schweizerischen Katholizismus während der Zwischenkriegszeit,* Fribourg, Universitätsverlag, 1989, pp. 24-29.

d'envergure entreprennent avec efficacité d'en diffuser les principes. Il s'agit d'une part de l'abbé André Savoy (1885-1940) formé à l'Université Gregoriana de Rome,[3] rédacteur de l'*Action catholique* et inspirateur de différents mouvements ou organisations comme le syndicalisme chrétien-social, la Corporation horlogère des Franches-Montagnes (fondée en 1922 par son collaborateur Emile Kistler), les Amis de la corporation ou l'Union corporative suisse. A ses côtés s'activent le conseiller d'Etat fribourgeois Joseph Piller (1890-1954), l'une des fortes têtes du Parti populaire conservateur (PPC, souvent aussi appelé Parti catholique-conservateur), et l'économiste Jakob Lorenz (1883-1946),[4] nommé en 1935 professeur à l'Université de Fribourg. Plus orienté vers la Suisse alémanique, ce dernier travaillait auparavant pour le secrétariat de la Fédération ouvrière suisse, dans l'administration de la ville de Zurich et comme expert dans différentes commissions de la Confédération. Disposant ainsi d'un vaste réseau social et politique, Lorenz parvient, non sans succès, à diffuser ses thèses corporatistes dont l'essentiel repose, outre la doctrine catholique, sur la théorie d'Othmar Spann (1878-1950), économiste, sociologue et auteur de *Der Wahre Staat*[5] qui enseigne à l'Université de Vienne.[6] Au reste, si l'abbé Savoy n'éprouve aucune gêne à plaider pour l'instauration d'un système corporatiste en Suisse, certes décentralisé mais foncièrement antilibéral et autoritaire, Lorenz, quant à lui, prétend préserver certaines composantes de la démocratie helvétique et refuse, en ce sens, toute association au corporatisme fasciste.[7]

Autre figure de cette configuration de personnalités marquantes, Gonzague de Reynold (1880-1970),[8] descendant d'une vieille famille aristocratique de Fribourg, se distingue par la palette de ses interventions dans l'espace public et par une plume savante trempée dans l'encre des mythes et légendes helvétiques. Au moment de ses études à la Sorbonne déjà, terminée par une thèse en littérature, il avait côtoyé à la fois Maurice Barrès et l'Action française, dont les thèses éveillent son intérêt pour la politique. Installé à Genève

3 René LEYVRAZ, *La vie et l'œuvre de l'Abbé André Savoy,* Sierre, 1956; Roland RUFFIEUX, *Le mouvement chrétien-social en Suisse romande 1891-1941,* Fribourg, Editions universitaires, 1969, pp. 148-154.

4 Notes biographiques, *in:* Quirin WEBER, *op. cit.,* p. 4; Lorenz a publié des souvenirs: *Erinnerung eines simplen Eidgenossen,* Zurich, Rentsch, 1936.

5 Othmar SPANN, *Der Wahre Staat,* Leipzig, Quelle und Mayer, 1921.

6 Karl DUNKMANN, *Der Kampf um Othmar Spann,* Leipzig, 1928; Wilhelm ANDREAE, *Staatssozialismus und Ständessaat,* Jena, G. Fischer, 1931.

7 Jakob LORENZ, *Korporativer Aufbau. Gedanken und Anregungen,* Olten, Walter, 1932; *cf.* Paul de QUERVAIN, *Das Korporationenproblem,* thèse en sciences politiques, Université de Berne, Berne, Grunau, 1936, pp. 28-31, 52-53.

8 Aram MATTIOLI, *Gonzague de Reynold, idéologue d'une Suisse autoritaire,* trad. de l'allemand par D. Elbaz et J. Steinauer, Fribourg, Editions universitaires, 1997.

dès son retour en Suisse, il y enseigne à l'Université comme privat-docent, publie des textes littéraires et patriotiques, tout en participant à la fondation de revues culturelles tels *La Voile latine* et *Les Feuillets*. Puis l'éclatement de la Première Guerre mondiale le mène à créer et diriger un bureau de conférences et de propagande de l'armée, une mission que lui confie l'état-major général en même temps que l'Université de Berne le nomme professeur de littérature française. Fort de cette double consécration, de Reynold gagne en stature et en crédibilité, alors que ses écrits nourrissent désormais les débats politiques. Quant à sa vision de la société corporatiste, dont on reparlera plus loin, elle se forge dès la fin du conflit moyennant la lecture des œuvres de La Tour du Pin.

Une des particularités de cet éminent homme de lettres réside aussi dans sa familiarité avec trois conseillers fédéraux catholiques-conservateurs actifs dans l'entre-deux-guerres (Giuseppe Motta, Jean-Marie Musy et Philipp Etter), dont la fréquentation ouvre la porte à son influence sur les milieux gouvernementaux. Toujours est-il que, sans altérer son crédit auprès de l'élite politique catholique, de Reynold collaborera aux formations de l'extrême droite helvétique, établira des relations personnelles avec Mussolini ou Salazar, et proposera même l'alignement de la Suisse sur la «Nouvelle Europe» d'Hitler. Et si ses adversaires caractérisent l'un de ses ouvrages, *La Démocratie et la Suisse,* de «philosophie cléricale et fasciste de l'histoire suisse»,[9] l'*establishment* lui décerne plusieurs prix littéraires, alors que certains proposeront son nom pour la candidature au Prix Nobel de 1955.

Les petites brochures qui avancent des projets corporatistes dans les milieux catholiques-conservateurs se répandent surtout au début des années 1930. A Lucerne, par exemple, l'avocat Friedrich Hofstetter-Leu rédige à lui seul six petites études en la matière entre 1933 et 1934,[10] alors qu'à Genève, un Max d'Arcis (1909-1975), actif dans les milieux de la droite locale et chroniqueur au *Journal de Genève,* publie des brochures instructives sur le corporatisme.[11] Le sujet est également relevé par la Société suisse des étudiants, la grande corporation estudiantine catholique, qui invite quelques adeptes de la doctrine à donner des conférences, publiées par la suite dans son périodique.[12]

9 Aram MATTIOLI, *op. cit.,* p. 187.

10 Paul de QUERVAIN, *op. cit.,* p. VI et pp. 85-86.

11 Max d'ARCIS, *Les réalisations corporatives en Suisse,* Neuchâtel, Attinger, 1935; *La corporation: principes, organisation, réalisations,* Genève, Imprimerie du Journal de Genève, 1935.

12 Par exemple: Jakob LORENZ, *Korporativer Aufbau – Gedanken und Anregungen, Aus Wissenschaft und Leben*, H. 3, hrsg. vom Schweiz. Studentenverein, Olten, 1932; Schweiz. Studenten-Verein (Hrsg.), *Berufsständische Neuordnung der*

Le troisième courant du corporatisme de Suisse romande se développe à Lausanne, chef-lieu du canton protestant de Vaud, mais non sans puiser son inspiration dans la philosophie thomiste. Appelé tout d'abord Ordre et Tradition puis Ligue vaudoise,[13] un petit groupe de jeunes gens hostiles aux principes démocratiques et aux droits imprescriptibles se forme dans les années 1920 autour de Marcel Regamey (1905-1982). Etudiants en droit, Regamey et ses camarades subissent alors l'influence du professeur Ernest Roguin (1851-1939), un ami du fameux économiste Vilfredo Pareto (1848-1923), mais leur orientation décisive s'accomplira avec leur tournant vers l'Action française. Dès le début des années 1930, en effet, Charles Maurras séjourne souvent à Lausanne et entretient des liens étroits avec Regamey et la Ligue vaudoise, dont le rayonnement intellectuel progresse sensiblement. Un développement auquel est particulièrement réceptif le Parti libéral-conservateur vaudois, qui inscrit le corporatisme dans son programme de 1934. Quant à la Ligue vaudoise, méfiante envers les alliances trop contraignantes, elle cultive simultanément des relations parfois complexes avec les mouvements des droites extrêmes autochtones. Relancés sous différentes formes et associés à l'idée d'une reconstitution fondamentale de l'Etat, ces projets corporatistes sont réactivés après la défaite de la France en 1940, mais la chute du IIIe Reich et la fin de la guerre mettront fin à cet assaut contre le système politique libéral.

Bien que la Ligue vaudoise s'ouvre largement à la doctrine maurrassienne, on ne saurait sous-estimer l'attraction exercée sur les jeunes universitaires vaudois par le fascisme italien, dont les concepts sont largement discutés par l'intermédiaire du professeur Pasquale Boninsegni (1869-1939),[14] collaborateur et successeur de Vilfredo Pareto. Notons à titre d'exemple significatif que, invité par la faculté de droit, le professeur Carlo Costamagna (1881-1956) de l'Université de Pise, député fasciste et spécialiste du corporatisme, présenta un cycle de conférences à l'Université de Lausanne.[15] Celle-ci, au demeurant, décernera en 1937 un doctorat *honoris causa* à Mussolini pour avoir «rendu au peuple italien le sentiment vital de sa cohésion spirituelle, économique et sociale.»[16]

Schweiz. Neun Vorträge (Referenten: P. de Chastonay, R. König, J. Lorenz, A. Savoy, K. Hackhofer, H. Berra, K. Wick, J. Piller, L. Schneller), Immensee, 1934.

13 Roland BUTIKOFER, *Le refus de la modernité. La Ligue vaudoise: une extrême droite et la Suisse (1919-1945)*, Lausanne, Payot, 1996.

14 Giovanni BUSINO, Pascal BRIDEL, *L'Ecole de Lausanne de Léon Walras à Pasquale Boninsegni,* Lausanne, Université de Lausanne, 1987, pp. 85-93.

15 Philippe MASPOLI, *Le corporatisme et la droite en Suisse romande,* Lausanne, Antipodes, collection «Histoire et société contemporaine», 1993, p. 55.

16 *L'Université de Lausanne à son ancien étudiant Benito Mussolini,* Lausanne, janvier 1937, reproduit *in: Livre blanc de l'Université de Lausanne sur le doctorat honoris causa de Benito Mussolini,* Lausanne, 1987, pp. 72-73.

Le quatrième volet du corporatisme helvétique se déploie en Suisse alémanique, mais sans afficher la cohérence idéologique des trois précédents. On y trouve d'une part le projet d'August Schirmer (1881-1941), ancien patron d'une petite entreprise d'une trentaine d'ouvriers, président de l'Union suisse des arts et métiers et membre du parti radical de Saint-Gall, dont le nom officiel est Freisinnig-demokratische Partei. Représentants du grand patronat, les radicaux suisses ne manifestent en principe guère de sympathie pour le corporatisme. Pourtant, avec l'aide de Schirmer, leur section saint-galloise élabore un projet passablement débattu en public, dont certaines idées seront même relevées par la Commission fédérale chargée de la révision de l'article économique de la Constitution. Le «Projet saint-gallois»,[17] comme il est couramment appelé, interprète le corporatisme en tant que système fonctionnel et utilitaire. Laissant en arrière-plan les composantes idéologiques, il préconise une collaboration entre l'Etat, les associations patronales et les organisations professionnelles, avec le but de mieux réguler l'économie capitaliste. A la base, il est prévu que patrons et ouvriers siègent séparément et que seuls leurs représentants respectifs, rassemblés au sein de comités *ad hoc,* opèrent le lien entre les partenaires sociaux. A ceci près que le patronat gardera la haute main sur les questions de stratégies économiques, traitées sans la participation des travailleurs. Ces deux niveaux, ensuite, seraient chapeautés par un conseil économique dont les membres, issus des grandes associations patronales et ouvrières, sont désignés par le Gouvernement. Ce dernier, au reste, aura l'obligation de présenter à un conseil suprême de l'appareil corporatiste toutes les propositions relatives à l'économie ou au domaine social, mais sans pour autant lui déléguer son pouvoir décisionnel.[18] Farouchement antisocialiste, Schirmer, quant à lui, néglige sciemment de mentionner l'existence même des syndicats de gauche. Ceci étant, le projet pyramidal de Saint-Gall ne s'éloigne guère du système fasciste instauré en Italie.

D'une tout autre trempe se présente, toujours en Suisse alémanique, le programme de Werner Niederer, membre fondateur du Nouveau Front fasciste. Particulièrement séduit par le corporatisme italien auquel il a consacré une thèse,[19] Niederer et le chef du Nouveau Front, Robert Tobler (1901-

17 *Der St.Galler Entwurf, Ein Vorschlag zur Organisation der Wirtschaft*, hrsg. von der Freisinnig-Demokrat. Partei des Kantons St.Gallen, Freisinnig-Demokratisches Parteisekretariat, 1933; August SCHIRMER, *Die Neuordnung der Wirtschaft. Die Aufgabe der Berufsverbände. Zwei Vorträge.* Anhang: Entwurf zu einem Bundesgesetz, St.Gallen, Tschudi, 1934; *Die korporative Idee,* St.Gallen, 1934.

18 Paul KELLER, *Die korporative Idee in der Schweiz,* St.Gallen, Fehr, 1934, pp. 32-37.

19 Né en 1909, Niederer avait fait des études en droit à l'université de Zurich; sa thèse s'intitule: *Der Ständestaat des Faschismus. Der italienische Berufsverein und seine rechtliche Struktur,* Munich, Duncker & Humblot, 1932.

1962), ne manquent pas de faire l'éloge et d'applaudir au caractère autoritaire du corporatisme du conseiller d'Etat fribourgeois catholique-conservateur Joseph Piller. Il n'y aura toutefois aucun rapprochement conséquent entre ces deux courants, Tobler s'avérant incapable de collaborer avec d'autres formations.[20] Outre le modèle italien, les frontistes alémaniques s'inspirent de *Der Wahre Staat* d'Othmar Spann, dont l'influence s'étend aussi au Tessin italophone par l'intermédiaire de Basilio Mario Biucchi (1908-1983) qui a étudié l'œuvre du professeur viennois dans sa thèse.[21] Ce dernier en diffuse les idées corporatistes dans les milieux politiques tessinois, avant de se voir nommé en 1949 professeur d'économie à l'Université de Fribourg.

Au-delà des divergences ou des ambiguïtés conceptuelles qui traversent les versions, plus ou moins remaniées au fil du temps, des différents courants du corporatisme, il subsistait un clivage fondamental au sujet du rôle de l'Etat. Pour les uns, l'Etat doit se contenter de garantir l'ordre corporatiste et transférer entièrement aux corporations ses compétences en matière de politique économique et sociale. Les autres, par contre, préconisent une autorité étatique forte et dotée des instruments à même d'encadrer et de diriger les corporations. Tous s'accordent toutefois sur un point: mettre un terme à la démocratie libérale et parlementaire.[22] Pour parvenir à leurs fins, c'est-à-dire dissimuler tant que faire se peut le caractère autoritaire de leur objectif commun, les corporatistes brandissent les principes fédéralistes de l'ancienne Confédération, auxquels reste attachée une grande partie de la population. Prolifère ainsi la notion de «fédéralisme social» dont fait usage, notamment, Gonzague de Reynold et par laquelle le corporatisme est supposé revêtir un manteau patriotique.

Il n'est pas inutile à cet égard d'illustrer par la rhétorique de l'influent aristocrate fribourgeois la manière dont s'incarne et se diffuse la propagande des catholiques-conservateurs. «L'économique, toujours, conditionne le social», avance-t-il dans *La Démocratie et la Suisse*.

> Chacun apprendra de nouveau à demeurer chez soi, à sa place, dans son ordre. [...] Les hiérarchies, les autorités sociales se reconstitueront peu à peu. [...] En effet, l'organisation professionnelle remplacera la division – purement artificielle, parce

20 Robert TOBLER, «Schweizerische Umschau. Angstzustände des Systems. Korporativer Aufbau», *in: Schweizer Monatshefte,* N° 13, février 1934, pp. 556-559; Beat GLAUS, *Die Nationale Front. Eine Schweizer faschistische Bewegung 1930-1940,* Zurich-Köln, Benziger, 1969.

21 Basilio Mario BIUCCHI, *L'Universalismo di Othmar Spann e la costruzione teorica dell'economia corporativa,* Milano, Soc. Editrice Vita e Pensiero, 1935.

22 Carl DOKA, «Korporativer Aufbau», *in: Schweizer Rundschau,* N° 34, Sonderheft, 15 mai 1934, pp. 119-131; *Verfassungsreform,* Einsiedeln, Benziger, s. d., pp. 38-42; Quirin WEBER, *op. cit.,* pp. 102-105.

> que procédant d'une théorie contraire à la vie, et dépassée maintenant – de la société en deux classes [...]. L'idée de communauté se substituera au mythe de l'égalité [...]. Le politique, refoulé par le social, refluera au centre. En effet, l'organisation professionnelle rend impossible l'existence des partis politiques et celle du parlementarisme: tôt ou tard, cela tuera ceci. Le politique rentrera, à la longue, dans la compétence exclusive du gouvernement. [...] Une société organisée corporativement implique donc un renforcement de la puissance gouvernementale. [...] Mais, plus se concentre le pouvoir politique, plus il a besoin de s'incarner dans la personne d'un chef, d'un conducteur. [...] C'est, entre le peuple et le chef, un contrat national, analogue au contrat féodal: le peuple, qui veut travailler dans l'ordre, accepte le chef, en échange de la responsabilité personnelle que celui-ci contracte vis-à-vis de la nation, l'autorité et le temps nécessaires pour exécuter le plan. [...] Tout comme l'organisation professionnelle met un point final à la lutte des classes, les ententes économiques, l'organisation des échanges internationaux apaiseront la lutte des nations.[23]

Ceci étant, la pensée organiciste de Gonzague de Reynold, peu prolixe ni précis en matière d'organisation du corporatisme, ne doit pas masquer l'existence de thèses discordantes au sein même des catholiques-conservateurs. Le projet du conseiller d'Etat fribourgeois Joseph Piller, par exemple, confère aux autorités politiques non seulement le droit de contrôler étroitement les corporations, mais aussi celui d'en créer.[24] C'est, parmi d'autres, ce genre de profonde dissension qui entravera l'avènement d'un Etat corporatiste dans le canton de Fribourg.

On l'a vu, les idées corporatistes gagnent en légitimité grâce à quelques personnalités notoires des milieux politiques ou académiques. Certains hommes d'Etat se contentent de les mentionner avec complaisance, d'autres en proposent des interprétations plus ou moins radicales tandis que les universitaires en discutent les concepts sous couvert d'analyse scientifique. Au sein du gouvernement helvétique, ce sont les trois conseillers fédéraux catholiques et amis de Gonzague de Reynold qui diffusent dans l'espace public leurs propres perspectives à ce sujet. En 1930, dans son discours pour la fête nationale du 1er août, Jean-Marie Musy (1876-1952) est le premier d'entre eux à préconiser une politique de «redressement d'ordre moral» moyennant des «formules nouvelles» telle le corporatisme.[25] Trois ans plus tard et dans les mêmes circonstances, son collègue Giuseppe Motta (1871-1940) déclare, lors de son allocution prononcée à la radio, que le corporatisme pourrait constituer un paramètre essentiel de la politique de l'Etat fédéral. Et en 1934, Philipp Etter (1891-1977), successeur de Musy au Conseil fédéral, plaide pour la

23 Gonzague de REYNOLD, *La Démocratie et la Suisse. Essai d'une philosophie de notre histoire nationale,* 3e éd., Bienne, Les Editions du chandelier, 1934, pp. 414-417.

24 Joseph PILLER, «Der beruffsständische Gedanke», *in: Schweizer Monatshefte,* N° 14, 1934/35, pp. 209-218; Quirin WEBER, *op. cit.,* pp. 174-179.

25 Mauro CERUTTI, *Le Tessin, la Suisse et l'Italie de Mussolini. Fascisme et antifascisme, 1921-1935,* Lausanne, Payot, 1988, p. 496.

reconnaissance du principe corporatiste et son intégration à la politique gouvernementale.[26]

Le corporatisme catholique fut par ailleurs pleinement intégré à la programmatique des syndicats chrétiens, constitués dès le début du XXe siècle.[27] Fondée en 1903, la Fédération des organisations chrétiennes-sociales sera suivie, en 1907, par la création de la Fédération suisse des syndicats chrétiens qui prendra le nom, en 1921, de Confédération des syndicats chrétiens (CSC).[28] Son président, le Saint-Gallois Joseph Scherrer (1891-1965) y favorise sans réserve la propagation du corporatisme,[29] non sans provoquer des critiques de la part de certains protagonistes de son propre camp, conscients de la nécessité de tenir compte de la mentalité combative des ouvriers syndiqués. La faiblesse des effectifs de la CSC, par ailleurs, environ un dixième de ceux de l'Union syndicale suisse (proche du Parti socialiste), ne permettait guère d'ouvrir une brèche sérieuse dans le monde ouvrier.

Du côté des titulaires de chaires universitaires, il faut mentionner, pour la Suisse alémanique, les activités d'Eugen Böhler (1893-1977), professeur et directeur de l'Institut pour l'économie d'entreprise (Betriebswissenschaftliches Institut) à l'Ecole Polytechnique fédérale de Zurich, qui publie en 1934 une présentation «critique» de l'économie corporatiste dans laquelle il s'efforce de garder une certaine distance envers la pertinence des concepts, mais reconnaît souvent le bien-fondé de la doctrine.[30] Nonobstant que Böhler est aussi l'un des experts les plus consultés par le Conseil fédéral en matière de politique économique,[31] il ne fait nul doute que ce dernier a contribué à promouvoir une certaine idée du corporatisme non seulement auprès de ses étudiants, mais également au sein des milieux politiques de la droite bourgeoise. Quant aux approches académiques différentes, on peut les résumer

26 Philipp ETTER, *Die schweizerische Demokratie,* Olten, O. Walter, 1934, pp. 38-39.

27 Roland RUFFIEUX, *Le mouvement chrétien-social en Suisse romande, op. cit.,* pp. 109-140.

28 Otmar GEHRIG, *Das Christlichsoziale in der Politik, unter besonderer Berücksichtigung des Christlichsozialen Arbeiterbundes der Schweiz 1919-1939,* Winterthur, Buchdruckerei Konkordia, 1969.

29 Walter BAUMGARTNER, *Die Christlichsoziale Partei des Kt. St.Gallen 1911-1939. St.Galler Arbeiterschaft und Angestellte zwischen Katholizismus und Sozialismus,* St.Gallen, Staatsarchiv, 1998, pp. 282-295.

30 Eugen BÖHLER, *Korporative Wirtschaft. Eine kritische Würdigung,* Erlenbach-Zurich, Rotapfel-Verlag, 1934.

31 *Kultur und Wirtschaft. Festschrift zum 70. Geburtstag von Eugen Böhler*, hrsg. von der Schweiz. Gesellschaft für Konjunkturforschung, Zurich, Polygraphischer Verlag, 1963.

moyennant une brochure de la main de Paul Keller (1898-1973),[32] professeur à la Haute Ecole commerciale de Saint-Gall qui, tout en se distanciant – non sans complaisance – du corporatisme fasciste, se montre très indulgent envers les projets élaborés par les catholiques-conservateurs de Fribourg. Un même intérêt pour les concepts corporatistes se retrouve chez Walter Adolf Jöhr (1910-1987),[33] qui deviendra en 1944 professeur d'économie à la Haute Ecole de Saint-Gall.

On ne saurait conclure cette première mise en perspective sans évoquer les débats menés dans les syndicats socialistes et au sein de l'Union syndicale suisse (USS). Lors de son congrès de 1933, l'USS discute abondamment le corporatisme et adopte, à l'issue des délibérations, une résolution qui en dénonce les objectifs comme tentative fasciste pour assujettir les syndicats indépendants, anéantir la liberté d'association et éliminer le caractère démocratique du système politique helvétique. Quelques socialistes et syndicalistes membres de l'USS retiennent, quant à eux, les concepts planificateurs conçus par Hendrik de Man, afin de les intégrer à un éventuel programme de réformes. Un an plus tard, en septembre 1934, le secrétaire central du syndicat du personnel des services publics (Verband des Personals öffentlicher Dienste, VPOD), Hans Oprecht (1894-1978),[34] organise avec de Man une conférence internationale, tenue en France, à l'abbaye de Pontigny, consacrée au «Plan du travail» du socialiste belge. Par la suite, seul le VPOD en proposera une version pour la Suisse, car aucun autre syndicat indépendant, pas plus que le Parti socialiste suisse (PSS) ne se rangera derrière cette proposition.[35] Force est de souligner aussi que ni Oprecht ni le VPOD n'emprunteront la trajectoire d'Hendrik de Man, que sa tentative de dépasser le marxisme orthodoxe conduira à se rapprocher des conceptions fascistes. A l'opposé, tant le PSS que l'USS se profileront comme les plus solides barrages contre le déploiement des visées corporatistes.

Compte tenu de l'hétérogénéité des approches corporatistes, voire des rivalités entre leurs promoteurs, il était peu probable de voir se concrétiser un projet cohérent et susceptible de s'appliquer à l'ensemble des 22 cantons helvétiques. Dans quelques régions toutefois, les tentatives d'instaurer

32 Paul KELLER, *Die korporative Idee in der Schweiz,* Veröffentlichungen der Handels-Hochschule St.Gallen, H. 5, St.Gallen, Fehr'sche Buchhandlung, 1934.

33 Walter Adolf JÖHR, *Die ständische Ordnung. Geschichte, Idee und Neuaufbau,* Leipzig-Bern, Meiner-Haupt, 1937.

34 Ulrich KÄGI (éd.) *Unterwegs zur soialen Demokratie. Festschrift zum 75. Geburtstag von Hans Oprecht,* Zurich-Vienne, Europa Verlag, 1969.

35 Pietro MORANDI, *Krise und Verständigung. Die Richtlinienbewegung und die Entstehung der Konkordanzdemokratie 1933-1939,* Zurich, Chronos, 1995, pp. 138-146.

officiellement des organisations corporatistes passent la rampe et se transforment en lois cantonales. C'est donc l'histoire de ces démarches et de leurs prémisses que nous allons suivre désormais.

Tentatives et démarches pour instaurer le corporatisme en Suisse

Lors de leur Congrès national des 1er et 2 juin 1919, moins d'un an après la Grève générale nationale, les catholiques-conservateurs revendiquent de profondes réformes politiques, tout en considérant l'ordre corporatiste comme l'unique solution valable pour résoudre les problèmes actuels et maîtriser l'avenir. Puis c'est au tour du Congrès national des organisations ouvrières chrétiennes-sociales d'approuver, en 1920, une résolution proposée par l'abbé Savoy qui prône la même alternative, avec le projet de transformer les organisations ouvrières catholiques de Suisse romande en fédérations corporatistes. Une deuxième démarche conséquente se déroule en août 1927 lors de la «Semaine sociale» organisée par Joseph Scherrer, où s'expriment publiquement Jakob Lorenz et d'autres notables issus des rangs du catholicisme conservateur.[36] La même année et toujours sous l'influence de l'abbé Savoy, l'Union romande des travailleurs catholiques prend le nom d'Union romande des corporations chrétiennes-sociales. Finalement, en avril 1929, les organisations catholiques les plus importantes adoptent un programme économique et social qui, inspiré par Schirmer et Savoy, ouvre la voie vers le corporatisme.[37]

Sur ce terrain et à la suite d'une tournée de conférences de l'infatigable abbé Savoy, se crée à Genève, en juillet 1931, un Syndicat chrétien-social des employés de commerce, banque et bureau, dirigé par Henri Berra (1894-1958), l'un des disciples de l'ecclésiastique. A ses côtés milite René Leyvraz (1898-1973), ancien socialiste et futur rédacteur du journal corporatiste *Liberté Syndicale,*[38] avec qui Berra suscite la constitution de plusieurs

36 *Soziale Woche der Schweiz, abgehalten vom 18. Bis 20. August 1927 in Einsiedeln.* Protokoll der Verhandlungen. Hrsg. vom Chistlichsozialen Arbeiterbund der Schweiz, St.Gallen, 1927.

37 «Wirtschafts- und Sozialprogramm der Schweizer Katholiken», *cf.* Quirin WEBER, *op. cit.*, p. 67.

38 Charles-F. POCHON, «Le passé socialiste de René Leyvraz», *in: Cahiers d'histoire du mouvement ouvrier,* N° 4, novembre 1987, pp. 23-28; Philippe MASPOLI, *Le corporatisme et la droite en Suisse romande*, *op. cit.*, p. 11.

corporations professionnelles regroupant ensemble quelques 3 000 membres (corporation des travailleurs de la terre, du bois, des contremaîtres, du bâtiment, de l'alimentation, du textile, des professions juridiques, de l'hôtellerie, des arts graphiques, etc.).[39] Celles-ci entrent aussitôt dans le sillage de l'Union de défense économique (une dissidence du Parti démocrate libéral datant de 1923) qui fusionne en 1932 avec l'Union nationale, le parti fasciste genevois créé par l'écrivain et publiciste Georges Oltramare (1896-1960).[40] Mouvement le plus important du genre en Suisse romande, l'Union nationale[41] ne fera pourtant guère avancer la cause du corporatisme.

En Suisse francophone, des milieux très différents de la Ligue vaudoise et des milieux catholiques-conservateurs s'intéressent désormais aux principes corporatistes. Dans le canton de Neuchâtel, par exemple, des regroupements de la droite bourgeoise comme le Parti progressiste national ou Ordre et Liberté en discutent à leur tour. Même des associations économiques proches du grand patronat et acquises à l'ultralibéralisme tissent des liens avec des promoteurs de la doctrine. C'est le cas entre autres de la Commission romande de rationalisation créée par Aloys Hentsch (1889-1953), fils d'une famille de grands banquiers genevois qui se consacre à l'étude des méthodes du taylorisme et de la modernisation des entreprises.[42] Si bien qu'en 1932, suite à la participation d'Hentsch au congrès des Amis de la corporation tenu la même année, la Commission de rationalisation invite Jacob Lorenz, l'un des théoriciens du corporatisme catholique de Fribourg, à tenir conférence lors de leur prochaine assemblée générale.

Des préoccupations analogues se manifestent également au sein du Bureau industriel suisse, créé en 1919 et dirigé par un membre de la Ligue vaudoise du nom d'Henri Muret (1871-1949), devenu en 1927 l'Office suisse d'expansion commerciale (OSEC). Soutenu financièrement par la Confédération, l'OSEC est proche de l'Union suisse du commerce et de l'industrie, la plus puissante des fédérations qui réunissent au sommet les grandes associations d'intérêts économiques. Le directeur de la filiale romande de l'OSEC, Albert Masnata (1900-1983) se profilera d'ailleurs comme le princi-

39 André DECOLLOGNY, *L'idée et les réalisations néo-corporatives à Genève durant l'entre-deux-guerres,* mémoire de licence en sciences économiques et sociales de Genève, 1966, pp. 28-30.

40 Alain CLAVIEN, «Georges Oltramare, von der Theaterbühne auf die politische Bühne», *in:* Aram MATTIOLI (éd.), *Intellektuelle von rechts. Ideologie und Politik in der Schweiz 1918-1939,* Zurich, O. Füssli, 1995, pp. 157-170.

41 Roger JOSEPH, *L'Union nationale 1932-1939. Un fascisme en Suisse romande,* Neuchâtel, Edition de la Baconnière, 1975.

42 Matthieu LEIMGRUBER, *Taylorisme et management en Suisse romande (1917-1950),* Lausanne, Antipodes, 2001, pp. 41-83.

pal partisan du corporatisme dans le canton de Vaud.[43] Plusieurs des protagonistes engagés dans ces formations ont, en outre, adhéré à l'Association romande des Amis de la corporation, créée en 1927, de laquelle émaneront des groupes cantonaux qui, bien que réunis sous ce label au cours des années 1930, ne poursuivent pas forcément une programmatique commune et cohérente. Quant au rapprochement entre milieux patronaux et groupes corporatistes, il ne donnera lieu à aucune démarche politique commune.

Parallèlement, les corporatistes francophones tentent d'élargir leur influence au-delà de leur fief romand par la mise sur pied, en 1933, sous la houlette de l'abbé Savoy, de l'Union corporative suisse. Dirigée par Julien Lescaze, l'Union publie quelques études dans une collection appelée «Bibliothèque corporative»,[44] mais son impact sur la Suisse alémanique restera très limité. Toujours en 1933 et dans la perspective de couvrir l'espace national, quelques notables de la droite bourgeoise lancent un mouvement appelé Bund Neue Schweiz, qui organise derechef, les 26 octobre et 18 décembre, deux journées d'études auxquelles participent, à l'exception des syndicats de gauche, les délégués des plus grandes associations patronales et professionnelles.[45] Et si le projet saint-gallois de Schirmer entre en discussion lors de la seconde journée, il est d'emblée contesté par les représentants de l'Union corporative suisse, Julien Lescaze et Carl Doka, ce dernier étant rédacteur au journal populaire *Ostschweiz* et membre influent du PPC. Adeptes de la version défendue par l'abbé Savoy, les deux protagonistes rejettent le modèle de Schirmer accusé de ne pas opérer une nette rupture avec le libéralisme propre à la démocratie helvétique, alors que les délégués des syndicats chrétiens, mais pour d'autres raisons, s'en montrent peu satisfaits. Quant au représentant du patronat, il s'oppose à toute législation trop contraignante qui pourrait nuire aux principes libéraux. Finalement, un point fait l'unanimité de tous les participants: éviter que les syndicats «rouges» n'intègrent, voire ne profitent d'une nouvelle organisation économique et professionnelle.

S'agissant des démarches au niveau des instances politiques fédérales, le débat sur le corporatisme est provoqué cette même année 1933 par une motion parlementaire revendiquant une révision de l'article sur la liberté du

43 Philippe MASPOLI, *Le corporatisme et la droite en Suisse romande, op. cit.*, pp. 17-18, 20, 41-43; Pierre-Emmanuel Jaques, «La propagande nationale par le film. Albert Masnata et l'Office suisse d'expansion commerciale», *Revue historique vaudoise*, N° 115, 2007, pp. 65-78.

44 Premier numéro: Raymond DEVRIENT, *La corporation en Suisse*, Neuchâtel 1934; *cf.* Julien LESCAZE, *Corporation et Etat*, Neuchâtel, Attinger, 1935.

45 *Berufsständische Ordnung. Grundlegende Aussprache zwischen Vertretern von Spitzenverbänden der Arbeitgeber und Arbeitnehmer und der Wirtschaftswissenschaften*, Zurich, Verlag des Bundes Neue Schweiz, 1934, pp. 4, 44.

commerce et de l'industrie (article 31 de la Constitution fédérale) afin d'entraver l'extension des grands magasins et de protéger l'artisanat et le petit commerce. Dans un commentaire à ce propos, le chef du département de l'Economie, le conseiller fédéral Schulthess, fait allusion au corporatisme, mais sans l'approuver pour autant. Si bien qu'en dépit du soutien du groupe parlementaire des catholiques-conservateurs, la requête aboutit à une prise de décision se limitant à freiner l'activité des grands magasins et à soutenir les entreprises du secteur touristique.[46]

L'approbation de lois corporatistes rencontre davantage de succès auprès des autorités politiques cantonales. Comme au parlement de Genève où, également en 1933, l'Union nationale lance, inspirée par Berra, le débat sur un projet dont l'argumentaire conduit à la reconnaissance juridique des corporations. Les délibérations s'avèrent cependant si houleuses qu'il faut attendre octobre 1936 pour voir adopter un arrêté appelé, selon son concepteur, «Loi Duboule», qui confère au gouvernement cantonal la compétence de déclarer obligatoire les contrats collectifs de travail. Or, deux ans plus tard, suite à une plainte contre sa force obligatoire déposée par la Fédération des ouvriers du bois et du bâtiment – un syndicat socialiste –, ladite loi Duboule est déclarée anticonstitutionnelle par le Tribunal fédéral.[47] Simultanément et au même niveau institutionnel, se discutait dans le canton de Vaud une réglementation analogue qui, en dépit des efforts soutenus des corporatistes – Masnata relancera le projet au grand conseil vaudois le 4 mai 1942 – ne sera acceptée qu'en décembre 1944 et n'aura aucun effet concret sur la politique du travail. Il en va encore ainsi dans le canton de Fribourg où le député Emile Kistler, collaborateur de l'abbé Savoy, sollicite une législation pour y introduire le corporatisme. Relayée par le conseiller d'Etat Joseph Piller, la démarche se transforme tout d'abord en projet, puis en loi adoptée en mai 1934. Violemment critiquée par une large coalition d'adversaires, cette loi, dont l'objectif outrepasse les règlements entérinés dans les cantons de Genève et Vaud, ne sera jamais mise en vigueur.[48] En Suisse alémanique, paradoxalement, malgré

46 Paul de QUERVAIN, *Das Korporationenproblem, op. cit.*, pp. 69-73; Bruno HEILINGER, *Der Schutz des mittelständischen Detailhandels gegen Warenhäuser, Kaufhäuser, Einheitspreis- und Filialgeschäfte durch den Bundesbeschluss vom 14. Oktober 1933*, Zug, Kalt-Zehnder, 1937.

47 Philippe MASPOLI, *Le corporatisme et la droite en Suisse romande, op. cit.*, p. 110; Roland RUFFIEUX, *Le mouvement chrétien-social, op. cit.*, pp. 177-178.

48 Quirin WEBER, *Korporatismus, op. cit.*, pp. 174-181. La critique décisive est venue du radical Henri Bardy, secrétaire de la chambre fribourgeoise du commerce: Henri BARDY, *Le projet de loi sur l'organisation corporative dans le canton de Fribourg*, Fribourg, Fragnière Frères, 1934.

toute l'agitation autour du projet saint-gallois, notamment, aucune proposition ne parvient au niveau d'un parlement cantonal.

La seule occurrence susceptible d'ouvrir une large voie au corporatisme se manifeste sous la forme d'une Initiative populaire nationale exigeant une révision totale de la Constitution, lancée en 1934 par les mouvements frontistes et les catholiques-conservateurs. Or, à peine deux semaines avant le jour de la votation populaire sur cet objet, ceux-ci avaient dressé une liste des principes directeurs de la future constitution, dans laquelle allusion est faite à la possibilité d'instaurer un Etat corporatiste.[49] Reste que l'Initiative sera nettement balayée par les citoyens suisses qui la refusent par 511 500 non, contre 196 100 oui.[50] Il faut dire aussi que les efforts des corporatistes pour s'attirer le soutien du patronat restaient mitigés. Certes, des liens avaient été noués, des réunions tenues, et si quelques représentants du patronat affichaient un certain intérêt, ils craignaient du même coup les contraintes des arrangements corporatistes, jugés nocifs pour l'autonomie de leurs propres associations.

En dernier ressort, les débats et les projets relatifs à l'introduction du corporatisme sont court-circuités par des acteurs inattendus. En juillet 1937, en effet, le président de la plus importante organisation patronale, l'Association suisse des constructeurs de machines, signe un contrat appelé «Paix du travail» avec le dirigeant de la Fédération suisse des ouvriers de la métallurgie et de l'horlogerie (FOMH).[51] D'un contenu plutôt maigre, cette convention décrète en substance que les éventuels différends ou conflits entre employeurs et salariés doivent se résoudre par la négociation, sous-entendue se substituer aux mouvements de grève ou au *lock-out.* Et bien qu'aucun accord sur les salaires ni règlement sur les conditions de travail ne soit mentionné, le seul fait que la plus puissante branche du patronat et un grand syndicat de gauche se reconnaissent mutuellement amorce un long processus qui, avec le concours de l'Etat, conduira à la généralisation des conventions collectives de travail.

Précisons que cette «Paix du travail» fut précédée par une phase d'aménagement qui a pour scène le secteur de l'horlogerie du Jura suisse. En 1936, alors que la FOMH profitait de la reprise économique pour tenter

49 Lukas RÖLLI-ALKEMPER, *Die Schweizerische Konservative Volkspartei 1935-1943,* Fribourg, Universitätsverlag, 1993, pp. 30-37; Otmar GEHRIG, *Das Christlichsoziale in der Politik, op. cit.,* pp. 176-184.

50 Peter STADLER, «Die Diskussion um eine Totalrevision der schweizerischen Bundesverfassung, 1933-1935», *in: Revue suisse d'histoire,* N° 19, 1969, pp. 75-169.

51 Kurt HUMBEL (éd.), *Das Friedensabkommen in der schweizerischen Maschinen- und Metallindustrie*, Berne-Frankfurt a.M., P. Lang, 1987; Roland RUFFIEUX *et al.* (éd.), *La paix du travail, un enjeu,* Lausanne, Rencontres suisses, 1977.

d'y améliorer les conditions de travail,[52] le Conseil fédéral – qui était déjà intervenu dans la branche au début des années 1930 pour atténuer les effets dévastateurs de la crise – proposait son arbitrage en cas de conflit. C'est donc dans un contexte où s'ébauchaient les lignes directrices d'un «régime de paix sociale», que les deux parties antagonistes acceptèrent, en mai 1937, d'entrer en négociations.

Quant aux raisons qui poussèrent à conclure de tels arrangements, on peut les expliquer de la façon suivante. Planait la menace d'une loi fédérale autorisant l'Etat à intervenir de manière contraignante lors d'éventuels conflits du travail: un projet redouté autant par les entrepreneurs inquiets pour leurs marges de manœuvre que par les dirigeants syndicaux craignant que le Conseil fédéral n'adopte, à l'instar de l'Allemagne et de l'Italie, une politique répressive à l'encontre des organisations ouvrières proches des socialistes. D'une part, ladite «Paix du travail» fut en ce sens une sorte de fuite en avant pour éviter l'avènement d'un corporatisme autoritaire et, d'autre part, celle-ci fut le tournant opéré dans les relations entre patronat et syndicats indépendants coupait le souffle aux visées des corporatistes, dont les revendications s'éteignirent presque immédiatement. Tout comme les débats en la matière, restreints désormais à quelques cercles d'inconditionnels tels la Ligue vaudoise ou le Centre patronal vaudois.

Les raisons de l'échec du corporatisme en Suisse

En dépit d'une propagande efficace et d'une large diffusion, les idées corporatistes restèrent donc à l'état de projets ou de lois avortées. Les contrats collectifs de travail, en revanche, favorisés par des arrêtés du Conseil fédéral en 1941 et 1943, se sont largement répandus,[53] tandis que le corporatisme, retranché dans l'esprit de quelques entrepreneurs et des nostalgiques de la pensée maurassienne ou fasciste, s'éclipsait du débat public.

A l'origine de ce processus d'effritement, on peut identifier plusieurs facteurs. L'un d'eux réside sans nul doute dans l'absence de convergences

52 Marc Perrenoud, «Corporatisme horloger et paix du travail (1926-1937)», *in:* Ulrich Pfister, Brigitte Studer, Jakob Tanner (éds.), *Le travail en mutation: interprétation, organisation et pouvoir, du Moyen-âge à nos jours*, Zurich, Chronos, 1996, pp. 291-313.

53 Adrian Zimmermann, «‹Tätigkeit… nicht müssige Stempelei›. Arbeitsbeschaffung, kollektives Arbeitsrecht und Lohnpolitik», *in:* Matthieu Leimgruber, Martin Lengwiler (éds.), *Umbruch an der «inneren Front». Krieg und Sozialpolitik in der Schweiz, 1938-1948*, Zurich, Chronos, 2009, pp. 47-73.

substantielles entre les différents courants ou promoteurs du corporatisme. Le décalage manifeste entre les orientations idéologiques de la Suisse romande et de la Suisse alémanique, l'incompatibilité entre les visées des catholiques-conservateurs et les conceptions des sympathisants du projet Schirmer, la méfiance du grand patronat à l'égard des solutions étatiques et autoritaires, tous ces clivages ou conflits barrèrent la route à la construction d'un projet politique commun, clair et applicable à l'ensemble du pays. A cela s'ajoutaient les faiblesses organisationnelles des associations ouvrières et syndicales chrétiennes-sociales, déchirées par de profondes dissensions entre Suisses allemands et Suisses romands, mais sujettes aussi à un cafouillage permanent dû aux multiples recompositions des mouvements ou associations catholiques. Sans oublier les différends personnels entre les chefs et les cadres – par exemple entre Berra et Leyvraz –, dont l'attitude intransigeante aboutissait régulièrement à freiner, voire à paralyser les activités collectives.

D'autre part, non négligeable fut l'esprit de résistance à la tentation fasciste de la part des socialistes et des syndicats de gauche.[54] En dépit de quelques velléités corporatistes de l'un ou l'autre secrétaire syndical local, l'USS avait critiqué et rejeté sans équivoque les différents projets proposés durant l'entre-deux-guerres. En outre, le fait que la *Vereinigung Schweizerischer Angestelltenverbände*, la principale fédération des associations des employés soutenait, notamment dans les années 1930, la politique de l'USS,[55] avait évité qu'une partie conséquente des classes moyennes ne rejoigne les rangs des adeptes du corporatisme.

Le troisième et non moindre obstacle, enfin, se loge au sein même du système politique suisse. La démocratie semi-directe, en effet, avec le droit d'initiative et de référendum, le fédéralisme dotant chaque canton de ses propres institutions politiques, constitue autant de barrières qui ralentissent la percée d'un projet politique. Dans cet espace public morcelé, les innovations constitutionnelles s'enlisent facilement ou courent le risque de perdre leur sens initial.

Dans les années 1970, quelques politologues se posèrent quand même la question de savoir si les accommodements relatifs à la «Paix du travail» n'avaient pas, de fait, mis en place un système comparable aux principes

54 Une analyse publiée dans la revue du Parti socialiste met en lumière l'attitude critique de la gauche: Fritz SCHMIDLIN, «Korporationen in der Schweiz», *in: Rote Revue,* N° 14, 1934/35, pp. 181-189.

55 Robert FLUDER, Heinz RUF, Walter SCHÖNI, Martin WICKI, *Gewerkschaften und Angestelltenverbände in der schweizerischen Privatwirtschaft*, Zurich, Seismo, 1991, p. 589.

corporatistes.[56] Pour certains, en effet, les relations triangulaires entre associations patronales, syndicats indépendants et Etat – ce dernier intervenant par une législation sur les contrats collectifs de travail – entretenaient une affinité structurelle avec les doctrines corporatistes. De cette interrogation a découlé le postulat, aujourd'hui encore discuté, qu'il convient de faire une distinction entre un corporatisme «libéral» et le corporatisme «autoritaire» propre aux projets fascistes ou catholiques de l'entre-deux-guerres.[57] En ce sens, il me paraît difficile de nier que les syndicats «rouges» ont conservé leur indépendance et que les travailleurs ne sont pas assujettis par la force légale à une «corporation» contrôlée par le patronat ou l'Etat. Quant au pouvoir politique, il porte toujours sur le suffrage «universel» – étendu aux Suissesses depuis 1971 – et un système parlementaire libéral.

56 Philippe C. Schmitter, «Still the Century of Corporatism?», *Review of Politics,* 1974, N° 1, vol. 36, pp. 85-131; Peter J. KATZENSTEIN, *Small states in world markets. Industrial policy in Europe,* Ithaca-London, Cornell University Press, 1985, pp. 104-135; Georges PIOTET, Clive LOERTSCHER, *Le corporatisme dans la législation sur la vente de la force de travail en Suisse (1848-1978),* Lausanne, Institut de science politique, 1979.

57 Hanspeter Kriesi, «Überblick über den gegenwärtigen Stand der Korporatismus-Debatte», *in: Revue suisse de sociologie,* N° 2, 1983, pp. 235-256.

La réception des corporatismes étrangers et le débat sur le corporatisme en Belgique dans les années trente à l'aune des transferts politiques*

Dirk LUYTEN
Centre d'études et de documentation guerre et sociétés, Bruxelles

Introduction

La Belgique a connu un débat idéologique et politique intense sur le corporatisme dans les années trente. Ce corporatisme était surtout (mais pas exclusivement) porté par le monde catholique, tendance politique qui représentait entre 28 et 38 % de l'électorat. Ce monde catholique était bien organisé dans un «pilier», un conglomérat d'organisations sociales, économiques et politiques structuré par groupe social: ouvriers, classes moyennes et agriculteurs. Ces groupes étaient représentés dans le Parti catholique.[1] Le mouvement ouvrier chrétien et le patronat catholique organisé avaient pris les devants dans le débat sur le corporatisme et avaient élaboré des modèles corporatifs compatibles avec le régime parlementaire. Cette «organisation professionnelle» revenait à institutionnaliser des relations collectives du travail, en la complétant avec des conseils économiques consultatifs. D'autres groupes et individus se montraient partisans d'un corporatisme politique et autoritaire.[2] Charles Anciaux et la *Revue de l'Ordre Corporatif,* sujet d'une autre contribution dans ce volume, en sont un exemple emblématique. Dans les deux cas – organisation professionnelle et corporatisme autoritaire – l'enjeu était le même: l'invention ou la construction d'un corporatisme belge, un corporatisme adapté à la société et au système politique belges. Dans ce débat, les exemples étrangers autoritaires: Italie, Autriche, Allemagne et, dans

* Je remercie mon collègue Alain Colignon pour la correction lingusitique de ce texte.

1 Emmanuel GERARD, *De katholieke partij in crisis. Partijpolitiek leven in België (1918-1940),* Leuven, Kritak, 1985.

2 Dirk LUYTEN, *Ideologisch debat en politieke strijd over het corporatisme tijdens het interbellum in België,* Brussel, Paleis der Academiën, 1996.

Le Corporatisme dans l'aire francophone au XXe siècle. Etudes réunies par Olivier DARD. Berne: Peter Lang, 2011. ISBN 978-3-0343-1066-6.

une moindre mesure, Portugal, jouaient un rôle central. Ces corporatismes «réellement existants» – étaient commentés, réceptionnés et intégrés dans les débats politiques et sociétaux belges internes sur le corporatisme.

Cet article présente un aperçu des postures des organisations et mouvements politiques qui ont pris position sur ces modèles étrangers. Il y avait des différences importantes entre mouvements et organisations, en fonction de leurs situations en Belgique et des intérêts sociaux et politiques qu'ils représentaient. Il y avait aussi des différences en fonction du régime: en général, on était plus critique pour le corporatisme nazi. Ensuite, sera analysée la signification de la réception des modèles corporatistes autoritaires pour le débat politique interne et, pour ce faire, sera utilisé le concept de transfert politique car celui-ci, apparu récemment dans l'historiographie politique, permet de mettre en question ou de nuancer le caractère exclusivement national de l'historiographie politique.[3] Il semble pertinent pour étudier le corporatisme, un phénomène européen des années trente. Cette contribution s'appuie essentiellement sur les débats dans la presse et diverses publications (revues, congrès, brochures) des organisations et mouvements respectifs.[4]

La droite catholique

La droite catholique belge présente une pluralité idéologique. Un premier courant est constitué par des mouvements réactionnaires comme la *Revue de l'Ordre Corporatif*. Le prédicat «réactionnaire», attribué dans les années 1970 par l'historien Eric Defoort, indique que ces catholiques n'acceptaient pas l'ordre politique libéral, issu de la Révolution française et voulaient instaurer un ordre politique rompant avec les fondements de l'Etat libéral en faisant référence à l'ordre politique d'avant 1789.[5]

Les conservateurs de la Fédération des associations et cercles catholiques, l'aile droite du Parti catholique, étaient moins radicaux mais appréhendaient

3 Henk te VELDE, «Political transfer: an introduction», *in: European Review of History - Revue européenne d'histoire,* 2005, N° 2, vol. 12, pp. 205-221.

4 La Belgique n'était pas un pays exclusivement francophone: la population du Nord était très majoritairement néerlandophone. Les organisations politiques et sociales étaient dans la plupart des cas, des organisations nationales et bilingues mais, pour la réception du corporatisme étranger, il n'y avait pas de différences fondamentales entre néerlandophones et francophones.

5 Eric DEFOORT, *Charles Maurras en de Action française in België,* Nijmegen-Brugge, Gottmer-Orion, 1978.

plutôt positivement le corporatisme autoritaire. Contrairement à d'autres mouvements, cette évaluation positive valait aussi pour le corporatisme de l'Allemagne nazie. Le corporatisme autoritaire était vu comme une réaction contre le chaos social en général et contre le communisme, ce qui caractérise l'Italie où l'Allemagne.[6]

Tous les conservateurs catholiques ne se montraient pas aussi positifs envers les expériences autoritaires à ce niveau. Le père Albert Müller prenait en 1935, dans un livre édité sous les auspices de la Fédération des associations et cercles catholiques, ses distances vis-à-vis du corporatisme nazi. Les droits des ouvriers n'étaient pas garantis dans le système social de l'Allemagne nazie.[7] La presse conservatrice catholique, notamment *La Libre Belgique,* ne ménageait pas sa critique du caractère étatiste du corporatisme italien ou autrichien.[8]

Les conservateurs catholiques évaluaient le corporatisme autoritaire par le prisme des rapports entre groupes sociaux: le corporatisme était censé rétablir le déséquilibre entre le monde économique et le mouvement ouvrier de l'après-Première Guerre mondiale. Le mouvement ouvrier organisé avait obtenu une position politique et sociale trop dominante et le corporatisme autoritaire était un moyen pour renverser cette situation. La vision sociale et politique dominait l'approche catholique *stricto sensu* dans l'appréciation des corporatismes autoritaires.

Ce constat vaut aussi pour le patronat organisé: l'Association des patrons et ingénieurs chrétiens en Belgique francophone et l'Algemeen Christelijk verbond van werkgevers en Flandre. Ici, le corporatisme italien était fortement apprécié. Le système corporatiste introduit par Mussolini limitait le pouvoir du mouvement ouvrier, garantissait la paix sociale et pouvait éviter une intervention directe de l'Etat dans la vie économique et sociale: celle-ci était de la compétence des corporations.[9] La position plus critique du patronat catholique à l'encontre du corporatisme nazi s'explique par le rôle trop important de

6 «De verwezenlijkingen der corporatieve leer in Europa», *in: Verbond van Katholieke Vereeningen en Kringen. Nota's en bescheiden,* vol. VIII, N° 7, 1er mars 1935, pp. 113-128.

7 Albert MÜLLER, *La politique corporative. Essais d'organisation corporative,* Malines, Les Editions Rex, 1935, pp. 57-59, 80-84, 116, 117, 119.

8 L. MELAN, «La nouvelle constitution autrichienne», *in: La Libre Belgique,* 11 avril 1934, p. 1.

9 H.V.O., «Hoe het fascisme het sociale vraagstuk heeft opgelost door de corporatieve staatsinrichting», *in: Roomsch-Katholieke Bedrijfsleiding,* 5 août 1933, N° 4, vol. II, pp. 43-51; Charles ROGER, «Le système corporatif en Italie», *in: Bulletin social des industriels,* N° 38, avril-mai 1933, pp. 10-15.

l'Etat: le corporatisme nazi étant plus étatiste que corporatiste.[10] La politique du régime nazi vis-à-vis de l'Eglise catholique jouait aussi dans le rejet de ce corporatisme.[11]

Le mouvement ouvrier chrétien

Le mouvement ouvrier chrétien critiquait fortement les modèles corporatistes autoritaires, mais sa position s'avérait parfois ambivalente. Il suivait en tout cas de près et analysait en profondeur les corporatismes étrangers et leur évolution. Il y prêtait même plus d'attention que les conservateurs et le patronat catholiques, ce qui s'explique par la volonté de prendre clairement ses distances. Herman Kuypers était le spécialiste en la matière: dans les périodiques, dans les congrès ou dans un livre, il analysait d'une façon détaillée le corporatisme en Italie, en Allemagne ou en Autriche.

Le corporatisme Italien n'était pas un exemple à suivre, ce système ne servant pas les intérêts matériels des ouvriers. La participation de ces derniers était structurellement mineure dans les rouages corporatistes. De plus, certains éléments du corporatisme italien n'étaient pas compatibles avec la doctrine catholique: le syndicalisme unique méconnaît la doctrine catholique qui consacre la liberté syndicale. En général, le corporatisme est trop étatiste et bureaucratique.[12]

La position de Kuypers n'était pas partagée par tous les leaders du mouvement ouvrier chrétien. Louis Colens, un des prêtres dirigeants, louait Mussolini et sa lutte contre le communisme et le socialisme, mais il avait des réserves sur le bilan de son corporatisme. Les résultats, du point de vue social, n'étaient pas plus convaincants qu'en Belgique. Le corporatisme inventé pas le fascisme italien n'était pas un modèle pour la Belgique: il supposait une dictature dont la Belgique n'avait pas besoin.[13]

10 «La profession organisée», *in: Bulletin social des industriels,* N° 73, octobre-novembre 1935, p. 18.

11 Griet VAN HAVER, *Onmacht der verdeelden. Katolieken in Vlaanderen tussen demokratie en fascisme 1929-1940,* Berchem, EPO, 1983, pp. 9-10, 95-97.

12 Herman KUYPERS, «De Italiaansche corporatieve staat en de social-economische toestand van het land», *in: De Gids op Maatschappelijk Gebied,* N° 11, vol. XXIX, novembre 1934, pp. 962-984; Herman KUYPERS , «Experimenten en pogingen van bedrijfsorganisatie in het buitenland», *in: De Gids op Maatschappelijk Gebied,* N° 12, vol. XXIX, décembre 1933, pp. 1021-1049.

13 Louis COLENS, «De Italiaansche corporatieve staat», *in: De Gids op Maatschappelijk Gebied,* N° 5, vol. XXVIII, mai 1933, pp. 379-388.

Edmond Rubbens, ministre et chef de file de l'Algemeen Christelijk Werkersverbond (ACW), aile politique du mouvement ouvrier chrétien, était un admirateur du Duce depuis les années vingt. Il restait sur cette position en 1933. A la Semaine sociale qui se tint cette même année, il donnait une description neutre, donc non critique, du corporatisme et pouvait apprécier les efforts de Mussolini pour réaliser le corporatisme voulu par le Pape.[14]

Le mouvement ouvrier chrétien rejetait sans ambiguïté le nazisme et son corporatisme. Le système était étatiste, même totalitaire, et méconnaissait d'une façon systématique les droits catholiques: les syndicats non nazis se retrouvaient hors la loi.[15]

Le jugement sur le régime instauré par Dollfuss en Autriche était plus ambigu. S'il est vrai que le corporatisme s'y montrait étatiste, le régime en tant que tel n'était pas totalitaire. En plus, c'étaient les socialistes qui étaient à la base de l'émergence de la dictature de Dollfuss. La lutte des classes menée par les socialistes en Autriche avait déchiré la communauté nationale. Leur politique culturelle y était anticatholique, tandis que la politique économique et financière avait pour objet l'exploitation des classes possédantes par les non possédantes. Cette politique économique et financière était inspirée par la direction juive du mouvement socialiste autrichien. Le caractère catholique du régime Dollfuss a sans doute influencé le jugement du mouvement ouvrier chrétien sur le corporatisme autrichien. En Autriche, le syndicat unique n'était pas rejeté au nom des principes catholiques.[16] Cette position peut être expliquée par le fait que les leaders catholiques étaient bien représentés au sein du syndicat unique, situation qui donnait des garanties pour la christianisation des ouvriers. Aussi, l'anti-socialisme du mouvement ouvrier chrétien, qui était à la base de sa fondation à la fin du XIXe siècle, se manifestait clairement.

Le corporatisme portugais, introduit par Salazar ne pouvait pas servir d'exemple: le système était étatiste, les patrons avaient trop de pouvoir et la situation sociale des ouvriers ne s'améliorait pas.[17]

14 Edmond RUBBENS, «Enkele voorbeelden van beroepsorganisaties», *in: Het herstel der sociale orde. Volledig verslag der XXste Vlaamsche Sociale Week*, Kortrijk, 1933, pp. 159-174.

15 «Hoe de nazi's de hand willen leggen op de vakvereeningen», *in: ACV-Blad*, N° 2, vol. V, février 1933, p. 65. J. Blaton, «De totaliteit van de Staat. Opvattingen, gevolgen, verweer», *in: De Gids op Maatschappelijk Gebied*, N° 4, vol. XXXIV, février 1939, pp. 305-315.

16 Herman KUYPERS, «De onderwerping der Standsorganisaties aan den Staat door het Italiaansch en Oostenrijks fascisme», *in: De Standsorganisatie der werklieden in den staat. Volledig verslag der XXIste Vlaamsche Sociale Week*, Kortrijk, 1934.

17 F. PEETERS, «Het hervormingswerk van Salazar in Portugal», *in: De Gids op Maatschappelijk Gebied*, N° 4, XXXIV, avril 1939, pp. 275-304.

On peut conclure que le monde catholique évaluait positivement les régimes corporatistes italiens et autrichiens, avec des réserves sur le caractère étatiste. Au sein de ce monde catholique, le mouvement ouvrier catholique se montrait plus critique pour les modèles corporatistes autoritaires.

Le monde socialiste et le monde libéral

Socialistes et libéraux rejetaient, en règle générale, les corporatismes autoritaires: ce refus correspondait à une position plus critique sur le phénomène corporatiste en général.

Le parti et les syndicats socialistes critiquaient d'une façon générale et sans équivoque les corporatismes autoritaires. Cette critique était fondée sur la marginalisation du mouvement ouvrier dans les systèmes corporatifs. Dans la presse syndicale et dans des brochures, on répétait souvent que les structures corporatistes étaient des instruments pour éliminer les syndicats autonomes et mettre les ouvriers dans une position d'infériorité structurelle. Si les syndicats autonomes devaient mettre fin à leurs activités, les organisations patronales, elles, pouvaient continuer leur action. Dans les régimes corporatistes autoritaires le droit de grève, l'instrument de défense le plus efficace des ouvriers, était proscrit.[18]

Pour les libéraux, le corporatisme autoritaire est incompatible avec leurs principes. Le nazisme a instauré, en plus, un régime antisémite et répressif, dont les camps de concentration pour les adversaires politiques sont le symbole. Le corporatisme fait partie intégrante d'un système dictatorial et doit donc être rejeté.[19] Outre de cette lecture idéologique, le corporatisme autoritaire est aussi analysé par le prisme des relations entre les groupes sociaux. Le corporatisme implique une position inférieure du mouvement ouvrier et revient à «soumettre le travail au capital», comme les syndicats sont contrôlés par l'Etat.[20] Roger Motz, secrétaire général du Parti, et appartenant à l'aile gauche, développe un raisonnement à partir de la position des entrepreneurs:

18 A. ROSSI, «Le fascisme, les masses et l'Etat», *in: Le mouvement syndical belge,* 1933, pp. 247-250. «Heil Hitler! Les employeurs comme curateurs du travail», *in: L'Action syndicale. Organe de la fédération des syndicats,* N° 43, vol. VI, 28 octobre 1933, p. 1. Jef RENS, *Fascisme et corporatisme. Essai documentaire,* Verviers, 1937.

19 Jean REY, «L'Etat de demain», *in: Le Flambeau,* N° 2, vol. XX, février 1937, pp. 160-186. Herbert SPEYER, «Comment mourut la République allemande», *in: Le Flambeau,* N° 4, vol. XVI , avril 1933, pp. 392-424.

20 A. LABRIOLA, «Le corporativisme dans l'Etat fasciste italien», *in: Le Flambeau,* N° 5, vol. XV, mai 1932, pp. 522-547.

le corporatisme implique l'arbitraire pour les entrepreneurs et ne donne pas les mêmes garanties que le régime parlementaire contre une intervention étatique.[21] Pour l'Autriche, le caractère catholique du régime est bien mis en évidence.[22] Le Parti libéral avait un profil anticlérical prononcé.

Certains libéraux avaient une appréciation plus positive des corporatismes autoritaires. On trouve leurs positions dans les journaux proches de l'aile droite du Parti ou du patronat. Gustave-Léo Gérard, administrateur délégué du Comité central industriel, l'organisation patronale nationale interprofessionnelle, avait confiance en le Duce. Le fascisme et le corporatisme étaient vus comme une réaction contre les excès du mouvement ouvrier après la Première Guerre mondiale et permettait au patronat de rétablir sa position sociale et politique.[23] Le journal libéral de droite *La Gazette* était d'avis que le corporatisme italien n'était pas étatiste car laissait assez de place à l'initiative privée et avait rétabli la coopération entres les classes sociales. L'acquis le plus important était la mise à l'écart du suffrage universel: les «forces vives de la Nation» étaient impliquées dans la décision politique.[24] L'évaluation du corporatisme autoritaire par l'aile droite du libéralisme montre des parallèles avec celle de la droite catholique, avec une différence importante. Les libéraux qui admiraient le corporatisme italien n'utilisaient pas d'arguments de nature idéologique: le corporatisme était, pour les entrepreneurs, une garantie contre le mouvement ouvrier organisé mais n'était pas perçu comme la mise en pratique d'une société organique.

Le patronat organisé neutre avait peu d'attention pour les régimes corporatistes autoritaires étrangers et était en général plutôt critique, exception faite pour le Portugal: l'initiative privée et le droit de propriété étaient respectés et le corporatisme n'avait pas un caractère étatiste.[25]

Un des enjeux centraux dans la réception des modèles corporatifs des régimes autoritaires était l'intervention de l'Etat dans l'économie et dans les relations du travail ou, en d'autres termes, la forme de l'Etat. Ce point nous amène au débat politique interne belge, toile de fond du débat sur la réception du corporatisme étranger.

21 Roger MOTZ, *Libéralisme 1937,* Bruxelles, s. d,, pp. 39-40.

22 «L'Autriche, état de leurs rêves», *in: La Dernière heure,* 7 aout 1935, p. 1.

23 Observer, «Les limites du corporatisme», *in: L'Etoile belge,* 15 aout 1934, pp. 1, 4.

24 «Corporatisme», *in: La Gazette,* 10 janvier 1934, p. 1.

25 «Le corporatisme en Italie», *in: L'Entrepreneur,* vol. XIV, 1 mai 1936, pp. 393-397; L. BEYE, «L'Etat totalitaire. L'Autriche corporative», *in: L'Entrepreneur,* N° 21, vol. XIII, 1er novembre 1935, pp. 939-945; L. BEYE, «Le corporatisme au Portugal», *in: L'Entrepreneur,* N° 9, vol. XIV, 1er mai 1936, pp. 397-403.

Transfert politique

Pour analyser le lien avec le débat politique intérieur sur le corporatisme, qui est un débat sur la réforme de l'Etat, le concept de transfert politique est pertinent.[26] «Transfert politique» signifie l'importation de concepts et pratiques politiques et idéologiques étrangers dans un espace politique national pour changer ledit système politique national. La littérature sur le transfert politique montre que des modèles et pratiques sont utilisés comme exemples, ne sont généralement pas repris tels quels, mais sont adaptés ou transformés en fonction du système politique national pour faciliter l'intégration. Les pratiques étrangères n'étaient pas toujours présentées comme des exemples à suivre, mais pouvaient servir au contraire de contre-exemples, comme argument de rejet. La littérature parle d'*hyper-difference:* une pratique étrangère est présentée comme tellement différente qu'elle est incompatible avec le système politique national. Dans les deux cas – exemples et rejets – les modèles et pratiques étrangers sont instrumentalisés dans le débat politique interne. Les deux cas de figure se présentent dans le débat belge.

Une partie de la droite catholique et du monde libéral recevait positivement certains corporatismes autoritaires étrangers. Pour les socialistes et la majorité des libéraux, ces mêmes corporatismes représentaient un contre-modèle. Le corporatisme étranger était utilisé pour discréditer les projets des protagonistes du corporatisme en Belgique: ceux qui émanaient du monde catholique en général et des socialistes, du mouvement ouvrier chrétien en particulier. Le débat sur le corporatisme des régimes autoritaires et fascistes a aussi eu un effet de clarification quant au corporatisme que ses partisans voulaient introduire en Belgique. Même pour ceux qui favorisaient un corporatisme autoritaire, tous les modèles n'étaient pas acceptables: le rejet du modèle nazi, jugé trop étatiste était fort répandu.

La réception des corporatismes en question faisait, pour le mouvement ouvrier chrétien, partie d'une stratégie de prise de distance vis-à-vis du corporatisme autoritaire en politique. Le mouvement ouvrier chrétien n'utilisait plus le mot «corporatisme» mais parlait d'«organisation professionnelle» ou d'«organisation des professions»: un corporatisme compatible avec le régime parlementaire. Ce rejet du mot devait éviter d'associer le mouvement ouvrier au rejet de la démocratie: les socialistes, notamment, faisaient l'analogie entre le modèle corporatiste du mouvement ouvrier chrétien et le corporatisme autoritaire. Parler d'«organisation professionnelle» ou d'«orga-

26 Henk te VELDE, «*Political transfer: an Introduction*», *in: European Review of History - Revue européenne d'histoire,* vol. 12, N° 2, pp. 205-221.

nisation des professions» traçait une ligne de démarcation avec les corporatismes autoritaires et fascistes.[27]

Le transfert des modèles étrangers ne se montre pas uniquement dans la réception et le débat sur ces corporatismes, mais laisse aussi ses traces dans les projets pour mettre en pratique un corporatisme en Belgique: certains sont directement inspirés par les réalisations étrangères. Le corporatisme que René Goris présente en 1933 au congrès du patronat catholique flamand est calqué sur le corporatisme mussolinien, mais est adapté à la spécificité belge. Cette inspiration italienne n'est pas cachée, mais au contraire mise en évidence.[28] L'impact pouvait être plus discret. Les projets d'Henri Velge, qui étaient à la base du projet gouvernemental pour introduire une organisation professionnelle en Belgique, suivaient le corporatisme italien pour la délimitation des frontières entre les corporations sectorielles, même si ce projet de Velge voulait un corporatisme réalisable dans le contexte de la démocratie parlementaire.[29]

Quels étaient les réseaux qui permettaient la circulation des idées, concepts et transferts? On peut songer aux réseaux des intellectuels au niveau européen, qui présentaient leurs idées aux journées d'études comme au collège philosophique de La Sarte sur la réforme de l'Etat[30] ou aux thèses de Pontigny d'Hendrik de Man, qui donnaient à ses idées planistes et corporatistes une audience européenne.[31] Un deuxième circuit pour la circulation des idées était le mouvement ouvrier qui, même s'il s'orientait de plus en plus sur l'Etat national, gardait ses réseaux internationaux.[32] Une partie des critiques des corporatismes étrangers au sein du syndicat socialiste, était formulée par des spécialistes de l'étranger, comme Lucien Laurat.

27 Hendrik HEYMAN, «Waarom wij van het corporatisme niet willen», *in: ACV-Blad*, vol. VIII, 1936, pp. 494-499.

28 René GORIS, «Welke elementen vinden wij in de Belgische sociaal-economische inrichtingen die zouden kunnen evolueren tot bedrijfsorganisatie in een geest van Rome en welke verdere ontwikkelingsmogelijkheden doen zich voor?», *in: Roomsch Katholieke Bedrijfsleiding*, 1933, II, pp. 136-139, 147-168.

29 Henri VELGE, «Organisation légale des groupements professionnels». Deuxième note, 27 juin 1934, p. 1. Letterenhuis Antwerpen, *Fonds F. Van Cauwelaert*. Map: Economische crisis der dertiger jaren en haar bestrijding. Ordening van het nijverheidsleven.

30 *La réforme de l'Etat. Rapports des journées d'études au collège philosophique de la Sarte*, Huy, 1936.

31 Zeev STERNHELL, *Ni droite ni gauche. L'idéologie fasciste en France (Nouvelle édition revue et augmentée)*, Bruxelles, Complexe, 2000, p. 343.

32 Gerd-Rainer HORN, *European Socialists Respond to Fascism. Ideology, activism and contingency in the 1930's*, New-York-Oxford University Press, 1996.

La circulation des idées et concepts était aussi organisée par l'Etat. Pour faire avancer les négociations sur un système d'organisation professionnelle, le gouvernement organisait en 1938 pour les leaders syndicaux et patronaux des voyages en Suède pour étudier le système de concertation sociale.[33]

Conclusion

Dans les années trente, les modèles corporatistes autoritaires étrangers circulaient en Belgique, étaient reçus et discutés. Le concept de transfert politique montre la signification et les limites de cette circulation d'idées. Il s'agissait d'une ouverture sur l'extérieur et d'une internationalisation du débat sur le corporatisme, mais les modèles étrangers étaient intégrés et instrumentalisés dans le débat interne, dont la construction d'un corporatisme adapté aux spécificités politiques et sociétales belges était l'enjeu. Le «corporatisme réellement existant» servait pour certains de source d'inspiration ou d'exemple, mais plus souvent, et de plus en plus avec le temps, comme repoussoir.

33 Verslag van de vergadering van het hoofdbestuur van het ACW 9 februari 1939 KADOC-Leuven, *Archief ACW-nationaal,* 66.1/4.

Autour de Charles Anciaux et de la *Revue de l'Ordre Corporatif*

Francis BALACE
Université de Liège

Dans la Belgique des années 1930 foisonnent des mouvements concurrents, importants ou confidentiels, qui voient dans le corporatisme non seulement un palliatif économique à la crise mais la panacée *politique* censée réformer, par la magie de son seul nom, toutes les tares du parlementarisme et du clientélisme. Tous ces groupes possèdent des *corpus* idéologiques fort identiques, souvent hérités de l'influence de l'Action française en Belgique dans les années vingt: la transformation du régime par l'adoption d'un corporatisme basé sur la représentation au sein d'un Parlement rénové des intérêts socio-professionnels ainsi que, *ex officio,* des grands corps de l'Etat pour y casser l'influence de la «particratie» et préparer l'avènement, dans la droite ligne des principes maurrassiens d'une monarchie «autoritaire et décentralisée».

La Revue réactionnaire

Le juriste Charles Anciaux, haut fonctionnaire au ministère des Finances, réunit les journalistes Stanislas Delhaye et Robert Poulet pour lancer, en juillet 1932, le groupe de réflexion «Réaction», présidé par le général Octave Neuray, frère de Fernand Neuray, le célèbre fondateur et «patron» du quotidien d'inspiration maurrassienne *La Nation belge*. Surnommée «la gazette des officiers», elle est connue pour ses positions très tranchées, fondée sur l'alliance avec la France, en politique internationale et militaire et n'hésite pas, à l'occasion, à s'en prendre au roi Albert Ier lui-même pour avoir accordé trop précipitamment le suffrage universel en 1918. La petite équipe a des vues tellement «à droite» qu'elles gênent parfois le quotidien lui-même, dont le sous-titre ne cesse de prôner une «union nationale» unanimiste... et utopique dans la Belgique d'alors.

Le Corporatisme dans l'aire francophone au XXe siècle. Etudes réunies par Olivier DARD. Berne: Peter Lang, 2011. ISBN 978-3-0343-1066-6.

Etrange quatuor de fondateurs. Né en janvier 1889, Charles Anciaux[1] est originaire de Nivelles et issu d'un milieu traditionnel de paysans aisés. Il racontera, plus tard, s'être formé en dévorant la petite bibliothèque de son grand-père fermier brabançon qui contenait, il s'en étonnait lui-même, *La France juive* et *La Dernière Bataille* de Drumont.[2] Il fait à Louvain, tout en fréquentant le Cercle d'études spéciales du fameux Mgr Deploig, de bonnes études de droit et de sciences économiques qui lui permettront une belle carrière: directeur en 1919 de l'Office des dommages de guerre puis, de 1922 à sa mort, directeur du département Enregistrement et Domaines au ministère des Finances. Fonctions qui lui laissent sans doute des loisirs pour une carrière littéraire parallèle de poète, de romancier *(Gérard Dumesnil),* d'auteur avec son ami d'enfance Paul Collet (qui sera un éphémère sénateur rexiste) de savoureuses *Chroniques nivelloises,* de brochures sur la Rome antique et contemporaine qui lui donneront son nom de plume de Fabricius quand il voudra écrire en tournant le devoir de réserve du haut fonctionnaire. Comme Collet, il a été régionaliste wallon et a collaboré à la revue *La Terre wallonne* d'Elie Baussart quand elle était d'inspiration barrésienne et célébrait la terre et les morts, avant de devenir l'organe attitré de catholiques très à gauche. Il s'y est prononcé, dans un dernier article, contre le séparatisme mais en considérant que l'union de la Belgique doit reposer sur la primauté de la langue française sans laquelle il n'y a pas d'unité qui tienne.[3] Critique littéraire aux *Belles-Lettres,* il a tenu un temps la rubrique de politique étrangère du conservateur et catholique *Journal de Bruxelles.* Entretenant des liens très cordiaux avec le duc de Guise[4] et le comte de Paris, en exil à Bruxelles, il est avant tout

1 Peu de notices biographiques lui ont été consacrées: Camille HANLET, *Les écrivains belges contemporains de langue française 1800-1946,* t. II, Liège, J. Dessain, 1946, p.840; E. de SEYN, *Dictionnaire biographique des Sciences, des Lettres et des Beaux-Arts en Belgique,* t. I, Bruxelles, Editions L'Avenir, 1935, p. 11; *Dictionnaire des Belges,* Bruxelles, Legrain, 1981, p. 13. Il faut les compléter par la brochure *Manifestation en l'honneur de M. Charles Anciaux, fondateur de la «Revue de l'Ordre Corporatif» - 18 juin 1939* et la biographie publiée par Ivan RENCHON en tête de la réédition 1942 de *L'Etat corporatif.*

2 Charles ANCIAUX, «Amis qui ne furent pas de la fête», *in: Revue de l'Ordre Corporatif,* juillet 1939, p. 664.

3 *Encyclopédie du Mouvement Wallon,* t. I, Charleroi, Institut Jules Destrée, 2000, p. 51.

4 Anciaux défendra avec vigueur le duc de Guise, objet d'un article irrévérencieux de l'hebdomadaire bruxellois *Pourquoi pas?* (*in: La Revue réactionnaire,* 15 avril 1934, pp. 62-63). Une photo du duc de Guise dédicacée à Anciaux est reproduite dans Christian CANNUYER, *Les Maisons Royales et Souveraines d'Europe,* Turnhout, Brepols, 1989, p. 66. Charles Anciaux publie un article très enthousiaste à propos de la naissance au «Manoir d'Anjou» du premier fils du comte de Paris (in: *La Revue réactionnaire,* 15 septembre 1933, pp. 243-244) qui est très révélateur de sa fusion des tendances régionalistes wallonnes, nationalistes belges et francophiles

un maurrassien de stricte observance, qui occupe, en 1932, le poste de vice-président bruxellois des Amis de l'Action française en Belgique[5] (alors dirigés par Pierre de La Rocque, frère du dirigeant Croix-de-feu). Physiquement, Anciaux est la réplique anatomique de Jacques Bainville, mauvaise santé comprise.

Stanislas Delhaye, né en 1895, est l'auteur de *La Voile Latine* (1922) et de *Cœurs en éventail* (1927) mais surtout le cousin de Robert Poulet. Bien qu'ayant perdu la vue au combat en 1914-1918, il est, avec lui, un des principaux collaborateurs du quotidien *La Nation belge*. Poulet, né en 1893, brillant officier combattant de la Grande Guerre, caractère non conformiste, un peu bohême et anarchisant, ayant volontairement tâté de tous les métiers, est entré dans «l'équipe Neuray» à l'été 1932, deux ans avant la publication de son célèbre pamphlet *La Révolution est à droite*. Il décrira sur le mode ironique ce qu'étaient alors ses idées politiques:

> J'avais une base, construite de longue main, avec des morceaux de l'Action française, avec des concessions à l'esprit vétéran, ses fanfares, quelques images du 6 février, esquisse d'un fascisme à la française, qui est resté à l'état de chimère, avec le dessus de pendule du patriotisme belgicain, l'humeur individualiste, pour ne pas dire anarchiste, et deux ou trois paradoxes poétiques, tirés de Nietzsche. Plus la fidélité au roi, puisqu'il restait le seul élément légitime et présent de l'édifice politique.[6]

Quant au général Octave Neuray, masque énergique à la von Stroheim, il a dirigé d'une main de fer, pendant la guerre, l'Ecole d'officiers auxiliaires de Gaillon. Frère de Fernand Neuray, il était accusé par les mauvaises langues de rédiger lui-même des lettres de prétendus lecteurs indignés menaçant de se désabonner de *La Nation belge* si elle n'adoptait pas intégralement ses propres vues. Le général déclarera n'avoir jamais rencontré Charles Anciaux avant que ce dernier ne le prie, le 14 juillet 1932, d'assister chez lui à une

---

sous l'égide du maurrassisme: «Pour nous, Belges, l'événement a une signification plus haute et plus générale qui franchit l'aire des intérêts français. Car la continuité royale en France est la condition politique d'une civilisation dont nous sommes grandement imprégnés depuis huit siècles. Gallo-Romains de Wallonie ou Francs des Flandres, tout semblait nous appeler à participer à l'unité française. Mais ni la langue ni la race ne font les nations; une loi irréductible a voulu que nous fussions nous-mêmes et toute notre histoire avoue, dans ses grandes lignes, la volonté de notre pays de marche de vivre affranchis de l'obédience de Paris. Et, cependant, nous sentons jusqu'à nos dernières fibres l'insigne bienfait de la France royale...»

5 Il y aura, en 1933, un second vice-président, le Dr. Drossart, à Liège. *Almanach de l'Action française,* 1932, p. 492 et 1933, p. 270. *Cf.* Olivier Dard, «Etat des lieux et perspectives autour du maurrassisme hors de France», *in:* Olivier Dard, Michel Grunewald, *Charles Maurras et l'étranger. L'étranger et Charles Maurras,* Berne, P. Lang, 2009, p. 38.

6 Robert Poulet, *Ce n'est pas une vie,* Paris, Denoël, 1976, p. 62.

réunion discrète pour créer un groupe censé «vulgariser une forte doctrine d'ordre, empruntant à la fois au régime personnel tel qu'il se pratique en Yougoslavie et à l'organisation corporative telle qu'elle s'élabore en Italie».

> Comment cette idée vous est-elle venue d'associer un vieux traîneur de sabre que vous ne connaissiez pas à une réformation constitutionnelle qu'en vérité, mais uniquement pour des raisons de sécurité nationale, il croyait nécessaire? Vous ne me l'avez jamais dit.[7]

Il est évident que, à travers Octave Neuray, c'est son frère Fernand et la tribune de son journal que guignait Anciaux.

> C'est de cette réunion que sortit ce fameux «schéma critique de la situation de la Belgique après la guerre» que les conjurés, cagoulards sans cagoule, adoptèrent d'enthousiasme sans songer à y supprimer une virgule. Répandu à dix mille exemplaires, il provoqua des mouvements divers. Une vingtaine de personnages appartenant au monde ouvrier et au monde intellectuel comme au monde industriel l'avaient signé. Ici, ils furent considérés comme des faiseurs de miracles; là on les prit pour des malins qui, pour mieux sauter dans l'arène électorale, avaient inventé un nouveau tremplin, et on les appela «fascistes». Les réponses au schéma furent cependant de telle qualité que le nombre des adhérents permit la constitution d'un groupement destiné à rechercher dans le passé et autour de nous les expériences sociales et les institutions qui ont le plus contribué à procurer aux nations la sécurité et la liberté des honnêtes gens et, sinon leur bonheur, tout au moins une existence honorable et une soumission éclairée aux rigueurs inéluctables de la vie. Ce fut le groupement «Réaction».[8]

La réalité est un peu plus compliquée à décrire. C'est sous l'influence des grèves insurrectionnelles de 1932 qu'est tiré, sous forme stencilée, le document fondateur. Il tombe sous les yeux du père Carlos Lefèvre, SJ organisateur de la propagande anti-communiste au sein du groupe «Action et Civilisation», du général Tollen, apôtre de la «défense aux frontières» et d'Albéric de Fraipont (1893-1966), animateur un peu exalté de campagnes militaristes et de ligues d'anciens combattants nationalistes opposées aux illusions locarniennes. Ses adversaires le surnommaient volontiers Aliboron de Frépic. Disposant de la petite feuille *Survivants,* de Fraipont va tirer et répandre à des milliers d'exemplaires le *Schéma Critique.* A la réunion de fondation de Réaction, au Cercle des officiers de Bruxelles, ne viennent

7 La polémique sur la «défense aux frontières» faisait alors rage entre, d'une part, les vues stratégiques des généraux Galet et Nuyten, bien en cour et influents, qui voulaient placer la principale ligne de défense au milieu du pays et, d'autre part, certains de leurs collègues, soutenus par les nationalistes de Neuray, les libéraux d'Albert Devèze, les parlementaires des arrondissements de Wallonie et les mouvements wallons qui prônaient, au contraire, la défense contre l'Allemagne sur la frontière même, en étroite collaboration avec la France.

8 Discours du général Neuray, *in: Manifestation en l'honneur de M. Charles Anciaux..., op. cit.,* pp. 10-13.

pourtant qu'une soixantaine de personnes mais certaines ont du poids: le Baron Firmin van den Bosch, littérateur catholique très connu, des industriels de Verviers, des hommes d'affaires d'Anvers, tous convaincus de la nécessité de «fédérer tous les éléments du pays réel et créer un courant puissant d'opinion contre le Parlement et la Démocratie» *(sic)*.[9]

En avril 1933, on lance le mensuel *La Revue réactionnaire. Politique – Artistique – Littéraire,* et donc fort peu teintée de corporatisme économique, avec Robert Poulet comme directeur et Stanislas Delhaye comme rédacteur en chef. Elle se définit comme ennemie de «la démocratie parlementaire, avec ses complications fatales et conjuguées: socialisme et ploutocratie. Sous une façade électorale, le règne des clubs et des banques». Au comité de rédaction, Charles Maurras, Pierre Gaxotte et surtout Jacques Bainville, déjà très installé à *La Nation belge,* qui, au soir de sa vie, est le seul dirigeant d'Action française (AF) à avoir donné quelques articles – des republications – à la revue. Pas mal de *names dropping* d'ailleurs, en annonçant les contributions futures: aussi bien Daniel-Rops que l'écrivain Maurice Maeterlinck, maurrassien notoire, l'autodidacte fort fantasque Adrien de Meeûs, les principaux journalistes de *La Nation belge* comme René Hislaire, Georges Marlier, Georges Poulet (1902-1991), frère cadet de Robert (enseignant universitaire en Ecosse et romancier sous le pseudonyme Georges Trialet) et l'écrivain Gille Anthelme mieux connu comme Francis Soulié, futur journaliste collaborateur à *La Légia* et membre de la collaborationniste Communauté culturelle wallonne. On y trouve aussi le romancier Léon Duesberg, le professeur liégeois Fernand Desonay, le futur professeur et académicien Robert Guiette. Le tirage de la revue, assez luxueusement présentée, oscille entre 300, 400 et 1 000 exemplaires,[10] et son action est soutenue par des sections du groupe Réaction, présidé par le général Neuray, apparu dès 1933 dans deux villes du textile, sans doute plus empreintes d'une nostalgie passéiste pour les corporations médiévales. A Verviers, autour de l'avocat liégeois Raymond Janne (rescapé des feuilles estudiantines maurrassiennes *Le Vaillant* et *Quartier latin*) et surtout de Henry Brunninghausen du Comité de la laine, qui signe ses articles dans *La Revue réactionnaire* de son nom quand ils sont économiques, corporatistes ou techniques et Henry B. de Harven quand ils sont politiques et polémiques. A Courtrai, agit l'avocat Xavier Verbruggen. Une véritable osmose va se créer entre le groupe Réaction et les Amis de la

9 «Historique de la Naissance de ‹Réaction›», *in: La Revue Réactionnaire,* 15 janvier 1935, pp .481-482.

10 Mille exemplaires à la fin de son existence selon Bernard DELCORD, «A propos de quelques ‹chapelles› politico-littéraires en Belgique (1919-1945)», *in*: *Cahiers du Centre de recherches et d'études historiques de la Seconde Guerre mondiale,* N° 10, 1986, pp. 163-205 (p. 171).

Nation belge présidés par Breugelmans. Réaction essaye de passer sur le terrain de l'action, et non de la seule réflexion politique, en réclamant dans les pages que lui cède *La Revue réactionnaire* une «Fédération des Groupements Politiques Nationaux». Le 18 novembre 1933, à l'initiative de Georges Rhodius-Poncelet (1899-1983), chef du Front du travail de la Légion nationale, et de Breugelmans, se crée un «centre de liaison» de divers partis, mouvements et périodiques voulant réformer l'Etat sur base corporative.[11] Il faut bien dire que, dans le programme résumé, la politique reste essentiellement fondée sur un autoritarisme royal du type, au mieux, de la «Charte concédée» de Louis XVIII en 1814, voire «Grand Privilège» de... Marie de Bourgogne. Cette vision politique passéiste et rétrograde est beaucoup plus présente dans le programme qu'une vague allusion à la représentation de «l'ordre professionnel»:

> I – Restitution au Roi de ses prérogatives de direction par la dissolution du Parlement démocratique.
> II. – Déchéance du Suffrage universel en tant que puissance souveraine.
> III. – Exercice du pouvoir législatif par le Roi dans la limite des statuts et privilèges reconnus aux organisations essentielles de l'ordre politique (famille, commune, province), de l'ordre moral (culte, universités, enseignement) et de l'ordre professionnel (corporations, unions professionnelles, syndicats).
> IV. – Les fonctions de l'Etat, reprises aux II. et III. ci-dessus, ne peuvent être assurées par l'information seule du Roi et des corps administratifs. Le bien commun ne se discerne qu'avec le concours des organismes particuliers dont les *délégués* sont réunis en *Assemblée générale consultative.* La mission de cette assemblée est d'examiner les questions d'intérêt général relevant de la compétence de l'Etat, questions posées soit à l'initiative du souverain, soit par «remontrance» des corps organisés. Le commerce extérieur, la protection de l'industrie et de l'agriculture nationales, le contrôle ou la création des voies de communication, le développement de la Colonie, la répartition et l'incidence de l'impôt, etc., font l'objet des *vœux* de l'Assemblée.
> *L'Assemblée Nationale* est sans droit de remontrance ou de contrôle concernant les prérogatives essentielles de la souveraineté: les relations politiques avec l'étranger, l'organisation administrative, la désignation et la responsabilité des ministres, l'organisation de l'armée et de la justice.
> L'assemblée nationale jouit d'une seule prérogative: le vote des voies et moyens (impôts et emprunts). *Mais n'ayant pas l'initiative des lois, elle n'a pas celle des dépenses.*[12]

11 *In: La Revue réactionnaire,* 15 décembre 1933, p. 433: Légion nationale, Ligue corporative d'Anvers, Amis de la Nation belge, Réaction, Revue réactionnaire, Ligue corporative et nationale de Gand, Jeunesses nationales de Gand, Fédération nationale des ligues pour la défense de la propriété, Associations nationales de Namur, Parti national belge, Croix du feu, Confédération nationale des corporations, Ligue maritime belge.

12 *Revue réactionnaire,* avril 1933, pp. 52-54 (Bulletin de Réaction).

Le Comité de liaison des associations nationalistes belges (CLINABEL) devient une plaque tournante entre Légion nationale, Action civique, Amis de la Nation belge, etc. Après avoir publié comme dernier numéro le copieux projet de constitution rédigé par Anciaux, *La Revue réactionnaire* se saborde en avril 1935 pour renaître dès octobre sous un nouveau nom, *Revue de l'Ordre Corporatif, alias ROC*. L'équipe dirigeante s'était aperçue que l'ancien titre était trop passéiste, trop politique, trop littéraire, voire trop AF. Il faut désormais une petite dose d'«air du temps», non pas le fascisme mais un «régime d'autorité, de solidarité et de travail» basé sur l'héritage chrétien et la famille. On explique aussi qu'une *Revue réactionnaire* n'a plus de sens, «tout le monde étant devenu réactionnaire», cette épithète pouvant s'étendre aussi aux défenseurs de la démocratie parlementaire et des partis contre la vogue des idées nouvelles et qu'elle aurait pu tout aussi bien s'appeler, en accord avec les idées de Poulet, *Revue révolutionnaire.*[13] Il est cependant très vraisemblable qu'il y a eu un peu de tirage avec *La Nation belge,* d'autant plus que certains estimaient que le groupe Réaction en avait «envahi» la rédaction[14] et se vantait d'avoir, peu avant la mort inopinée de Fernand Neuray fin mars 1934, converti ce dernier à un changement d'attitude quant au parlementarisme et au corporatisme.[15] En ce seul mois de février 1934, le

13 *Idem,* 15 avril 1935, p. II: «L'actuelle évolution de l'ordre des choses – gouvernement, institutions, structure économique et sociale du pays – n'aboutira à une amélioration de notre sort et des conditions de vie nationale sans une **mise en ordre** de tous les instants. C'est pourquoi la **Revue Réactionnaire** va faire place à la **Revue de l'Ordre Corporatif**, dans laquelle la doctrine nationaliste recevra de mois en mois son application pratique et son illustration dans les faits. Ajoutons-le: dans les circonstances présentes, le mot «réactionnaire» est devenu impropre, sinon tout à fait dénué de sens. Il fallait **réagir** lorsque la mode, les idées, les sentiments agissaient dans le sens démocratique et parlementaire. Maintenant que le courant s'est renversé, ce sont nos adversaires, les gens de partis, les démocrates entêtés, les politiciens du genre candide et du genre élémentaire, qui sont les nouveaux **réactionnaires**. La cause de la monarchie indépendante, antiparlementaire et corporative en Belgique est passée du stade négatif de la **réaction** au stade positif de la **révolution.** Nous cessons de «résister» pour «attaquer», de «nous opposer» pour «nous mouvoir». Le but qui se propose à nos efforts n'est plus simplement de faire reculer un assaillant, mais de le poursuivre dans sa déroute et de le tailler en pièces.»

14 Jean STENGERS, «La Droite en Belgique avant 1940», *in: Courrier hebdomadaire du CRISP,* N° 468-469, 1970, pp. 17-18.

15 C. A.(Charles Anciaux), «Fernand Neuray», *in: Revue réactionnaire,* 15 avril 1934, pp. 1-2: «Ceux qui l'ont connu aux derniers temps de sa vie ont pu voir lutter, en ce puissant esprit, d'une part les tendances libérales, le goût de la discussion et de la tactique, soutenus par des habitudes vieilles de quarante ans, d'autre part le sens de l'époque uni à la science des grandes constantes historiques que Neuray possédait au plus haut degré. Il voyait se dessiner à l'horizon les grands traits de la Belgique nouvelle; qu'il fût prêt à l'aimer sans chagrin ni réserve, ce serait trop dire mais il

sang a coulé à Paris, Dollfuss a écrasé les places fortes du marxisme viennois au nom d'un «austro-fascisme» corporatiste et chrétien, des manifestants bruxellois de gauche s'en sont vengés en allant casser les vitres à *La Nation belge*... et le très populaire Albert Ier est mort tragiquement le 17 février... Tous les mouvements de droite et une grande partie de l'*establishment* entonnent le péan pour Léopold III, roi jeune avec lequel on pourrait espérer bâtir la «dictature royale». C'est l'époque où l'orgueilleux Poulet le décrit comme «un prince qu'il me conviendrait assez de servir».

Le front des illusions

Au plan du corporatisme, tout, à la faveur de la crise économique et du choc du 6 février, semble aller dans le sens souhaité. *Quadragesimo Anno* souligne la faveur de Pie XI pour un corporatisme prôné par feu le cardinal Mercier dans son mandement de carême de 1923. Georges Legrand se fait le propagandiste de l'idée dans la *Revue catholique des idées et des faits (RCIF)* et le journal *Le XXe Siècle.* Le groupe Pour l'autorité fait chorus avec Renaud de Briey et Louis de Lichtervelde. Des syndicalistes chrétiens, soucieux d'augmenter le poids de leurs organisations dans l'Etat, jouent avec l'idée corporatiste, comme Henri Pauwels et les Pères Albert Müller et Joseph Arendt, l'abbé Ketels.[16] Le rôle grandissant des syndicats et la création des commissions paritaires permettent à Louis Théodore Léger d'écrire en 1934 son livre *Classes et professions dans l'Etat. Le précorporatisme en Belgique.* La même année, au congrès de la Centrale politique de jeunesse catholique, un démocrate-chrétien très à gauche, Carlos Leruitte, présente un rapport sur «L'organisation parlementaire par le corporatisme». Deux ans plus tard, il sera député rexiste et traité de «fasciste» par ses anciens camarades. Des congrès syndicaux de Bruges et Charleroi (1932 et 1934), à la Ligue nationale des travailleurs chrétiens (LNTC) à Gand (1933), on va dans le même sens.

L'aile droite du Parti catholique, la Fédération des associations et cercles catholiques (FACC), s'empare elle aussi de l'idée corporatiste mais pour cas-

---

entendait la servir au premier rang, parce que c'était nécessaire, parce que c'était bien...». Voir aussi *idem*, 15 janvier 1935, pp. 488-489 datant la «conversion» de Neuray du 12 janvier 1934 sous l'influence de son frère le général. On notera à propos des liens étroits subsistant, *via* Poulet, avec *La Nation belge* que des chapitres de *L'Etat Corporatif* de Charles Anciaux (première édition dans *La Revue réactionnaire* du 15 avril 1935) ont été publiés dans le quotidien le 15 mars 1935 puis le 2 juin 1935.

16 Albert MÜLLER, SJ, *La Politique Corporative. Essais d'Organisation Corporative*, Louvain, Rex, 1935, Coll. «Etudes de doctrine politique catholique».

ser la puissance syndicale si elle est par trop liée aux partis. Au congrès de Dinant en 1933, Paul Segers «le rossignol du banc d'Anvers» rejette le corporatisme pur de Renaud de Briey pour une solution mixte qui sauverait les intérêts conservateurs et briderait les appétits syndicaux. Le Parlement ne serait plus composé que de 2/5e de représentants des partis, 2/5e des sièges iraient aux grands groupements nationaux d'intérêt public (Chambres de commerce, universités, magistrature, armée et «groupements syndicaux *mixtes*»). Le 1/5e disponible irait à une «élite» élue par cooptation. Le Parlement ainsi rénové ne siègerait que deux trimestres par an pour le vote de budgets et de lois. Segers compte, pour réaliser ce plan, sur le charisme de Paul Crokaert, «la jeune réserve du parti» (qui a 60 ans mais un masque romain, et s'est fait connaître par ses déclamations fracassantes contre «le mur d'argent», «les menottes d'or» et les «banksters»).[17]

Réaction apprécie pourtant peu ses efforts, entachés du maintien des partis,[18] tout comme ceux de l'ex-leader nationaliste Pierre Nothomb qui essaye de rapprocher, au nom de l'unité catholique, les syndicalistes corporatistes des corporatistes conservateurs. Les disciples d'Anciaux se murent volontairement dans le dogmatisme, le doctrinarisme, deviennent une «petite Eglise» à demi-hérétique, comme l'AF, et sourde à toute ouverture tant vers la gauche syndicaliste que vers la droite classique. Il est vrai que dans une certaine mesure la tâche de Réaction et de *La Revue réactionnaire* peut sembler accomplie puisque la «révolution» est en marche, que l'organisation corporatiste de classes moyennes, commerçants, paysans Burgerstrijd-Action civique, née dans le Courtraisis et étendue aux régions du Centre et de Charleroi, s'est ralliée à ses vues en adoptant le schéma d'Anciaux[19] comme fondement doctrinal politique – un sujet qui en dehors de vociférations antiparlementaires ne l'intéresse guère – sous l'influence du Dr Reginald Graulich, un ancien des cercles maurrassiens de Liège.[20] La LN peut fournir des contingents de gros bras pour la conquête du pouvoir ou plus exactement pour appuyer le roi en les transformant en «gendarmerie supplétive» s'il comprend à son tour l'urgence de passer de la monarchie constitutionnelle à l'autoritarisme royal, même si certains, notamment dans la presse de gauche,

17 Francis BALACE, «Fascisme et catholicisme politique dans la Belgique francophone de l'entre-deux-guerres», in: *Handelingen van het XXXIIe Vlaams Filologencongres Leuven 17-19 april 1970,* Louvain, 1981, pp. 146-164.

18 *Cf. La Revue réactionnaire,* 15 novembre 1933, p. 368; 15 janvier 1934, pp. 497-499; 15 mars 1934, pp. 627-628; 15 janvier 1935, pp. 493-496, etc.

19 *Idem,* 15 juin 1934, pp. 188-189.

20 Charles GRAULICH, *Réginald Graulich ou l'itinéraire d'un maurrassien de Liège à Courtrai. Essai biographique,* mémoire de licence en histoire, Université de Liège, 2002-2003.

s'inquiètent de l'infiltration par trop visible des légionnaires dans les organisations professionnelles corporatistes. Le 20 octobre 1935, à l'issue de la «2e journée corporative» de Burgerstrijd, des délégués des «groupements nationaux» et des associations de classes moyennes s'entendent pour former le Front national corporatif, parfois appelé Front unique corporatif par confusion avec un de ses composants, le FUDCAPI (Front unique du commerce, de l'artisanat et de la petite industrie).[21] Pour les législatives du printemps 1936, le Front présenterait des candidats députés et sénateurs sous l'étiquette de Bloc antiparlementaire d'ordre nouveau... avec des nouveautés comme l'abandon au mouvement original inséré dans le Bloc de l'indemnité parlementaire, éventuellement ristournée au prorata de l'assiduité, et d'au moins 1/5e de cette indemnité au Bloc. Tous signeraient, idée que reprit plus tard Rex, une lettre de démission en blanc.[22]

Les cercles La Tour du Pin

Nouvelles recrues d'importance, les «cercles La Tour du Pin» de l'architecte liégeois Ivan Renchon, beau-frère de Georges Simenon, et assez bien en cour pour être choisi comme concepteur de la chapelle musicale Reine Elisabeth qui sera inaugurée en 1939. Il les avait créés en juin 1934 sur le modèle des groupes éponymes de France.[23] Dans l'enthousiasme ambiant pour la panacée universelle du corporatisme pour résoudre les maux du temps, un certain nombre de cadres du vieux Parti catholique, de démocrates-chrétiens et de syndicalistes proches d'eux avaient tenu à célébrer le dixième anniversaire de la disparition du penseur en une grande séance d'hommage tenue en décembre 1934 au Palais des académies. Des personnalités aussi connues que Theunis, Rubbens, Frans Van Cauwelaert, Prosper Poullet, le père Rutten avaient accordé leur patronage, peut-être en ne pensant qu'au théoricien de

21 Font partie du Front national corporatif: Action civique du Centre, Burgerstrijd, Cercle belge La Tour du Pin, CLINABEL, Comité pour le redressement national, Confédération nationale des corporations de Belgique, Corporation de l'industrie hôtelière de Belgique, Eenheidsfront der Middenstandesvrouwen, Groupement corporatif «De Vrede» (Gand), Jeunesses nationales, Mouvement Jeunesses belges, Parti national indépendant corporatif, Ligue nationale corporative du travail (Linaco), Volontaires nationaux, FUDCAPI, etc.

22 Alain COLIGNON, «Le rexisme, un pré-poujadisme?», *in:* Francis BALACE, G. BRAIVE *et al., De l'avant à l'après-guerre. L'extrême-droite en Belgique francophone,* Bruxelles, De Boeck-Université, 1994, pp. 41-76.

23 Sur eux, créés en 1928 comme filiales de l'Union corporative française, voir Henry COSTON, *Dictionnaire de la politique française,* t. 2, Paris, 1972, pp. 333-334.

«l'ordre social chrétien» mais il y avait eu un couac révélateur quand Mgr Picard, le dirigeant de l'Association catholique de la jeunesse belge (ACJB), avait suscité des acclamations prolongées en citant la phrase «il faut supprimer le Parlement».[24] Les militants des «Cercles» sont plus jeunes – 30 ans environ – que les «quadra/quinqua» de *La Revue réactionnaire:* Pierre Waucquez (1903), les frères Fernand (1902) et René (1904) de Radiguès Saint-Guédal de Chennevière[25], mais dans l'organisation du Front, c'est le cercle La Tour du Pin qui est chargé du «travail doctrinal» en s'inspirant des réflexions et schémas de Charles Anciaux. Les équipes de la *ROC* seront donc le résultat de la fusion des cercles La Tour du Pin et des Groupes Réaction qui, là où ils existaient déjà, adoptent ce nouveau nom.

L'histoire des cercles La Tour du Pin a commencé modestement, dans un petit local bruxellois de la rue du Fossé-aux-Loups, devant deux douzaines d'auditeurs, par des conférences d'André Voisin, très jeune encore mais qui appartient aux intimes du comte de Paris, de Roland Partaux et de Serge Doring. Quand Voisin rentre en France, «le Cercle perd en lui son animateur véritable»[26] mais des liens ont été noués avec un disciple direct de La Tour du Pin, Roger Sémichon, et le père rédemptoriste Philippe[27] qui avait pris l'initiative de la séance d'hommage au Palais des académies. Dans la foulée, le marquis de la Tour du Pin La Charce accorde son patronage à Renchon et le comte Aymar de La Tour du Pin va, à sa demande, porter la bonne parole à la salle «Patria», siège et fief de la FACC, suivi, en février 1935, par Jean de Fabrègues. Ivan Renchon, pour sa part, promène ses conférences au cercle catholique de Verviers, à Bruxelles au cercle Mars et Mercure, au Redressement national, à la Légion nationale, aux Classes moyennes, à Liège au Jeune Barreau, à la LN, devant les anciens combattants, chez les brasseurs du Tournaisis, etc. Telle est la situation quand Charles Anciaux, après la disparition de *La Revue réactionnaire* lui apporte ses propres groupes Réaction, les décoratifs généraux Neuray et Chabeau et les cadres survivants tandis que la constitution du Front corporatif assigne aux amis de Renchon un rôle de *brain-trust* sous la houlette de Charles Anciaux. Le Cercle de Verviers, issu du groupe Réaction, est dirigé par Ivan Chaumont, Kaumoth, Mathieu, celui de Mons par Lerat, de Namur par l'avocat de Wasseige. On annonce des

24 *La Revue réactionnaire,* 15 janvier 1935, pp. 508-509.

25 Pierre de Radiguès a épousé en 1928 Anne-Marie Waucquez, sœur de Pierre Waucquez.

26 *Revue de l'Ordre Corporatif (ROC),* 1er octobre 1935, pp. 61-64.

27 Le Père A. Philippe animait à Paris, Nantes et Bruxelles la Ligue apostolique des nations qui avait comme organe *L'Ordre social chrétien.* Il était lié à la *RISS* de Mgr Jouin et au légitimiste A. Blanc de Saint-Bonnet.

créations futures à Anvers, Philippeville, Liège, mais on n'a pas gardé trace de leurs activités.[28]

Le Front corporatif, qu'il soit unique ou national, tangue dangereusement depuis que le mouvement rexiste est apparu en trouble-fête, tenant, certes, des discours antiparlementaires vigoureux, teintés de démagogie, mais il entretient l'équivoque sur sa nature de rameau ou de dissidence catholique et, encore plus à cette époque, sur son caractère de mouvement d'ordre nouveau, voire sur sa position ancrée à droite ou non dans l'éventail des options politiques. Le verbe de Léon Degrelle, quand il choisit de se lancer sous ses propres couleurs dans l'arène électorale et compile fébrilement des listes, n'a aucun mal à séduire quelques très pressés dirigeants du Front en leur faisant miroiter des sièges confortables et assurés et en les assurant que lui aussi est conquis par le corporatisme. Le dirigeant du Burgerstrijd Robert Gits, celui du FUDCAPI Marcel Derudder, celui du Middenstand gantois Louis Duysburgh, Prosper Teughels de la Maison des corporations de Charleroi vont se retrouver parlementaires rexistes, tout comme Paul Collet, l'ami nivellois d'Anciaux. A l'automne 1936, Burgerstrijd-Action civique implosera et disparaîtra, les sections flamandes passant complètement à Rex, les francophones se déchirant entre partisans et adversaires de Degrelle.[29] Ces derniers sont appuyés par la Légion nationale, essayant ainsi de regagner le terrain perdu auprès des bons bourgeois effrayés par l'omniprésence des Chemises bleues dans les services d'ordre des manifestations corporatistes.

La *ROC* et l'IBEC: «politique d'abord»

Le 28 juin 1936, alors que, déçus, ils s'interrogent, boudant Degrelle et l'aventure rexiste (qui vont faire complètement échouer leur *brain-child* de Front), la *ROC* et Renchon lancent l'Institut belge d'études corporatives qui entend remplacer peu ou prou le CLINABEL comme plaque tournante de la constellation corporatiste.[30] L'Institut est une émanation de la *ROC*, a droit à

28 Chaque numéro de la *ROC* publie en annexe le *Bulletin du Cercle belge La Tour du Pin*.

29 Alain COLIGNON, «Le rexisme, un pré-poujadisme?», *op. cit.*, pp. 56-57, 67-68.

30 Les fondateurs de l'Institut sont: Prince Frédéric de Mérode; A. Broussier, ingénieur à Bruxelles; Alphonse Bayot, professeur à l'UCL; Henry Brunninghausen, directeur du Comité de la laine; Ivan Chaumont, industriel à Verviers; général Chabeau, directeur général des Hauts Fourneaux et Aciéries belges; René de Mot, ingénieur à Bruxelles; Fernand de Radiguès, directeur commercial, Bruxelles; J. Dallemagne, président de l'Association des patrons catholiques belges; E. de Wasseige, avocat, Namur; Joseph

y publier une tribune régulière, tandis que la *ROC* se définit comme son organe officiel. Lors de la séance de fondation, on s'aperçoit que le rayonnement dépasse de loin les groupuscules corporatistes, avec la présence d'industriels connus (Jadot, Simonis, Brunninghausen, Waucquez père), de délégués des chambres de commerce et des alliances de Classes moyennes, de parlementaires et anciens parlementaires catholiques comme Sandront, Haustrate, Ignace Sinzot, Georges Michaux, l'abbé Van den Hout de la *Revue catholique des idées et des faits,* l'abbé Genin qui enseigne l'économie politique à l'Ecole supérieure de commerce de Mons, Finet et Fraikin de *La Nation belge,* Valschaerts du *Rappel,* une délégation de la LN et, pour représenter *Le Pays réel,* le journaliste Serge Doring, qui est par ailleurs membre du Cercle. Empêchés, des dirigeants des Croix du feu comme Henry Mons et le Dr Falmagne, le célèbre Mgr Louis Picard de l'ACJB ont fait parvenir leur adhésion et leur soutien.

Rien d'étonnant puisque Charles Anciaux et Ivan Renchon ne jurent plus que par *Quadragesimo Anno,* nouvel évangile censé rallier aux beautés du corporatisme «les bergers de la démocratie-chrétienne» *via* les efforts de deux prédicateurs, Charles-Albert d'Aspremont-Lynden et Pierre Nothomb. Il est parfois malaisé de contenter tout le monde et une revue italienne s'en est prise à André Frantzen, étoile montante de la *ROC,* dont le livre, *Le Progrès Politique,* n'aurait rien compris au fascisme mussolinien, ce qui entraînera une polémique.[31] Anciaux réussit, sous l'étendard catholique brandi à bon escient, à participer à la semaine sociale universitaire de l'Institut Saint-Louis de Bruxelles et à y affronter Heyman, président de la LNTC, à la journée corporative de Liège, organisée fin janvier 1936, par le Cercle d'action sociale des industriels et le cercle Léon Harmel.

Outre la *ROC,* les cercles La Tour du Pin ont brièvement disposé d'un hebdomadaire. *Va Partout,* dont le titre semble indiquer une volonté de copier *Je Suis Partout,* avait été lancé le 31 mars 1933 par un imprimeur de Jambes, Firmin Charlier, comme feuille de propagande «chrétienne». Il est en fait la tribune d'une série de nationalistes belges plus ou moins en rupture avec

---

Finet, directeur-administrateur de *La Nation belge*; René Fraikin, rédacteur au même journal; Robert Lerat, avocat à Mons; Georges Michaux, ancien député, Maxime Mathieu, secrétaire général des Patrons marbriers; Paul Neuray, directeur de *La Nation belge*; général Neuray, de *La Belgique militaire*; J. Praile, président de la Chambre des métiers et négoce de Namur; Dr E. Pitot, Bruxelles; Robert Poulet; Ivan Renchon; Ignace Sinzot, ancien député, de Mons; Baron Willy Simonis, industriel à Verviers; abbé Van den Hout, directeur de la *RCIF*; Pierre Waucquez; René Wankenne, avocat à Verviers.

Le Bureau se compose de Renchon, Anciaux, Becker, Rhodius-Poncelet, René de Radiguès, André Frantzen, Louis Habran et Firquet.

31 *ROC,* février 1938, pp. 320-323.

leur mouvement d'origine: Joseph-Barthélemy Lecomte, dernier disciple d'Edmond Picard, Georges Rhodius-Poncelet du CLINABEL, dirigeant des Associations nationales de Namur (qui est sur le point de quitter la LN après que son Front du travail en ait vidé les caisses dès la première grève à indemniser), le fonctionnaire colonial Louis Habran (lié à la mouvance italophile pendant la guerre d'Ethiopie), l'ancien combattant et «agent secret» anticommuniste Carl Suzanne (de son vrai nom Carl Peters, de la Société d'études politiques, économiques et sociales mais qui aura, pour son malheur, des relations fluctuantes avec Rex), l'écrivain Frédéric Sauvenière, le Dr Léopold Falmagne, dirigeant des Croix du feu du Namurois. La plupart ont eu des liens avec la *ROC* et avec les cercles La Tour du Pin. *Va Partout* publie la prose de Charles Anciaux et d'Ivan Renchon, annonce leurs conférences, couvre la LN d'éloges pour son «programme constructif à base de corporatisme» et sa recherche d'une «autorité forte et responsable que détiendrait le Roi» mais, en revanche, il vomit Rex et les palinodies politiciennes de Léon Degrelle. Firmin Charlier, qui a transporté ses activités à Bruxelles, meurt en septembre 1936 et *Va Partout* publie son dernier numéro le 31 octobre, pour renaître aussitôt sous un nouveau titre, *L'Ordre Social. Hebdomadaire indépendant d'action nationale,* qui se présente comme la fusion de feu *Va Partout* et d'un bulletin du cercle La Tour du Pin de Verviers dont on ignore tout.[32] *L'Ordre Social* ne va cependant pas tarder à disparaître à son tour, en décembre, tandis que survit la petite feuille estudiantine *La Griffe. Journal universitaire politique et social* éditée par feu Charlier depuis le 30 novembre 1935 sous la direction du pittoresque Emmanuel Noël, futur consul de Saint-Marin à Bruxelles. *La Griffe,* dont la composition et les articles étaient repris à *Va Partout,* n'est en fait que la prolongation d'*A Nous!,* lancé en avril 1934 par le même Noël comme organe «national-corporatiste», puis d'une assez mythique Corporation universitaire nationale, qui n'est en fait que la section «jeunes» des Comités d'action pour l'universalité de Rome (CAUR). *A Nous!,* au ton volontiers très antisémite, avait disparu en février 1935 et deux de ses principaux rédacteurs, André Belmans et Paul Danhier, passeront au Verdinaso de Joris Van Severen.[33] Toujours protégé des CAUR et longtemps encouragé par Charles Terlinden, Noël fera adhérer *La Griffe* à la Ligue interuniversitaire d'Ordre nouveau (LION), autre émanation des CAUR, mais refusera en 1937, tout comme le professeur louvaniste, sa

32 Sur l'histoire de *Va Partout,* de *L'Ordre Social* et de *La Griffe,* voir Sébastien COKAIKO, *Le néo-monarchisme en Belgique francophone de 1934 à 1940,* mémoire de licence en histoire, Université de Liège, 2000-2001, pp. 61-66.

33 Patricia JANSSENS, *Les Dinasos Wallons 1936-1941,* mémoire de licence en histoire, Université de Liège, 1981-1982, pp. 128-130.

nouvelle mouture plus radicale, l'Union universitaire mondiale d'Ordre nouveau (UMON). *La Griffe* cessera donc de paraître en mai 1937.

Les cercles La Tour du Pin ont essayé parallèlement d'infiltrer les congrès catholiques de Malines et les journées d'études sociales organisées au collège de la Sarte près d'Huy.[34] A Huy, en avril 1936, leur version du corporatisme est dénoncée par Marcel Laloire, pourtant partisan de réformes de type corporatiste, comme étant un simple camouflage d'un maurrassisme rétrograde:

> Cette conception de l'Etat corporatif se prétend être l'adaptation «belge» des doctrines de la Tour du Pin et de Le Play. En fait, elle est davantage «maurrassienne»; le souci primordial de M. Anciaux et de ses collaborateurs est de renverser le régime politique actuel pour lui substituer un régime assez semblable à la monarchie – française – de l'ancien régime: le Roi en ses conseils, le peuple en ses Etats.[35]

Laloire avait très bien senti que Renchon, Anciaux et leurs amis en étaient restés au «Politique d'abord» de Maurras et que l'indispensable versant économique et social du corporatisme n'était pas leur souci primordial. Ce jugement sévère de Laloire, jeune avocat bruxellois, s'explique par le fait que cet ancien membre du groupe L'Autorité est devenu un des piliers de *La Cité chrétienne* de l'abbé Jacques Leclercq, maurrassien apostat régulièrement éreinté et insulté par la *ROC,* et qu'il se targue de rallier les masses ouvrières et les syndicats catholiques à sa propre version du corporatisme, qui est celle du professeur louvaniste Maurice Defourny, grand pourfendeur de Maurras et admirateur temporaire de Georges Valois.[36] En septembre 1936, c'est dans une sorte de rapport de minorité, imprimé en dehors des actes officiels du congrès catholique de Malines, congrès centré sur l'unité à sauvegarder à l'heure des succès rexistes, que les «membres catholiques» des cercles La Tour du Pin pourront exposer leurs vues sur «souveraineté et représentation».[37]

Une revue mensuelle de haute teneur intellectuelle, mais de diffusion quasi confidentielle, ne peut, en dépit du relais que lui offre le quotidien *La Nation belge,* espérer pénétrer dans les milieux de bourgeoisie moyenne. Celle-ci

34 *Le Corporatisme. Rapports des journées d'études au Collège philosophique de la Sarte,* Huy, Orientations, 1936 (contient entre autres Maurice DEFOURNY, «Conception organique de la vie sociale et constitution professionnelle»; G. RENARD, «Les voies juridiques de la Corporation»; Joseph ARENDT, «Le rôle économique des corporations»; Abbé KETELS, «Les syndicats chrétiens et le corporatrisme»; Marcel LALOIRE, «Le corporatisme et les mouvements de jeunesse»).

35 Marcel LALOIRE, «Le corporatisme politique», *in: La Réforme de l'Etat. Rapports des journées d'études au Collège de la Sarte,* Liège, 1936, p. 115.

36 Francis BALACE, «Georges Valois et la Belgique. Les méandres d'une réception», *in:* Olivier DARD (éd.), *Georges Valois. Itinéraires et réceptions,* Berne, P. Lang, 2011, pp. 109-127 (p.114).

37 Septembre 1936. *Souveraineté et Représentaton. Etude présentée au Congrès de Malines par les membres catholiques des cercles belges «La Tour du Pin»,* s. l. n. d.

se laisse gagner par les sirènes du rexisme, à l'exemple des leaders de Burgerstrijd-Action civique et du FUDCAPI. Le Front unique est mort et CLINABEL ne réunira plus que des mouvements confidentiels en attendant que la Légion nationale claque la porte d'une salle de garde devenue vide.[38] C'est pourquoi apparaît, en janvier 1937, l'Union corporative des classes moyennes présidée par le prince Frédéric de Mérode (1911-1958), qui s'était pourtant inscrit à la LN à l'automne 1936.[39] Flanqué des inévitables Anciaux et Renchon, le prince, qui n'a vraiment rien d'un petit commerçant puisqu'il possède de très aristocratiques résidences et a épousé une marquise française, lance immédiatement un hebdomadaire *L'Ordre nouveau. Organe de l'Union corporative des classes moyennes*. Dès le 26 juin 1937, le sous-titre devient *Pour l'organisation corporative des classes moyennes,* ce qui laisse supposer que l'Union n'avait pas pu se concrétiser vraiment et recruter des membres. La feuille va survivre jusqu'en septembre 1939, (quand le prince est mobilisé et doit rejoindre son régiment), et aura pendant quelques mois, de janvier à mai 1938, un très petit supplément en néerlandais *De Nieuwe Orde.* Les rédacteurs de *L'Ordre nouveau* sont ceux de la *ROC.* Pour remplir les colonnes, Ivan Renchon s'adresse à son beau-frère Georges Simenon. De même qu'il a publié dans la *ROC* de janvier à avril 1936, *Peuples Misérables,* le célèbre polygraphe «donnera» à *L'Ordre nouveau,* en feuilleton, un roman anti-communiste intitulé *Les Gens d'en face.* Dans la *ROC,* le prince publie de façon très caractéristique une série d'articles sur «le problème de l'élite et l'aristocratie de demain»[40] et (faut-il s'en étonner?) sur «la question du bail à ferme».[41]

Il faut parfois faire le grand écart. Renchon, qui collabore assidûment au *Courrier Royal,* est pris entre ses sympathies pour le comte de Paris et le maurrassisme plus qu'évident (mais resté fort discret dans ses références à l'AF) de la *ROC* et d'Anciaux. Renchon continuera à écrire dans *Courrier Royal* alors même qu'il est un des organisateurs de la manifestation bruxelloise d'hommage à Maurras. Au moment de la rupture, la *ROC* avait d'abord établi un distinguo subtil séparant le culte maurrassien de la fidélité monarchique, due par principe, au duc de Guise et au comte de Paris, puis

38 *Légion nationale,* 24 décembre 1938.

39 Lettre de Paul Hoornaert à l'ambassade d'Italie – 28 octobre 1936 (documentation personnelle). Le prince Jean de Mérode (1864-1933), père de Frédéric, avait été, peu avant sa mort et au nom de la Ligue nationale belge contre le communisme, un des signataires, avec Paul Hoornaert et le général de Ceuninck du «Pacte d'Union des Forces Anticommunistes» (CILACC – Documentation Anti-communiste, 1er mai 1933).

40 *ROC,* mars 1937, pp. 326-337; avril 1937, pp. 397-405; mai 1937, pp. 459-472.

41 *Idem,* décembre 1937, pp. 164-173; janvier 1935, pp. 224-236.

elle avait accepté de publier un télégramme de soutien à Maurras signé d'une centaine de ses lecteurs.

> Nous nous serions gardés d'intervenir dans ce conflit paradoxal – qui regarde les Français – si le manifeste n'avait contenu sur la doctrine royale des données positives relevant de notre propre critique [...] Nous avouons cependant n'y avoir vu avec les doctrines répandues par «L'Action Française» depuis quarante ans aucune espèce d'incompatibilité, contrairement à ce qu'affirme le manifeste avec une curieuse intrépidité.

Et de rappeler le soutien du feu duc d'Orléans à Maurras.[42] Dès le numéro suivant, Robert Poulet est plus agressif envers le comte de Paris qui, face à Maurras, «n'existe pas» et ne formulerait que des critiques «assez péniblement dégagées et énoncées». Il comprend son désir de se poser en arbitre entre les blocs fasciste et antifasciste mais lui reproche ses «appréciations puériles et heurtantes» envers l'AF.[43]

Pour les affaires françaises, qu'elle suit avec une attention prioritaire et accrue depuis l'arrivée au pouvoir du Front populaire, la *ROC* dispose de deux correspondants spéciaux qui alimentent sa rubrique «Lettre de France», Noël B. de la Mort et F. de Villermont. Le premier, *alias* Noël Bayon, est un littérateur maurrassien encore assez jeune qui ne deviendra connu que par ses articles de *Je Suis Partout, La Gerbe*, *Notre Combat* et *L'Appel* sous l'Occupation, ce qui lui vaudra de forts désagréments et ostracismes après-guerre.[44]

42 «A propos d'un manifeste», *in: ROC,* décembre 1937, pp. 199-201.

43 Robert POULET, «A propos d'un conflit», *in: ROC,* janvier 1938, pp. 255-258. Poulet avait naguère publié dans le *Courrier Royal* du 7 septembre 1935 un article sur la mort de la Reine Astrid. Quant à Ivan Renchon, il avait publié des articles dans le *Courrier Royal* et y avait introduit son beau-frère Georges Simenon, qui le soutiendra de ses deniers avant de rompre dès avril 1936. *Cf.* Raphaël WEERTS, *Les Lys et le Lion. Histoire d'un roi sans couronne, Henri d'Orléans, comte de Paris (1909-1999) et de ses liens en Belgique,* mémoire de licence en histoire, Université de Liège, 2008-2009, pp. 56-61 et Pierre ASSOULINE, *Simenon: une biographie,* Paris, Gallimard, 1996, pp. 275-279.

44 Noël B. de la Mort/Noël BAYON (1910-1977) publie successivement *Vie des Prisonniers du Frontstalag 210 au Stalag XII* chez Grasset en 1941, puis *Contes aux prisonniers* chez Sorlot en 1942. Rapatrié, il tient, à la demande de Brasillach, la rubrique «Nos prisonniers» dans *Je Suis Partout.* Il publié sur Montherlant dans *La Gerbe* et surtout participe, aux côtés de Rebatet, Ramon Fernandez, Maurice-Ivan Sicard et autres au fameux numéro spécial «L'énigme maurrassienne» de *Notre Combat* du 27 mars 1943. Un tract du groupe surréaliste La Main à plume (Léo Malet, Christian Dotremont, etc.) du 13 mars 1943 s'en prend à «l'ignoble et minuscule Noël B. de la Mort» pour sa collaboration à *L'Appel,* organe de la Ligue française de Pierre Costantini (*Tracts surréalistes,* t. II, *1940-1960,* Centre d'études sur le surréalisme, Université de la Sorbonne nouvelle). Il semble avoir eu avec la direction de *Je Suis Partout,* à l'été 1943, un conflit que Brasillach, qui s'apprêtait lui-même à quitter la feuille, ne pourra apaiser. A la libération, Noël B. de la Mort

L'autre, qui signe F. de Villermont, est un légitimiste réactionnaire de derrière les fagots qui aurait voulu supprimer la fête du 14 juillet et le drapeau tricolore comme attentatoires à la déférence due au roi et publiait de verbeuses correspondances de France dans le quotidien philo-maurrassien de Charleroi *Le Rappel,* alors dirigé par Jean Valschaerts et dans la très catholique *Revue générale*. Il descendait du comte Charles Hennequin de Villermont, ultramontain d'origine française qui avait dirigé avec zèle les comités d'enrôlements pontificaux et les comités carlistes de Belgique (1860-1880) et été député permanent catholique. F. de Villermont était surtout un collaborateur régulier de l'hebdomadaire royaliste français *La France réelle* d'Yves des Essards, mutation de *La Droite* qui s'était spécialisée dans la dénonciation de la démocratie chrétienne.[45]

La *ROC* a bien sûr pris parti avec enthousiasme pour les nationalistes d'Espagne et Franco. C'est surtout pour elle une occasion de régler ses comptes avec *La Cité chrétienne* et l'abbé Jacques Leclercq. Déjà, sous le pseudonyme Ajax, Robert Poulet avait conduit contre lui, «un des plus dangereux illuminés de la pacificolâtrie», une campagne haineuse et féroce en 1933 et 1934 dans *La Nation belge.*[46] La position hostile à Franco de Leclercq devint intenable quand la hiérarchie religieuse, cardinal Van Roey en tête, prit parti pour les nationalistes et diffusa abondamment la lettre collective de l'épiscopat espagnol. L'abbé Leclercq se soumit, mais en termes embarrassés et maladroits, affirmant que les évêques ne faisaient que confirmer son propre sentiment.[47] La *ROC* se déchaîne:

> Là où il sévit, M. l'abbé Leclercq est plus dangereux qu'un autre: car, c'est l'intelligence qu'il corrompt. Pour tout dire, il n'est pas seul responsable. Si M. Leclercq ne

---

est placé sur la liste des écrivains «indésirables» établie par le Comité national des écrivains (CNE). Sur lui, voir Henry COSTON, *Partis, journaux et hommes politiques d'hier et d'aujourd'hui,* Paris, Lectures Françaises, 1960, p. 93, 106; Henry COSTON et Emmanuel RATIER, *Dictionnaire des Pseudonymes,* t. II, Paris, Faits & Documents, 1994, p. 251; Pierre-Marie DIOUDONNAT, Je Suis Partout *1930-1944. Les maurrassiens devant la tentation fasciste,* Paris, La Table ronde, 1973, p. 348. La liste du CNE est publiée dans Pierre ASSOULINE, *op. cit.,* p. 161 (annexe 5) et dans Robert O. PAXTON, Olivier CORPET, Claire PAULHAN, *Archives de la vie littéraire sous l'Occupation. A travers le désastre,* Paris, Tallandier, 2011, p. 406.

45 Catherine LANNEAU, *France éternelle ou Front Populaire: l'opinion francophone belge face à un choix (février 1934-avril 1938),* mémoire de licence en histoire, Université de Liège, 1998-1999, pp. 112-113, 465, 495; Henry COSTON, *op. cit.,* pp. 527, 531.

46 *La Nation belge,* 11 avril 1933, 15, 22 et 24 mars 1934. *Cf.* Pierre SAUVAGE, *Jacques Leclercq 1891-1971. Un arbre en plein vent,* Paris-Louvain la Neuve, Duculot, 1992, p. 404.

47 Francis BALACE, «La droite belge et l'aide à Franco», *in: Revue belge d'histoire contemporaine,* pp. 505-689 et sur cette polémique pp. 538-540.

jouissait pas de l'impunité que lui assure une presse catholique et bourgeoise, hébétée devant son arrogance et muette devant les appuis dont il prétend se couvrir, il y aurait longtemps qu'il eût mis une sourdine à ses débordements. Car il n'est pas des hommes dont la doctrine résiste à tous les climats.[48]

Sa soumission même n'entraîne que sarcasmes et railleries chez les catholiques qui n'ont pas attendu les instructions de Van Roey pour prendre parti,[49] d'autant plus que certains articles continuent à critiquer *mezzo voce* le camp nationaliste. «Fabricius» va atteindre d'ahurissants sommets de l'invective,[50] dignes de Maurras et Daudet:

Figure au premier plan un abbé bruxellois, croisé rondouillard de la Révolution, pour qui le drame présent est volupté. Ce faquin, qui s'émerveille de la puissance de son estomac et qui se prend pour un chef d'œuvre d'équilibre, eût bien voulu lancer les catholiques belges à la remorque des gouapes sanglantes de Barcelone [...] Il est une réaction à laquelle l'abbé n'a pas songé. C'est le coup de pied dans des fondements qu'il a charnus et fascinants. Nous y songeons d'autant plus que cet admirable chrétien trouvera là l'occasion d'offrir à Dieu une humiliation d'un choix très rare [...] Fermez-donc ça, l'abbé (Pardon, Mesdames, d'employer avec cet apôtre du Christ, un langage que les chiens comprennent...[51]

Sans doute, le côté doctrinal de Charles Anciaux, son orgueil intellectuel (combiné à celui de Robert Poulet), sa certitude d'avoir raison contre tout et contre tous mirent-ils la *ROC* dans un vertueux isolement. Pour Rex, ses cohortes de boutiquiers et d'étudiants en goguette, pour «l'aventure rexiste»,[52] on n'a qu'un mépris attristé, «clientèle essentiellement versatile et qui doit le rester parce que plus qu'une autre, elle ‹flotte› au gré de ses espoirs et de son infortune». Dès mai 1936, Ivan Renchon avait regretté dans *Va Partout* que «certains de nos membres n'ont pas pu résister aux tentations du rexisme».[53] A titre personnel, Frédéric de Mérode, éditeur de *L'Ordre nouveau*, va rejoindre son frère Xavier au sein du groupe de propagande anti-rexiste Belgique Toujours animé par Eugène de Grunne et John-Ernest Solvay.[54] Rien d'anti-

48 *ROC*, mai 1937, pp. 494-499.

49 *Idem*, novembre 1937, pp. 118-122.

50 Charles Anciaux signera d'ailleurs en juillet 1938, pp. 614-622, un article, «Charles Maurras et l'invective».

51 «De la France, de l'Union Nationale et d'un abbé sanguinaire», *in: ROC*, avril 1938, pp. 449-455.

52 Editorial «L'Aventure du Rexisme», *in: ROC*, avril 1936, pp. 385-393; «La poussée rexiste, *idem*, juin 1936, pp. 554-563.

53 *Va Partout*, 9 mai 1936, p. 1.

54 D'après des notes de Robert Capelle, secrétaire de Léopold III (Archives du Palais Royal, Secrétariat du Roi, XIX/2), Frédéric de Mérode et son frère Xavier auraient signé le manifeste d'Union nationale d'Eugène de Grunne. Le roi se serait rendu en novembre 1936 à une réunion de jeunes membres de la noblesse organisée par

nomique ou contradictoire, ce groupe très aristocratique dans son recrutement combat Degrelle en mettant en avant la personnalité de Léopold III («Il n'y a qu'un Chef qui ait le droit de porter ce titre sans adjectif, c'est le Roi !»).[55] Après la liquidation électorale du rexisme le 2 avril 1939, petit regret pourtant de sa déconfiture:

> Car Rex, tout de même, avec ses slogans, ses formules corporatives, sa «lutte contre les partis», paraissait au moins, à défaut d'hommes sérieux et de rigueur doctrinale, créer un climat utile à l'instauration d'un ordre corporatif. Nos lecteurs nous rendront cette justice que nous n'avons jamais spéculé sur un endoctrinement massif ou limité des foules pour voir instaurer le régime cher à nos pensées.[56]

Cet isolement se traduit aussi dans l'hostilité aux travaux de l'officieux Centre d'études pour la réforme de l'Etat (CERE) de Louis Camu,[57] qui constituait pourtant la seule opportunité de faire adopter légalement certaines réformes. L'isolement, c'est aussi, hormis une admiration d'inspiration catholique pour Salazar ou le national-syndicalisme espagnol, une frilosité certaine envers l'adoption d'un système «prêt-à-porter» comme le fascisme italien. Dans la droite ligne d'AF, l'Allemagne nazie est vomie parce que «la maladie collective a repris l'Allemagne aujourd'hui et elle est d'autant plus menaçante que ce qui n'était autrefois qu'un courant d'apparence libre et scolaire est devenu aujourd'hui la doctrine d'Etat», ce qu'Anciaux appelle, à la Maurras, «l'Islam Germanique»,[58] «l'hubris germanique est un état mental, né d'un vieux fond de barbarie sur lequel ni le christianisme ni la civilisation romaine n'ont sérieusement mordu». Mais en revanche, «Fabricius» rejettera, après septembre 1939, toute la responsabilité de la guerre sur Paris et Londres, pour leur politique d'apaisement passée envers l'Allemagne, suivie de leur «capitulation» à Munich et leur long aveuglement sur la politique que pourrait suivre Staline.[59]

Frédéric de Mérode en son château de Neffe (cité par Sébastien COKAIKO, *Le néo-monarchisme, op. cit.*, p. 30, note 130).

55 Brochure *Paroles Essentielles de Belgique Toujours*; Francis BALACE, «Fascisme et catholicisme politique», *op. cit.*, p. 164.

56 *ROC*, avril 1939, pp. 392-395.

57 Charles ANCIAUX, «De Martens au CERE ou le triomphe de la démocratie», *in: ROC*, mars 1939, pp. 324-335 et L. J. MARCHAL, «De la Réforme administrative ou des illusions de M. Camu», *idem*, p. 354-370.

58 Charles ANCIAUX, «De l'Islam Germanique», *in: ROC*, novembre 1938, pp. 73-84.

59 FABRICIUS (Charles Anciaux), *Les responsabilités de la guerre de 1939. Chronique d'une faillite*, Bruxelles, Editions des Cahiers corporatifs, 1940.

Les mousquetaires du roy

Qu'importe la politique internationale puisque la Belgique a su rester neutre. Dans le contexte ambiant d'admiration totale, d'adulation pour Léopold III, c'est la création, à la mi-avril 1938, du Cercle des amitiés monarchistes (CAM) et la publication de sa naissance le 23 juin 1938, après une conférence du vicomte Terlinden sur «Léopold II et le Parlement». Allant résolument à contre-courant du «royalisme de cœur» populaire apparu en Belgique avec Albert Ier et porté au pinacle par la prestance physique et les malheurs personnels de Léopold III, combattant tout autant le «royalisme de raison», celui de la «république couronnée» prônée par les partis politiques et le parlementarisme, le nouvel enfant de la *ROC* entend formuler un *corpus* doctrinal rigoureux, d'essence maurrassienne plus qu'évidente,[60] certes, mais visant avant tout à faire du roi, «chef et père du peuple, expression suprême et complète du bien national», la clé de voûte arbitrale d'un régime à base corporatiste.[61]

> Nous n'aimons point Léopold III parce qu'il est le plus beau cavalier du royaume. Nous aimons Léopold III parce qu'il est le Roi, c'est-à-dire au sein de cette société déchirée d'appétits et d'exigences, le refuge naturel de l'intérêt commun, le rassembleur des disciplines, la seule juridiction capable d'examiner les choses dans un esprit de juste estimation et de prévision. Mais encore faut-il, pour remplir ces tâches qui engagent et qui arrêtent, qui lient et qui délient, que le Roi soit autre chose que le conseiller discret de messieurs les ministres ou le parapheur des lois du Parlement belge.
> Il faut que le Roi soit le Roi.
> Nos amis auront compris par là ce que nous attendons d'eux: être des doctrinaires; les doctrinaires d'une doctrine royale dans ce pays où la royauté n'a d'autre appui que les forces périssables du sentiment et le bon plaisir du socialisme.[62]

Réaction immédiate de la virulente *Action wallonne* qui, depuis le retour de la Belgique à la neutralité – baptisée «politique d'indépendance» –, menait une campagne à peine feutrée contre le souverain, et dont les principaux protagonistes, Georges Truffaut et Fernand Dehousse, venaient, en juin 1938, de

60 «Les Amitiés Monarchistes», *in: L'Indépendant,* 13 avril 1938, p. 1: «Il s'est formé récemment un groupement dont le titre indique bien le programme. Il vise à la restauration de la fonction royale dont Charles Maurras a été le grand promoteur. Car de l'œuvre de ce grand Français, qui a surtout travaillé pour son pays, il est aisé d'extraire un corps de doctrine qui a une portée universelle.»

61 «Il faut rendre à la fonction royale ses libertés totales dans le véritable champ que la raison lui assigne: les grands intérêts nationaux. Il faut briser avec cette mythologie démocratique qui sépare les pouvoirs, sans distinguer leur nature et leur hiérarchie. Il faut que l'arbitrage royal départage les corps économiques et les corps politiques dans les conflits qui mettent en jeu le plus grand intérêt commun.»

62 «Manifeste des Amitiés monarchistes», *in: ROC,* juillet 1938, pp. 645-647.

déposer au Parlement un projet de constitution fédérale pour la Belgique risquant d'entraîner une diminution des prérogatives royales. Ils dénoncent les «néo-légitimistes» qui se serviraient, en liaison avec certains conseillers du souverain, de la prestance de Léopold III et de la sympathie populaire qu'il suscite alors pour tenter d'imposer une «doctrine royale» antidémocratique:

> Ce qu'il faut, c'est tout en exploitant la légende créée à l'avènement même du roi actuel dont des courtisans zélés et écœurants opposèrent l'air royal à l'allure trop «citoyenne» de son père de plus en plus regretté, établir une doctrine royale. Ce qu'on veut exactement c'est l'exercice à découvert du pouvoir royal contre ce que les néo-légitimistes appellent la mythologie démocratique [...] Irresponsabilité royale, responsabilité ministérielle, prédominance si nécessaire des conseillers responsables sur les conseillers irresponsables, fussent-ils titrés et hauts gradés, telle est la vérité constitutionnelle. Et c'est une prétention extraordinaire que celle de la cabale prétendant se soustraire à ces critiques en brandissant un drapeau où elle a peint une couronne.[63]

Les activités du CAM étaient-elles de nature à susciter de telles craintes? Il s'agit avant tout d'organisation de conférences «bon chic, bon genre» d'orateurs de la maison (Anciaux, Max Hodeige, Charles Terlinden, Frédéric de Mérode) s'élargissant vers des sympathisants comme le journaliste maurrassien Jean Valschaerts du *Rappel* de Charleroi, le Professeur Fernand Desonay de l'Université de Liège ou, hélas, Paul Colin, «patron» d'Hodeige à *Cassandre* et qui sera le journaliste collaborationniste le plus haï de ses concitoyens. Le texte de sa conférence sur Emile Banning, avec des conclusions très neutralistes, sera publié *in extenso* dans la *ROC*. Avec le retour en grâce progressif de Maurras dans les milieux catholiques belges, c'est au nom des Amitiés monarchistes et des Amis de l'Action française (dirigés maintenant par Albert Guigne) que Charles Anciaux organise une grande manifestation en l'honneur du maître le 19 février 1939 au Palais des Académies, suivie de sa conférence «Culture et Civilisation», relatée sans suffisamment d'éclat par la presse dite catholique.

> Le public catholique belge est condamné à subir tous les réquisitoires contre les «fascismes» et tous les panégyriques de la charte révolutionnaire: il lui est interdit de savoir qu'un écrivain, dressé sur les plus hauts sommets de l'esprit, est venu au Palais des Académies exalter l'œuvre philosophique du Cardinal Mercier et affirmer comme indispensable à la paix de l'Europe, le retour des nations à l'unité catholique, le retour à Rome des églises dissidentes [...] Il lui est interdit de connaître la page la plus haute et la plus juste qui ait été écrite sur Pie XI par celui-là même qui en avait subi les rigueurs.

Le 18 juin 1939, c'est, en retour, un hommage solennel à sa propre personne, présidé par le général Neuray, avec télégramme enthousiaste de Maurras. La cérémonie qui permet de voir combien le haut fonctionnaire est devenu l'idéologiste patenté d'un certain traditionalisme catholique belge dont le corpo-

63 «Nous avons nos légitimistes!», *in: L'Action wallonne,* 15 septembre 1938, p. 2.

ratisme *stricto sensu* n'est qu'un aspect. Aux industriels, commerçants et politiques de l'Institut sont venus se joindre des ecclésiastiques, des hauts fonctionnaires, des officiers d'active, Dirix de la LN mais aussi l'ancien ministre catholique Paul Crokaert, naguère éreinté par Anciaux pour sa docilité envers le Parti catholique mais qui ne lui en veut pas:

> Anciaux, Poulet, Hodeige, vous poursuivez une tâche nécessaire, préférant à de vaines révolutions la lente conquête des intelligences. Quant à moi, je me suis tellement compromis que je n'ai pas à craindre de me compromettre davantage, et j'ose espérer qu'avec de la patience et de l'application, nous verrons se réaliser ces réformes utiles reprises à notre passé: conseil d'Etat, conseil privé, conseil des Finances. A vous de persévérer et de sonner la charge![64]

Plus intéressante, dans ce milieu strictement francophone de notables, est la présence de Willem Melis, représentant le Comité voor Politieke en Sociaal-Economische Voorlichting de Saint-Nicolas-Waas, qui en profite pour faire un plaidoyer pour la décentralisation provinciale car

> il devient plus évident de jour en jour que la démocratie et ce qui l'incarne, le Parlement, ne peut pas donner de solution, et n'en donnera pas à ce problème essentiel pour l'avenir de la Belgique, le problème flamand... La Belgique n'est pas une dualité ni une triade comme le conçoivent nos fédéralistes démocrates.[65]

Melis (1907-1984), sympathisant du Verdinaso, était apprécié de la *ROC* pour ses vues flamingantes mais anti-séparatistes,[66] mais la revue s'en prend à un autre invité des conférences de Saint-Nicolas-Waas, le Père prémontré Lauwers qui, dans sa conférence «L'Ordre corporatif», n'aurait prononcé qu'un «plaidoyer en faveur des syndicats chrétiens».[67]

Que serait devenue la *ROC*, qui sort son dernier numéro en avril 1940, si la guerre n'avait éclaté? Le général Octave Neuray meurt en août 1939, suivi dans la tombe par Charles Anciaux au début de l'automne 1940. Leurs idées ne meurent pas: le général Van Overstraeten, conseiller militaire et proche collaborateur du roi prisonnier, découvre *L'Etat Corporatif* et voit dans son

64 *Manifestation en l'honneur de M. Charles Anciaux,* pp. 24-25.

65 *Idem,* pp. 20-23. Willem Melis, animateur du KVHV (Katholiek Vlaams Hoogstudenten Verbond) et de la revue *Ons Leven,* avocat, adhère au Verdinaso de 1934 à 1938 et de 1940 à 1941. Il le quitte en refusant la collaboration et la fusion avec le Vlaams Nationaal Verbond (VNV).

66 *ROC,* janvier 1939, pp. 253-254, compte-rendu du livre collectif *Nieuwe Richtlijnen* reprenant toute une série de conférences données à Saint-Nicolas (L. van der Essen, Tony Herbert, Louis de Lichtervelde, Joris Van Severen, etc). Melis déclarait dans la préface «le mouvement flamand ne doit pas attendre son salut d'un séparatisme anti-belge, lequel, négligeant la force sans cesse croissante du peuple flamand, vit exclusivement des manquements de l'Etat vis-à-vis de ce peuple flamand».

67 *Idem,* pp. 250-252: «Les Conférences du Comité d'Etudes Politiques et Sociales de Saint-Nicolas-Waas».

préambule et l'exposé des motifs l'«œuvre d'un sage», laissant entendre qu'on pourrait s'en inspirer pour réformer l'Etat si le souverain regagnait un jour sa liberté d'action.[68] Charles Terlinden, affectant de parler au nom du roi, rédige un *memorandum* jetant les bases d'une rénovation nationale basée sur l'armée, le répand dans les milieux belgicistes de droite, donne des instructions:

> Il n'y a pas autre chose à faire que de se préparer et de s'organiser, moralement et matériellement pour soutenir le Roi, dont la popularité n'a jamais été aussi grande et qui doit être le centre de ralliement de tous les Belges, afin de faire triompher, lorsque l'heure sera venue, des formes nouvelles de gouvernement se présentant avec un aspect essentiellement national.

Devenu chef du service politique de la Légion belge (LB), regroupement clandestin d'officiers, Terlinden veut utiliser ce mouvement de résistance pour lutter éventuellement contre le communisme autant que contre l'occupant mais surtout à empêcher «le retour à l'ancien régime avec tout son cortège de marchandages et de ce règne des partis politiques qui menaient le pays à la ruine morale et matérielle». Ayant manqué à sa parole de ne plus répandre de manifestes reflétant ses seules vues, Terlinden devra quitter la LB en juillet 1941. La répression allemande s'abattra en septembre sur la Légion nationale que Terlinden avait poussée à mettre ses milices à la disposition de la Légion belge, future Armée secrète.[69]

Mais corporatisme et ordre nouveau sont devenus trop connotés sous l'occupation. Les activités sous couverture corporatiste, dès l'automne 1940, de certains anti-maçons fanatiques comme le Dr Paul Ouwers et Léopold Flament, *alias* Regulus, inquiètent quand ils essayent de profiter des circonstances pour organiser, au sein de l'Institut de Renchon, un «Bureau d'études de médecine corporative», dans le but de pousser Ouwers, qui s'est fait connaître lors de l'affaire Imianitoff[70] comme pourfendeur de la «bolchevi-

68 Journal du général Raoul Van Overstraeten, 25 août 1940: «Le hasard m'a mis entre les mains quelques numéros de la *Revue de l'Ordre Corporatif.* J'ai trouvé les conceptions d'un certain M. Charles Anciaux dignes d'attention; j'ai demandé à le rencontrer. Sa femme me répond que son état de santé interdit toute visite; instruit de l'objet de ma curiosité, il met à ma disposition un exemplaire de son projet de constitution révisée. L'exposé des motifs porte la marque d'un sage» (Raoul VAN OVERSTRAETEN, *Sous le joug. Léopold III prisonnier,* Bruxelles, D. Hatier, 1986, p. 68).

69 Francis BALACE, «Le thème autoritaire dans la Résistance belge: De ‹l'ordre national› au ‹retour à la démocratie›», *in: Les courants politiques et la Résistance: continuités ou ruptures?,* Actes du colloque international d'Esch-sur-Alzette, 27-26 avril 2002, Esch-sur-Alzette, 2003, pp. 335-364.

70 Il s'agissait de la campagne menée contre Frédéric Imianitoff, attaché au ministère du Travail et de la Prévoyance sociale, auteur d'un projet d'étatisation de la médecine. Il avait, aux yeux de la droite, la triple tare d'être Juif, franc-maçon et socialiste, et l'ex-

sation de la médecine», vers le poste de secrétaire général à la Santé, trompant des comparses d'ailleurs parfaitement honorables, comme le Dr Chalant et le professeur louvaniste Victor Marcotte.[71] Autre inquiétude ou scandale que le

---

médecin militaire d'opinion rexiste Dr Paul Ouwers, qui avait quitté l'aéronautique après d'épiques démêlés avec ses chefs et était devenu un spécialiste du «fichage» des francs-maçons, réussira à prouver qu'Imianitoff, outre des pratiques abortives et des escroqueries, s'était «fabriqué» un faux diplôme de médecin et de faux états de service dans l'armée britannique. L'énorme scandale se termina par une condamnation à six ans de prison. Voir Jean-Philippe SCHREIBER, «Antisémitisme et antimaçonnisme: l'affaire Imianitoff», in: «Les courants antimaçonniques hier et aujourd'hui», *in: Problèmes d'histoire des religions,* t. IV, Bruxelles, ULB, 1993, pp. 253-271; Jean-Marc GOEDLEVEN, *L'antisémitisme en Belgique francophone 1936-1939,* mémoire de licence en histoire, Université de Liège, 2000-2001, pp. 259-273, et les pamphlets très engagés de Paul OUWERS, *Trois Impostures. Le scandale Imianitoff, La Franc-maçonnerie, La Bolchevisation de la Médecine,* Bruxelles, Sobeli, 1939 et Victor MEULENIJZER, *Le Docteur Imianitoff,* Bruxelles, Ignis, 1942. Sous l'Occupation, Ouwers fonde en septembre 1940 la ligue anti-maçonnique L'Epuration. Il mourra en prison, en 1946. Voir Nadine CHEPPE, *Les activités anti-maçonniques en Belgique sous l'occupation (1940-1944),* mémoire de licence en histoire, Université de Liège, 1987-1988 et Francis BALACE, «Petite bourgeoisie, frustrations sociales et antimaçonnisme», *in:* André MIROIR (éd.), *Laïcité et classes sociales, 1789-1945,* colloque en hommage à John Bartier, Bruxelles, Edition du Centre d'action laïque, 1992, pp. 235-264.

71 Lettres de Paul Hoornaert, chef de la LN au secrétaire général du mouvement Fernand Dirix (documentation personnelle) – 5 octobre 1940: «Circulaire Bureau d'Etudes Médecine Corporative – Merci pour cet envoi. J'écrirai un mot à Ouwers. Encore un qui a besoin d'être quelque peu ‹canalisé› et tenu en main! A ce propos, Flament, l'adjoint habituel d'Ouwers [...] Dans son idée, nous devrions rééditer notre organe, ne fut-ce que pour pousser le Dr. Ouwers comme Secrétaire Général à un Département ministériel médical ...». Dirix ayant fourni au Dr Chalant et à Marcotte des informations défavorables sur Ouwers, Hoornaert estime «désagréable que M. Chalant commence à agiter cette affaire en demandant des explications à Ouwers. Vous savez que ce dernier est un esprit tout particulier, fort capable, dans ce cas de faire du tapage, d'écrire aux journaux, voire de nous soupçonner d'avoir partie liée avec... les Juifs et les francs-maçons!» (lettre du 31 octobre). Finalement, Hoornaert mettra les choses au point en écrivant à Chalant, Marcotte et Bastin et en prenant de nettes distances par rapport à Ouwers «Comme individualité, le Dr Ouwers fait ce qui lui plaît. Qu'il soit bien intentionné, je ne le nie pas. Mais les choses prennent un autre aspect [...] Celui-ci s'est empressé de faire recommander son dernier ouvrage par la presse censurée. Il répand, avec une opportunité discutable, son répertoire de F. M.· qui apparaît à tous comme un appel à peine déguisé à la répression étrangère. Il ne cache pas son désir de ‹faire de l'action›, dans le sens précisément contraire à mes directives. De plus, il cherche manifestement à se faire investir de fonctions officielles – et je sais qu'il a demandé l'appui de l'occupant à cette fin» (lettre à F. Dirix du 7 novembre 1940).

Victor Marcotte est l'auteur de trois énormes livres publiés chez Puvrez consacrés aux institutions de l'Italie fasciste (1941), de l'Espagne nationale-syndicaliste (1943)

passage de Robert Poulet au *Nouveau Journal* de Paul Colin comme éditorialiste, et de Max Hodeige au *Soir* dit «volé». Ivan Renchon, héritier moral de Charles Anciaux, préfère envoyer aux membres de très discrètes circulaires déclarant l'Institut en sommeil en attendant des jours meilleurs et en refusant, au nom du souvenir d'Anciaux, de cautionner l'engagement de certains dans la voie de la collaboration.

Le seul à avoir pu faire du «corporatisme appliqué», c'est le plus tard venu, Willem Melis, navigant à vue au sein de l'aile restée patriote du Verdinaso et devenu, par la grâce d'Emile de Winter, un des patrons de la Corporation nationale de l'agriculture et de l'alimentation (CNAA), structure verticale et obligatoire du monde paysan censée résoudre l'angoissant problème du ravitaillement. En revanche, parmi les collaborateurs réguliers de la *ROC* et des cercles La Tour du Pin, beaucoup choisissent le camp de la Résistance (Georges Rhodius, officier supérieur de l'Armée secrète – AS – et du Mouvement national royaliste – MNR –, Frédéric de Mérode qui sera otage puis prisonnier politique en Allemagne après avoir été prisonnier de guerre,[72] le Dr Léopold Falmagne, fondateur de la Légion belge à Namur[73]).

Le 20 avril 1941, sans que ses statuts soient publiés au *Moniteur belge,* est créée une Fondation Charles Anciaux dans le:

> but de réunir la documentation utile aux études préalables à l'organisation corporative de la Belgique et de prendre toute initiative en vue de cette organisation. Elle peut notamment agir en qualité de conseil auprès des groupements professionnels et des administrations, éditer des journaux et toutes publications relatives à son objet.

On y trouve des «avocats, comptables et ingénieurs» et le très maurrassien Professeur Marcel de Corte, de l'Université de Liège. Un petit dossier avait été constitué après-guerre par la justice belge, sans doute parce que Robert

---

et du Portugal de Salazar (1944). Ils ne seront envoyés en service de presse aux journaux qu'après la Libération *(sic). Le Peuple, socialiste,* se bornera à conseiller ironiquement à Marcotte de mettre sa pendule à l'heure.

72 Futur président de la Croix-Rouge de Belgique, Frédéric de Mérode avait été arrêté comme otage lors d'une mission de secours aux populations ardennaises pendant l'offensive von Rundstedt. Il sera déporté en Allemagne jusqu'à sa libération par les Américains en mars 1945. Voir Marie-Pierre d'UDEKEM D'ACOZ, *Pour le Roi et la Patrie. La noblesse belge dans la Résistance,* Bruxelles, Racine, 2002, pp. 448-449 et 455-456. Frédéric de MERODE, «Les châteaux et la Résistance dans le Pays de Namur» *in: Bulletin de l'Association de la Noblesse du Royaume de Belgique,* N° 7, 1945, pp. 37-43.

73 Né en 1891. Voir Yvan CHALET, *L'Armée Secrète. Historique de la Zone I,* Bruxelles, ERM, 1965, pp. 38-40.

Poulet y figurait et que des rexistes auraient tenté de s'y affilier comme «correspondants» en juillet 1941.[74]

Ivan Renchon, tout en restant très discret, fera éditer, en 1942 au nom de l'Institut, une édition remaniée, imprimée on ne sait comment sur du très beau papier, de la somme doctrinale d'Anciaux *L'Etat Corporatif,*[75] avec un dernier texte, daté de juillet 1940 et très marqué par «l'air du temps». Il y adjurait le roi d'imiter Pétain et d'établir, dès le rétablissement de la paix, un Ordre nouveau:

> Le moment est venu pour tous ceux que la position sociale enchaîne à des responsabilités, de revoir les valeurs – toutes – dans une position indépendante et indifférente de l'esprit et de se débarrasser de ce sentimentalisme libéral dont les ont imprégnés toutes sortes d'hérédités et de commodités, ainsi que les déformations scolaires ou professionnelles qui s'y rattachent.
> Ceux qui veulent que la Belgique recueille de l'immense détresse où les événements l'ont plongée, les institutions capables de rendre la force au pouvoir et de dures disciplines aux corps sociaux, doivent traiter la démocratie en *institution néfaste et périmée,* et considérer comme *ennemis publics* tous ceux qui voudraient maintenir ou rendre vigueur aux mythes de l'urne et du parlement souverains.
> Au Roi, la paix signée, de donner l'impulsion à cet *ordre nouveau* dont parlait le Maréchal Pétain dans son émouvante allocution du 25 juin. La nation, inquiète et désabusée, le suivra avec enthousiasme.[76]

Quant à André Frantzen, il publie, en 1941 en volume séparé, son *Ordre corporatif dans la Belgique ancienne,* qui était d'abord paru en feuilleton dans la *ROC.* Il avait un temps suivi Poulet et tenu la rubrique économique du *Nouveau Journal.* S'étant dégagé à temps, il prendra la tête pendant l'affaire royale de l'hebdomadaire léopoldiste *Le Phare-Dimanche,* qui, après une phase assez brouillonne sous Van Massenhove, sera repris par le général Jean Boels au nom des «libéraux léopoldistes», tandis que Frantzen exposera sous le titre *La Révolution Conservatrice* des vues néo-dinasistes très similaires à celles de la *ROC.*[77] Delhaye, autre ancien de *La Nation belge,* devenu agent de

74 Ce dossier était conservé au CEGES/SOMA de Bruxelles sous la cote Auditorat Général, AA 1417/117 (Paul Aron, Cécile Vanderpelen-Diagre, *Vérités et mensonges de la collaboration,* Bruxelles, Labor, 2006, pp. 114-115, note 80) mais il a disparu des collections. Voir aussi Francis Balace, «Les maurrassiens belges après 1945», *op. cit.,* p. 82.

75 Il s'agit en fait de la publication de trois textes très différents, *L'Etat corporatif* de 1935, le *Projet de Constitution d'un Etat corporatif* (publié dans le numéro d'avril 1940) de la *ROC* et *Les Fondements historiques de la souveraineté belge,* un inédit daté de juillet 1940.

76 Charles Anciaux, *L'Etat corporatif. Lois et conditions d'un régime corporatif en Belgique,* Bruxelles, Editions Espes, 1942, pp. 226-227.

77 André Frantzen, *La Révolution conservatrice,* Anvers, Editions du Lion, 1953.

publicité, était l'administrateur-délégué[78] du *Phare-Dimanche* où Paul Dresse de Lébioles, reprenant le pseudonyme Fabricius de feu Anciaux, publiera toute une série d'articles à la gloire de Maurras à partir de 1949.[79] Dans les mêmes eaux, un autre ancien de la *ROC,* Jacques Broussier, entrera à l'hebdomadaire ultra *Septembre,* issu de la LN, lorsqu'il fusionnera en 1945 avec *Le Cyrano,* puis démissionnera au bout de trois mois après avoir publié des articles très violents sur l'attitude des communistes dans les camps de concentration et provoqué une cascade de plaintes en justice. Il animera les «Conférences belges», tandis que Georges Rhodius, devenait un des piliers des Groupements royalistes unis et de *Septembre,* ainsi que le secrétaire national de l'Union des fraternelles de l'Armée de campagne (UFAC) 40-45. Le prince Frédéric de Mérode, Georges Rhodius et le Dr Léopold Falmagne participeront en 1945 aux premières activités publiques des groupes léopoldistes, ce qui n'avait rien d'étonnant: Rhodius avait fondé pour la défense de Léopold III le Groupement national belge (GNB) avec la princesse Jean de Mérode, née Marie-Louise de Bauffremont, qui était la mère de Frédéric. Pendant l'occupation, c'est avec elle qu'il avait dirigé l'Œuvre nationale de service social aux familles de militaires et le service Assistra, couverture à des regroupements clandestins.[80] Le sort frappera durement Henry Brunninghausen, auteur du seul article vraiment antisémite publié par la *ROC* en avril 1939:[81] arrêté pour faits de résistance, il connaîtra les camps de concentration d'Oranienburg, Sachsenhausen et Dachau et en tirera un livre émouvant.[82]

78 André FRANTZEN, *L'Ordre corporatif dans la Belgique ancienne. Les fondements historiques du corporatisme belge,* Bruges, Desclée de Brouwer, 1941; Els de BENS, *De belgische dagbladpers onder duitse censuur (1940-1944),* Anvers-Utrecht, Nederlandse Boekhandel, 1973, p. 386; Robert LARMINIER, *Les Paladins du roi,* Bruxelles, Pastur, 1952, pp. 276-296; Colette DUPONT, *Les Mouvements Léopoldistes 1945-50. Organisation et action,* mémoire de licence en histoire, Université de Liège, 1983-1984, pp. 147/22-30.

79 Francis BALACE, «Les maurrassiens belges après 1945», *op. cit.,* p. 80.

80 Francis BALACE, «Plus royalistes que le Roi? Les mouvements léopoldistes», in: Michel DUMOULIN, Mark VAN DEN WIJNGAERT, Vincent DUJARDIN (éds.), *Léopold III,* Bruxelles, Complexe, 2001, pp. 253-301 (p. 255). Georges Rhodius publiera après-guerre à Gembloux l'historique de l'O.N.S.S.F.M.

81 Henry B. de HARVEN, «Les Juifs et nous», *in: ROC,* avril 1939, pp. 422-429. Tout en regrettant que «les Allemands s'arrogent le caractère d'une race élue et font aux Juifs un sort cruel», la *ROC* conseillait, pour que les Juifs soient «reconnaissables», la lecture de *L'Ethnie française* de Georges Montandon. Elle avait déjà déclaré préférer le concept de nation à celui de race mais s'appesantissait sur le rôle des Juifs dans les révolutions et réclamait une enquête sur le «racisme juif» (FABRICIUS, «L'épiscopat et le racisme», *in: ROC,* décembre 1938, pp. 171-174).

82 Ecrits en 1946 à son retour, ses souvenirs sont publiés sous le titre *Mémoires d'un autre monde: dossier N° 355,* Jalhay, Foxmaster, 1994.

Mais le monarchisme léopoldiste le plus exacerbé se pare volontairement après 1945 des oripeaux de la fidélité aux principes constitutionnels, du culte des libertés, l'expérience de l'occupation et d'un ordre nouveau imposé par l'étranger ayant détourné les anciens adeptes de la monarchie autoritaire et du corporatisme chrétien «de leurs vieux songes dénaturés».[83] Et l'oubli tombera sur Anciaux, ses revues, ses amis et surtout ses projets de réforme constitutionnelle que le très radical spécialiste de la chose François Perin estimera marqués de «l'imagination étonnante» de leur auteur, pour conclure que «toutes ces idées, qui eurent leur succès, n'ont plus aucun cours aujourd'hui».[84]

83 Raymond VERLAINE, *Voyage autour de nos Chambres,* Esneux, Chez l'auteur, 1951, pp. 104-105.

84 François PERIN, *La démocratie enrayée. Essai sur le régime parlementaire belge de 1918 à 1958,* Bruxelles, 1960, pp. 150-151.

Essor et déclin du corporatisme au Canada français (1930-1960): une introduction

E.-Martin MEUNIER et Michel BOCK
Université d'Ottawa

> Seul un pareil traitement peut régénérer notre humanité, peut ordonner la vie économique et sociale, peut assurer à la Corporation l'âme qui lui est absolument nécessaire pour donner tout ce qu'elle doit donner, pour répondre aux espoirs déjà fondés sur elle, pour être tout ce qu'elle doit être: la pierre d'assise de l'Ordre nouveau et le signe révélateur d'une chrétienté pacifiée.
> Richard Arès, *L'Ame de la Corporation,* Montréal, Ecole sociale populaire, 1940, p. 32.

Au Canada français, le corporatisme a connu une unité doctrinale relativement grande. Il n'a pas subi le même fractionnement idéologique qu'en France, par exemple, où «traditionalistes» et «modernisateurs» ont proposé des conceptions divergentes de la doctrine corporatiste qui tenaient dans une large mesure à un rapport différencié à l'Etat, comme l'a montré Olivier Dard.[1] Le corporatisme canadien-français a puisé à deux grandes sources: le catholicisme social, celui des encycliques, notamment, et le nationalisme traditionaliste. Sans aller jusqu'à le réduire à une simple application à la sphère économique de la logique du groulxisme,[2] force est de constater l'étroitesse des liens qui unissent les principaux intellectuels du corporatisme à l'idéologie de l'abbé Lionel Groulx, celui qui a été le principal maître à penser du mouvement nationaliste canadien-français pendant la première moitié du XXe siècle. Dans le contexte canadien-français des années trente, le corporatisme d'Etat ne trouve preneur qu'auprès d'une minorité d'idéologues et de polémistes, son rayonnement souffrant mal la comparaison avec celui du corporatisme social (dit aussi corporatisme d'asso-

1 Olivier DARD, «Le corporatisme entre traditionalistes et modernisateurs: des groupements aux cercles du pouvoir», *in:* Didier MUSIEDLAK (dir.), *Les expériences corporatives dans l'aire latine,* Berne, P. Lang, 2010, pp. 67-102.

2 Le groulxisme conçoit la nation canadienne-française comme une communauté de langue, de culture, de foi et de mémoire structurée non pas par l'Etat mais par une organisation sociale gravitant essentiellement autour de l'institution ecclésiastique. *Cf.* Michel BOCK, *Quand la nation débordait les frontières. Les minorités françaises dans la pensée de Lionel Groulx,* Montréal, Hurtubise HMH, 2004.

Le Corporatisme dans l'aire francophone au XXe siècle. Etudes réunies par Olivier DARD. Berne: Peter Lang, 2011. ISBN 978-3-0343-1066-6.

ciation) dont les penseurs, sans s'inscrire dans l'apolitisme,[3] n'en privilégient pas moins la décentralisation et la subsidiarité dans la structuration de l'organisation sociale. La pensée corporatiste canadienne-française entretient, par le fait même, une méfiance jamais démentie envers l'Etat, dont elle ne cherche pas à transformer les institutions. Pendant les années 1930, les nationalistes traditionalistes voient dans le corporatisme le seul recours possible contre le désordre social engendré par la dérive du capitalisme et du libéralisme, et l'unique rempart contre la menace des totalitarismes communiste et fasciste.

Si le corporatisme parvient à faire de profondes incursions dans les milieux intellectuels, il réussit rarement, toutefois, à les déborder. Certes, il peut compter sur un certain nombre de vecteurs de diffusion dont, au premier chef, la revue groulxiste *L'Action nationale,* héritière de la défunte *Action française* refondée au plus fort de la crise, en 1933, et sur l'Ecole sociale populaire. Le corporatisme trouvera bien quelques appuis dans la sphère politique, mais bien peu dans l'ensemble. La guerre et ses suites donneront le coup de grâce au corporatisme, alors qu'une nouvelle génération d'intellectuels, parfois recrutés parmi les disciples de l'abbé Groulx (devenu chanoine), l'assimilera au fascisme, au traditionalisme et à l'ensemble des facteurs qui auraient conduit, historiquement, à l'infériorité économique des Canadiens français et à leur incapacité à entrer de plain-pied dans la modernité. La Révolution tranquille des années 1960 achèvera de discréditer le corporatisme qui sera sacrifié sur l'autel de l'Etat-providence et oublié dans les méandres de l'histoire du Canada français.

L'essor du corporatisme dans les années 1930

Comme l'indique l'historien québécois Pierre Trépanier, l'action corporatiste au Canada français se résume à peu de chose avant les années 1930.[4] Au tournant du siècle, on cherche plutôt, en s'inspirant de l'encyclique *Rerum Novarum,* à développer le syndicalisme catholique et le mouvement coopératif. Le corporatisme est absent aussi des pages de *L'Action française,* qui occupe l'avant-scène du mouvement nationaliste au lendemain de la Première Guerre mondiale.[5] La revue renvoie à l'occasion aux corporatistes français, dont Georges

3 *Cf.* André J. BÉLANGER, *L'apolitisme des idéologies québécoises. Le grand tournant de 1934-1936,* Québec, Presses de l'Université Laval, 1974.

4 Pierre TRÉPANIER, «Quel corporatisme?», *in: Les Cahiers des Dix,* N° 49, 1994, pp. 177-178.

5 *L'Action française* de Montréal, bien qu'elle ait emprunté son titre au journal de Maurras, s'en distingue nettement sur plusieurs questions importantes dont, au

Valois et René de La Tour du Pin, mais «ne [retient] de ces auteurs que leur critique du libéralisme et non leur projet de réforme sociale par l'organisation corporative».[6] Ici, comme en bien des lieux de la catholicité, il faudra attendre la publication de *Quadragesimo Anno,* en 1931, pour qu'une véritable salve corporatiste se fasse entendre. Rien d'étonnant alors que celle-ci soit d'abord venue des milieux ecclésiastiques dans une nation que l'on disait l'une des trois plus catholiques et cléricales au monde, avec la Pologne et l'Irlande.

L'Ecole sociale populaire et le corporatisme

Fondée en 1911 au sortir du Congrès eucharistique international de Montréal, l'Ecole sociale populaire voit le jour dans un contexte de cléricalisation de la société canadienne-française. Œuvre d'éducation et de dévotion, l'Ecole est une initiative des jésuites et se fait connaître dès sa fondation pour ses retraites fermées et, un peu plus tard, pour la fondation des Semaines sociales du Canada – inspirées de l'œuvre du même nom en France. Les artisans de l'Ecole sociale populaire, le père Joseph-Papin Archambault en tête, sont tous épris de la France, véritable vecteur civilisationnel selon eux. Archambault est de l'équipe de fondation de la revue *L'Action française*. Il est un nationaliste canadien-français, il est autonomiste mais pas indépendantiste. Catholique social de la première heure au Canada français, Archambault devient le directeur de l'Ecole sociale populaire en 1929 et c'est sous son impulsion que l'institution connaîtra ses plus belles heures.[7] Travailleur infatigable, Archambault sait s'entourer des bonnes plumes, tant laïques que cléricales, et multiplie les œuvres.[8]

premier chef, le rapport au politique et la place qu'occupe le catholicisme dans son idéologie nationaliste. Pour un résumé du débat historiographique sur le maurrassisme au Canada français, *cf.* Michel BOCK, «L'influence du maurrassisme au Canada français: retour sur le cas de Lionel Groulx», *in:* Olivier DARD (dir.), *Charles Maurras et l'étranger. L'étranger et Charles Maurras,* Berne, P. Lang, 2009, pp. 135-152.

6 Jean-Claude DUPUIS, «La pensée économique de *L'Action française* (1971-1928)», *in: Revue d'histoire de l'Amérique française,* vol. 47, N° 2, automne 1993, p. 212.

7 Sur le père Archambault, *cf.* Frédéric BOILY, «Une figure du catholicisme social canadien-français de l'entre-deux-guerres: le père Joseph-Papin Archambault, s.j.», *in: Mens. Revue d'histoire intellectuelle de l'Amérique française,* vol. 1, N° 2, printemps 2001, pp. 141-161. *Cf.* aussi, du même auteur, *Le conservatisme au Québec. Retour sur une tradition oubliée,* Québec, Presses de l'Université Laval, Coll. «Prisme», 2010.

8 «On met sur pied un service de presse hebdomadaire (1933-1939) auquel est affiliée une centaine de journaux. L'Ecole de formation sociale est organisée en 1931 et, en 1933, on annoncera l'ouverture de l'Ecole normale de Vaudreuil, lieu de formation de conférenciers et de propagandistes de la doctrine sociale de l'Eglise. Les journées

Le *corpus* laissé à l'histoire par l'Ecole est considérable, surtout si l'on considère qu'aux publications mensuelles qui vont de 1928 à 1955, s'ajoutent le bimensuel de *L'Ordre nouveau* de 1936 à 1941, qui sera renommé en 1941 revue *Relations, l'Œuvre des tracts* et de nombreux ouvrages publiés au sein du réseau. L'Ecole est traversée par diverses périodes. De 1928 à 1932, la promotion de la doctrine sociale de l'Eglise, de la famille et de l'éducation occupe le premier plan. La période de 1933 à 1938 est la plus riche, la promotion du corporatisme et la critique du communisme dominant les préoccupations. Enfin, de 1941 à 1943, la réflexion sur le corporatisme est plus explicitement liée au catholicisme. Par la suite, la thématique du corporatisme refera surface épisodiquement, notamment avec l'ajout de nouvelles plumes, dont celles de la nouvelle garde des années 1950.[9]

A l'Ecole sociale populaire, l'idée du corporatisme s'impose deux ans après la publication de *Quadragesimo Anno,* notamment en réponse au Manifeste de Régina du Commonwealth Co-operative Federation (CCF), premier groupe à tendance socialiste, ancêtre de l'actuel Nouveau Parti démocratique du Canada, fondé en 1932. Réponse à la crise de 1929, le Manifeste de Régina prône diverses nouvelles mesures sociales qui seront plus tard adoptées par les sociaux-démocrates (assurance-emploi, assurance-récolte, pension de vieillesse, etc.). Il favorise aussi une intervention considérable de la part du gouvernement fédéral, encadre la propriété privée, promeut une centralisation des pouvoirs pour la coordination des efforts de redressement économique et social et cherche à faciliter la création de syndicats. A l'initiative du père Archambault, se réunit à Montréal un groupe de treize ecclésiastiques, dont trois futurs évêques et le père dominicain Georges-Henri Lévesque, qui fondera, en 1938, l'Ecole des sciences sociales de l'Université Laval. Un examen minutieux du Manifeste de Régina conduit les Treize à rédiger un programme alternatif. Y sont critiqués la vision matérialiste du Manifeste ainsi que le recours à une certaine mise en conflit des rapports sociaux. Selon le groupe des Treize, la démarche proposée par le CCF contribuera inévitablement à accroître le chaos de la société industrielle et à

---

anticommunistes verront le jour en 1934. Toutes les campagnes de cette décennie sont appuyées par des causeries à la radio, des manifestations publiques, des cours et des conférences, des journées sociales et des cercles sociaux. [...] Finalement, la naissance [du bimensuel] *Ordre nouveau,* en 1936, viendra compléter cette organisation de diffusion.» Gilles ROUTHIER, «L'ordre du monde. Capitalisme et communisme dans la doctrine de l'Ecole sociale populaire, 1930-1936», *in: Recherches sociographiques,* vol. 22, N° 1, 1981, p. 10.

9 Voir G.-Raymond LALIBERTÉ, «Dix huit ans de corporatisme militant. L'Ecole sociale populaire de Montréal, 1933-1950», *in: Recherches sociographiques,* vol. 21, N° 1-2, 1980, p. 70.

attiser les intérêts de classe. Si on salue l'idéal de justice sociale qui l'anime, on critique en revanche l'aspect mécanique du Manifeste, qui oublie que la réforme du libéralisme ne peut passer que par une réforme en profondeur des mœurs.

La réunion des Treize donne ainsi lieu, en 1933, à la rédaction du premier *Programme de Restauration sociale,* qui sera bientôt suivi du second, publié en 1934-1935 et signé cette fois par une brochette d'intellectuels les mieux connus au Canada français, épousant les vues de l'Ecole sociale populaire. On retrouve notamment, parmi ce groupe sélect, Esdras Minville, Albert Rioux, Philippe Hamel, Arthur Laurendeau et René Chaloult. L'idée même de Restauration sociale importe peut-être plus que le corporatisme en tant que tel, ce dernier ne représentant que l'application d'une série de moyens; et on sent qu'au sein des divers écrits, la dimension utopique supplante la dimension pragmatique.[10] Il semble clair que les artisans de l'Ecole sociale populaire sont davantage «spiritualistes» que «réalistes», pour reprendre le diptyque de l'historien Dard.[11] Selon Clinton Archibald, le seul politologue ayant consacré sa thèse doctorale au corporatisme au Québec, le *Programme de Restauration sociale* de l'Ecole sociale populaire tiendrait tout entier dans un quadruple constat inspiré des grandes lignes de l'Encyclique *Quadragesimo Anno:*

- le système économique capitaliste libéral conduit à la crise économique;
- il attise les conflits de travail et les dissensions;
- il favorise l'égoïsme et le règne de l'intérêt individuel;
- il accroît malencontreusement la dépendance à l'Etat et à son intervention jugée intrusive.[12]

> Le capitalisme, d'affirmer Esdras Minville dans le *Programme de restauration sociale,* n'a rien en soi qui contredise la morale. Ce qui l'a gâté, profondément ébranlé, ce sont les abus. [...] La liberté est nécessaire, ajoute-t-il, mais il ne faut pas la confondre avec la licence. Les lois économiques existent, mais elles n'ont pas la priorité sur la justice. Le capitalisme a mieux à faire que d'entasser des richesses.[13]

Pour plusieurs, ces conditions mèneraient tout droit au socialisme, fils illégitime de l'individualisme bourgeois, lui-même produit de la Révolution

10 *Cf.* Jean-Philippe WARREN, «Le corporatisme canadien-français comme ‹système total›. Quatre concepts pour comprendre la popularité d'une doctrine», *in: Recherches sociographiques,* vol. 45, N° 2, 2004, pp. 219-238.

11 Olivier DARD, *Le rendez-vous manqué des relèves des années 1930,* Paris, Presses universitaires de France, 2002.

12 Clinton ARCHIBALD, *Un Québec corporatiste? Corporatisme et néo-corporatisme: du passage d'une idéologie corporatiste sociale à une idéologie corporatiste politique. Le Québec de 1930 à nos jours,* Hull, Editions Asticou, 1983.

13 Esdras MINVILLE, «Le capitalisme et ses abus», *in: Pour la Restauration sociale*, Montréal, Ecole sociale populaire, N° 232-233, 1933, p. 17.

française, mère et gauchissement de l'état de nature. D'après les signataires du *Programme de Restauration sociale,* pour sortir de ce bourbier, «un effort énergique de redressement»[14] est nécessaire. Contre tous ces maux, ils préfèrent la prospérité, l'harmonie, le partage et la mutualité et l'étanchéité entre la société civile et l'Etat. Le *Programme* revendique «l'aménagement d'un ordre corporatif qui déchargerait l'Etat d'un bon nombre de tâches secondaires dont on l'accable», tout en exigeant que les autorités politiques mettent un frein à l'immigration en période de chômage chronique et qu'elles imposent le respect de la dualité nationale, ou le «principe d'égalité des deux races» fondatrices de la Confédération canadienne. Les corporatistes tentent aussi d'effectuer une percée dans les milieux politiques lorsqu'ils lancent, en 1934, l'Action libérale nationale (ALN), formation qui deviendra le «véhicule politique des revendications des signataires du Programme [de restauration sociale] et des membres de la Ligue d'action nationale».[15] Le nouveau parti, qui connaît un succès remarquable aux élections provinciales de 1935 en faisant élire 26 des 90 députés à l'Assemblée législative,[16] conclut une alliance avec le Parti conservateur de Maurice Duplessis qui, sous la bannière de l'Union nationale, parvient, l'année suivante, à détrôner les libéraux qui régnaient sans partage sur le Québec depuis quarante ans. Entre les mains du nouveau premier ministre, toutefois, la coalition sera purgée de ses idées corporatistes, ainsi que d'une bonne partie de sa substance nationaliste. Les groulxistes, il va sans dire, verront dans ce revirement une trahison de la pire espèce.[17]

S'il nécessite un appui politique, l'établissement de l'ordre corporatiste, pour les nationalistes des années 1930, doit d'abord passer par la réforme morale de chaque personne:

> Les causes principales de la crise, affirment les signataires du *Programme de Restauration sociale,* sont d'ordre moral et […] nous la guérirons surtout par le retour à l'esprit chrétien: esprit de justice, de charité, de modération, respect des droits de Dieu et des droits du prochain.[18]

Cette notion d'ordre revient partout, notamment dans les écrits d'Archambault, mais aussi dans ceux de son coreligionnaire le jésuite Richard Arès, qui

14 Ecole sociale populaire, *Programme de Restauration sociale,* Montréal, Ecole sociale populaire, N° 239-240, 1934, p. 5.

15 Pascale RYAN, *Penser la nation. La Ligue d'action nationale, 1917-1960,* Montréal, Leméac Editeur, 2006, pp. 107-108.

16 *Cf.* http://www.assnat.qc.ca/fr/patrimoine/chronologie/chrono63.html (page consultée le 27 mai 2011).

17 Lionel GROULX, *Mes Mémoires,* t. III: *1926-1939,* Montréal, Fides, 1972, pp. 301-329.

18 Ecole sociale populaire, *Programme de Restauration sociale,* Ecole sociale populaire, N° 239-240, 1934, p. 5.

deviendra rédacteur en chef de la revue *L'Ordre nouveau* et à qui sera confiée la rédaction des nombreux catéchismes sur l'organisation corporative, sur la doctrine sociale de l'Eglise, et aussi sur l'anticommunisme.[19] «L'ordre doit régner partout; et c'est la glorieuse mission de l'Eglise de le garder, d'abord dans la vie morale, mais même, si le salut des âmes l'exige, dans la vie économique et sociale.»[20] Si le libéralisme débridé est vu comme le siège du désordre, le communisme en serait la résultante tout aussi chaotique. La lutte contre le communisme deviendra vite le principal thème des brochures mensuelles de l'Ecole sociale populaire. Selon l'historien Laliberté, qui a étudié l'ensemble du *corpus* de 1933 à 1950 de l'Ecole, 12,3 % des brochures de cette période sont consacrées à l'anticommunisme ou à une critique de ses dérivés. La plupart d'entre elles paraissent entre 1933 et 1938. Cette insistance a de quoi surprendre dans le contexte politique du Canada français des années 1930. Mis à part le CCF qui prône, depuis la lointaine Saskatchewan, quelques éléments d'un programme social-démocrate, on ne retrouve pas une pléthore de mouvements de gauche à cette époque.[21] C'est à peine s'il existe quelques groupes à tendance socialiste, souvent réduits par ailleurs à la plus pure clandestinité. Dans une brochure intitulée *Le plus grand péril,* qui traite du communisme au Canada français, Joseph-Papin Archambault doit consacrer plusieurs pages à la nomenclature des groupes et sympathisants socialistes pour tenter de convaincre le lecteur de la plausibilité de cette crainte. Le *Petit Catéchisme de l'anticommunisme*[22] fournit citation papale sur citation papale pour légitimer le bien-fondé de l'entreprise. On invoque même la théorie de la combustion instantanée:

> Le communisme au Canada, déclarait S. Em. le Cardinal Villeneuve, est une réalité. Le feu [...] est allumé parmi nous. Si tous les efforts ne se concertent [pas], l'incendie va se développer rapidement et il ravagera sans aucun doute et nos institutions et notre société.[23]

19 Sur Richard Arès, *cf.* Pierre TRÉPANIER, «Richard Arès», *in: L'Action nationale,* février 1992, pp. 167-193.

20 Richard ARÈS, *L'Ame de la Corporation,* Montréal, Ecole sociale populaire, N° 312, 1940, p. 26.

21 Voir Robert COMEAU et Bernard DIONNE, *Les Communistes au Québec 1936-1956. Sur le Parti communiste/Parti ouvrier-progressiste,* Montréal, Les Presses de l'Unité, 1981. *Cf.* également Marcel Fournier, *Communisme et anticommunisme au Québec (1920-1950),* Montréal, Les Editions coopératives Albert Saint-Martin, 1979.

22 Richard ARÈS, *Petit catéchisme anticommunisme,* Montréal, Ecole sociale populaire, N° 277, 1937.

23 Joseph-Papin ARCHAMBAULT, *La pensée sociale du cardinal Villeneuve,* Montréal, Ecole sociale populaire, N° 408-409, 1948, p. 12.

La crainte dépasse l'emprise réelle des doctrines socialistes au Québec. Elle témoigne curieusement aussi bien d'une volonté de participer à l'imaginaire catholique romain de l'époque que d'une peur véritable de voir l'industrialisation des villes et son individualisme latent se changer en socialisme mettant en péril la foi catholique. La crainte que soulève le communisme dissimule, au fond, une peur bien plus grande, celle de l'athéisme: c'est moins la question de la propriété qui pose véritablement problème que celle du futur du christianisme.

Si l'anticommunisme semble se nourrir bien plus du contexte européen que du contexte canadien-français, à commencer par la guerre d'Espagne, le corporatisme de l'Ecole sociale populaire ne subit que faiblement, en revanche, l'influence des corporatismes d'Europe. On les discute tous cependant: de nombreuses brochures présentent les subtilités de la corporation de Fribourg, l'enchevêtrement des divers paliers de juridiction du système suédois, le modèle dit autoritaire de Mussolini; plusieurs autres explicitent longuement, encycliques à la main, ce qui doit impérativement être au menu de tout corporatisme catholique. Certes, la figure de Salazar impressionne, si bien, d'ailleurs, qu'on le publiera à trois reprises dans la série des brochures de l'Ecole. Par ailleurs, quelques intercesseurs, dont René de La Tour du Pin et Albert de Mun, sont nommés et leurs œuvres brièvement discutées. Si les artisans de l'Ecole sociale populaire marchent dans leurs pas, ils ne semblent pas véritablement faire œuvre de continuateurs. Dans leurs écrits, les penseurs du corporatisme français semblent davantage jouer le rôle de *visa idéologique,*[24] émaillant ça et là leurs textes, davantage, peut-être, pour faire valoir une référence savante que pour structurer axiologiquement leur propos.[25] En revanche, des auteurs de moindre importance du monde catholique européen, dont le père Müller, jésuite d'Anvers, et Eugène Duthoit, président des Semaines sociales de France, sont des références usuelles et sont considérés comme de véritables maîtres en la matière (ils seront d'ailleurs tous les deux publiés dans la série des brochures de l'Ecole).

24 Voir André J. BÉLANGER, *Ruptures et constantes. Quatre idéologies du Québec en éclatement: La Relève, la JEC, Cité Libre, Parti Pris,* Montréal, Hurtubise HMH, 1977.

25 Prenons cet exemple où l'on se félicite de l'homologation par les pouvoirs publics du contrat collectif en tant que convention consacrée et obligatoire en s'exclamant: «c'est du La Tour du Pin ‹cent pour cent› comme on dit aujourd'hui!» Paul CHIASSON, «Renaissance corporatiste au Canada», *in: L'Organisation corporative,* Montréal, Ecole sociale populaire, N° 256, 1935, p. 29.

Le corporatisme social d'Esdras Minville

L'Ecole sociale populaire n'agit pas seule. Elle fait partie de ces associations nationalistes et catholiques qui s'intéressent toutes à la promotion d'un corporatisme social ou d'association. Dirigée par Lionel Groulx, la revue *L'Action française,* qu'on a qualifiée de «quasi corporatiste»,[26] est l'une d'elles. Publiée de 1917 à 1928, elle compte parmi ses collaborateurs les plus fidèles l'économiste Esdras Minville qui deviendra, pendant la crise, le penseur corporatiste le plus influent et le plus important du Canada français. Professeur à l'Ecole des hautes études commerciales de Montréal, président de la Ligue d'action nationale, Minville produira une œuvre de très haut calibre qui s'enracinera profondément dans le terreau du groulxisme.[27]

Si l'abbé Groulx, l'éminence grise de *L'Action nationale,* qui succède à *L'Action française* en 1933, s'intéresse somme toute assez peu à la question économique et s'applique davantage à fournir au peuple canadien-français ce qu'il appelle ses «lignes de force» culturelles, historiques et spirituelles, Minville cherchera, pour sa part, à lier le relèvement national du Canada français à la réforme de son organisation socio-économique, tout en subordonnant les conditions matérielles de son existence à ses finalités spirituelles. Dès 1936, Minville donne le ton en proposant un article systématique (voire technique) dans lequel il élabore un projet de réorganisation sociale et nationale basée sur la fondation de chambres locales réunissant syndicats confessionnels et patronats des mêmes milieux, structures modérées par des chambres régionales mises en contact par un bureau d'étude devant examiner les demandes acheminées vers le haut. Cette structure serait chapeautée d'un office national des forces productives visant à arbitrer les conflits, à administrer les tribunaux du travail et à mettre sur pied de divers chantiers nationaux, tout en demeurant indépendant de l'Etat provincial et fédéral.[28] Minville est suivi de près par Richard Arès qui, dans son *Catéchisme de l'organisation corporative,* définit en substance – à la thomiste – chacun des termes et établit les types de corporatisme. Dès 1938, la distinction entre «le corporatisme social et le corporatisme politique» est lancée: «[L]e premier assigne à la corporation un rôle d'ordre social et économique, le second estime que la corporation doit en

26 Jean-Claude DUPUIS, «La pensée économique de *L'Action française*», *loc. cit.,* p. 212.

27 Sur Minville, voir Dominique FOISY-GEOFFROY, *Esdras Minville. Nationalisme économique et catholicisme social au Québec durant l'entre-deux-guerres,* Sillery, Septentrion, 2004.

28 Esdras MINVILLE, *Comment établir l'organisation corporative au Canada,* Montréal, Ecole sociale populaire, N° 272, 1936, pp. 21-26.

outre jouer un rôle dans le gouvernement du pays.»[29] Arès renchérit en précisant que «le corporatisme prôné par les encycliques pontificales est un corporatisme professionnel, économico-social et d'association», laissant entendre que le type politique serait non seulement peu pertinent pour le Canada, mais catholiquement dans l'erreur. Le corporatisme d'association tant vanté par Arès prolonge en fait le raisonnement de Minville pour qui l'entreprise doit provenir du bas. Il s'accorde, il va de soi, avec l'idée même de *L'Ame de la Corporation* présentée par Arès et qui devait diffuser à tous les paliers – de la personne à sa famille, de la famille à la profession, puis de la profession jusqu'aux corporations – «l'esprit social chrétien de justice et de charité inspirateur d'une morale corporative et qui trouve son point de diffusion dans le bien commun».[30] C'est donc à un modèle concentrique, calque du modèle paroissial, du bas jusqu'à sa totalisation, qu'était convié l'ensemble des Canadiens français.

Dans un contexte fédéral et binational comme celui du Canada, la question litigieuse du champ d'application d'un éventuel régime corporatiste s'impose d'elle-même. Autrement dit, quelle corporation pour quel Canada? Doit-on exclure les autres nations ou les autres confessions de l'organisation corporative? Doit-on centrer cette dernière sur le territoire de la province de Québec ou l'ouvrir à l'ensemble du Canada? Bien que dans sa pensée, le corporatisme, universel par définition, puisse s'appliquer à l'ensemble du pays, force est de convenir, dira Minville, que:

> Depuis bientôt soixante-dix ans la politique fédérale s'efforce sans succès de concilier les intérêts purement économiques et administratifs des différentes parties de notre pays et de la population. Comment pourrions-nous espérer réussir d'un seul coup une réforme qui met en jeu des principes autrement plus élevés, et qui va jusqu'à prétendre modifier l'attitude de l'homme vis-à-vis de l'économique, du social et du politique? [...] jusqu'à quel point le Canada, comme nous le connaissons, constitue-t-il un champ convenable à une telle expérience?[31]

Et Minville de conclure en laissant aller cette phrase: «Le Canada, a-t-on dit, est une absurdité géographique. Sur cette absurdité géographique on a bâti la Confédération, qui est une absurdité politique.»[32] Pour lui, le succès du corporatisme dépend donc de l'unité spirituelle de la nation dans laquelle il s'incarne. C'est pourquoi le corporatisme lui semble avoir été taillé sur

29 Richard Arès, *Catéchisme de l'organisation corporative,* Montréal, Ecole sociale populaire, N° 289-290, 1938, pp. 21-22.

30 Richard Arès, *L'Ame de la Corporation, loc. cit.*, p. 29.

31 Esdras Minville, *Comment établir l'organisation corporative au Canada, op. cit.*, 1936, p. 5.

32 *Ibid.*, p. 5.

mesure pour le peuple canadien-français, auquel il pourrait se lier de façon parfaitement organique:

> [N]ous croyons que pour mettre de notre côté toutes les chances de succès dans notre tentative d[']implanter [l'institution corporative] dans la province de Québec d'abord et le reste du Canada ensuite, nous devons commencer à l'organiser, non pas dans un territoire donné, mais chez le groupe humain qui, par sa situation et son esprit, est le plus apte à la comprendre et à en assurer le triomphe – savoir le groupe canadien-français.
>
> Autant le territoire canadien et la province de Québec, considérés comme champ d'action, offrent [des] obstacles quasi insurmontables à nos projets de réforme sociale, autant la population canadienne-française, considérée comme un tout, présente l'homogénéité économique, morale et spirituelle que nous avons [...] jugée indispensable au succès d'une telle entreprise: unité de culture et d'aspirations, et, ce qui plus est, unité de foi religieuse et, par celle-ci, adhésion au moins tacite à la doctrine que nous prétendons réaliser. [...] D'autant plus que la nécessité d'une réforme sociale coïncide chez nous avec un impérieux besoin de restauration nationale.[33]

En 1942, dans l'un des articles les plus précis et articulés de l'ensemble du *corpus* de l'Ecole sociale populaire, le juriste Maximilien Caron, faisant sienne la pensée de Minville, tente de définir les contours véritables d'un corporatisme provincial enchâssé dans un ordre fédératif parfois hostile à sa volonté d'autonomie. Pour lui, l'organisation corporatiste privilégiée au Canada français «veut s'accommoder de notre constitution et [...] ne recherche aucune participation directe du gouvernement de la chose publique».[34] Elle peut toutefois profiter de certaines conditions inscrites dans la Constitution de l'Acte de l'Amérique du Nord britannique, à commencer par les avantages conférés par la reconnaissance du droit civil et le fait que l'exploitation des ressources naturelles est de juridiction provinciale.[35] Ces quelques avantages conférés au Québec lors du grand partage des compétences entre l'Etat fédéral et les provinces, pourraient représenter la planche de salut du Canada français.

> [N]e serait-il pas plus logique que les provinces renoncent à leurs prérogatives et abandonnent à Ottawa toute l'autorité nécessaire à l'instauration d'une organisation corporative dans tout le pays? Si nous n'étions pas Français, si nous n'avions pas à défendre des droits nationaux sacrés, si notre conception des choses temporelles et éternelles ne différait pas de celle de la majorité de nos compatriotes de l'autre race, si nous ne tenions pas tant aux traditions, aux coutumes, au droit civil que nous ont légués nos ancêtres, nous pourrions [...] répondre: oui.[36]

33 Esdras MINVILLE, «L'organisation corporative sur le plan national canadien-français», *in: L'Action nationale,* septembre 1936, pp. 25-26.

34 Maximilien CARON, *L'organisation corporative au service de la démocratie,* Montréal, Ecole sociale populaire, N° 347, décembre 1942, p. 6.

35 *Ibid.,* p. 10.

36 *Ibid.,* p. 13.

Tout comme celui de Caron, le corporatisme de Minville s'inscrit donc plus largement dans une perspective nationaliste. Non seulement contient-il la solution à l'échec du libéralisme et du capitalisme, mais il représente aussi une arme dans le combat contre la «dictature économique» qui «écrase» le peuple canadien-français, qu'il faut soustraire «aux prises directes» de la minorité anglo-saxonne qui domine, de manière illégitime, il va sans dire, l'économie du Québec.[37] Pourtant, les Canadiens français possèdent de nombreux atouts qui faciliteraient, s'ils savaient les exploiter, leur relèvement économique et national. Non seulement ont-ils la prépondérance démographique du Québec, mais ils contrôlent à la fois le secteur agricole, la petite et la moyenne industrie et les professions libérales, tout en constituant la majeure partie de la force ouvrière. Si le contrôle de la grande industrie échappe aux Canadiens français, l'instauration d'un régime corporatiste, en remodelant l'économie de la province à leur image, les conduirait à évincer progressivement le grand capital anglo-saxon, c'est-à-dire canadien-anglais, britannique et, surtout, américain, qui exploite brutalement les ressources du Québec dans une parfaite indifférence à l'égard des intérêts nationaux de la majorité canadienne-française.[38]

Répétons-le: Minville est un nationaliste groulxiste. Pas plus que son maître à penser ne cherche-t-il à supprimer ou à transformer les institutions parlementaires du Québec et du Canada. L'organisation corporative dont il souhaite l'avènement pourra très bien s'accommoder du régime actuel. Comme Groulx, Minville trouve ailleurs que dans les institutions politiques qui le gouvernent les sources du mal, essentiellement spirituel, qui terrasse le peuple canadien-français.

> Ne l'oublions pas [, affirme-t-il sans détour] [...]: la dictature économique, plus puissante et plus arrogante chez nous que partout ailleurs, n'est que l'expression dans les faits d'un mal qui existe d'abord dans nos esprits. La crise est dans l'homme: cela est plus vrai peut-être de nous que de n'importe quelle autre nation.[39]

Le corporatisme de Minville s'avère donc un projet de réforme non pas institutionnelle ou politique, mais sociale et spirituelle. Il se veut une réponse aux aspirations profondes de la nation canadienne-française, de sorte qu'il ne revient pas au premier chef à l'Etat de l'imposer, ni même de le concevoir:

> Pour naître viable, s'établir sur des bases définitives, l'institution corporative ne doit pas être imposée d'autorité par un texte de loi ou autrement; elle doit jaillir de la réalité sociale elle-même, surgir de la masse populaire comme la réalisation d'un désir, le

37 Esdras Minville, «L'organisation corporative sur le plan national canadien-français», *loc. cit.*, p. 31.

38 *Ibid.*, pp. 28-29.

39 *Ibid.*, pp. 31-32.

> fruit d'une conviction profonde et générale, [en particulier] dans un pays comme le nôtre au régime démocratique et où l'institution corporative, par définition, doit demeurer indépendante des pouvoirs publics.[40]

Le rôle de l'Etat, tout de même considérable, doit cependant se limiter à une dimension «supplétive»: en plus de conférer aux corporations dûment constituées dans les divers secteurs d'activité économique du Québec une reconnaissance formelle et juridique, l'Etat veillera à orienter le développement économique et social, à fournir une assistance appropriée aux individus dans le besoin et à arbitrer les éventuels conflits qui pourraient surgir entre les acteurs économiques.[41]

Certains chercheurs ont vu dans cette conception du rôle de l'Etat une manifestation de l'apolitisme chronique qui aurait paralysé le Québec d'avant la Révolution tranquille des années 1960. Selon l'historien Pierre Trépanier, cette façon d'interpréter la nature du corporatisme social au Canada français manque de nuances puisque, selon lui, la corporation, corps intermédiaire légitimé par l'Etat dont il est le partenaire, représente un mode particulier d'inscription dans le politique, un mode qui privilégie toutefois la décentralisation des pouvoirs décisionnels au profit de chambres économiques régionales (bien que regroupées au sommet dans une chambre provinciale).[42] L'obligation de décentralisation qui se trouve au cœur du corporatisme de Minville découle d'une conception subsidiaire de l'Etat qui s'exprime par la valorisation du «pluralisme administratif» et par la critique de la bureaucratisation.[43] Le corporatisme minvillien n'est peut-être pas apolitique, mais il rejette à tout le moins l'idée que la société puisse disparaître dans l'Etat. Loin d'incarner la société ou la nation, l'Etat y est subordonné et représente, tout au plus, un outil mis à sa disposition. La pensée minvillienne s'oppose donc à toute forme d'étatisme et, à plus forte raison, au totalitarisme, qu'il s'agisse du communisme ou du fascisme.[44] A la lutte des classes, comme l'explique le sociologue Jean-Philippe Warren, le corporatisme oppose plutôt la coopération; à l'individualisme, le bien commun, partagé; au capitalisme sauvage, la planification; et au totalitarisme, encore une fois, la subsidiarité.

40 *Ibid.*, p. 28. Citation presque similaire *in:* Esdras MINVILLE, *Comment établir l'organisation corporative au Canada, op. cit.*, p. 11. Voir aussi Pierre TRÉPANIER, «Quel corporatisme?», *loc. cit.*, p. 200.

41 Dominique FOISY-GEOFFROY, «Esdras Minville et le nationalisme économique, 1923-1939», *in: Mens. Revue d'histoire intellectuelle de l'Amérique française,* vol. 1, N° 1, automne 2000, p. 63; Pierre TRÉPANIER, «Quel corporatisme?», *loc. cit.*, p. 184.

42 *Ibid.*, p. 193.

43 Jean-Philippe WARREN, «Le corporatisme canadien-français comme ‹système total›», *loc. cit.*, pp. 233-235.

44 *Ibid.*, p. 222.

Le corporatisme social remis en question

Les premières brèches

Si le corporatisme social ou d'association recueille l'immense majorité des appuis dans les milieux groulxistes, d'autres options n'en circulent pas moins au Canada français à cette époque. A l'extrême-droite, le Parti national social chrétien (PNSC), que fonde Adrien Arcand en 1934, fait franchement l'apologie du corporatisme d'Etat, du fascisme, voire du nazisme – pendant les années 1960, il servira d'ailleurs de mentor au négationniste néonazi Ernst Zündel, qui le remerciera d'avoir «fait de lui un Allemand».[45] Arcand propose une transformation radicale du régime politique, l'abolition des institutions parlementaires et leur remplacement par un Grand Conseil de la Nation à l'intérieur duquel seraient représentées non plus les partis, qui cesseraient d'exister, mais les corporations professionnelles. Il s'écarte de la sorte de la voie tracée par les nationalistes groulxistes, les corporatistes minvilliens et l'Ecole sociale populaire dont il ne partage à peu près aucune des références culturelles ou intellectuelles, allant même jusqu'à répudier le nationalisme canadien-français.[46] Arcand cherche plutôt à se rapprocher des milieux fascistes et antisémites du Canada anglais et de la Grande-Bretagne et à inscrire son mouvement dans l'orbite de la British Union of Fascists d'Oswald Mosley.

Le corporatisme d'Etat d'Arcand demeure toutefois marginal et ne réussit à rallier qu'une poignée de sympathisants. On n'y trouve d'ailleurs pas «l'empreinte de la latinité»[47] qui caractérise le discours du journal *La Nation* publié pendant les dernières années de la crise. Regroupés autour de Paul Bouchard, les jeunes collaborateurs du journal empruntent tantôt au maurrassisme, comme l'a montré Olivier Dard, tantôt au fascisme à l'italienne, sans toutefois que la cohérence idéologique soit toujours au rendez-vous.[48] Contrai-

45 Hugues THÉORÊT, «La campagne antisémite d'Adrien Arcand d'après-guerre: 1945-1967», thèse de maîtrise, département d'histoire, Université d'Ottawa, 2009, p. 159. Sur Arcand, *cf.* aussi Pierre TRÉPANIER, «La religion dans la pensée d'Adrien Arcand», *in: Les Cahiers des Dix,* N° 46, 1991, pp. 207-247.

46 Pierre TRÉPANIER, «Quel corporatisme?», *loc. cit.,* p. 180.

47 Olivier DARD, «De la rue de Rome au Canada français: influences ou transferts?», *in: Mens. Revue d'histoire intellectuelle de l'Amérique française,* vol. 8, N° 1, automne 2007, p. 30.

48 *Cf. ibid.;* Julien FABRE, «*La Nation:* les groulxiens devant la tentation fasciste, 1936-1939», *in: Bulletin d'histoire politique,* vol. 9, N° 2, hiver 2001, pp. 40-51; Pierre TRÉPANIER, *loc. cit.,* pp. 182-183. On trouve aussi cette référence au fascisme italien dans le discours des Jeunesses patriotes canadiennes-françaises, à peu près au même moment.

rement à Adrien Arcand, Paul Bouchard est un nationaliste canadien-français et se réclame fièrement du groulxisme, malgré tout ce qui l'en sépare. La révolution nationale qu'il appelle de ses vœux devra instaurer le corporatisme d'Etat, certes, mais aussi conduire le Québec à se libérer du carcan fédéral et à obtenir son entière indépendance politique. L'aventure de *La Nation,* qui ne paraît que de 1936 à 1939, sera brève, toutefois.[49] Déjà, en 1938, Bouchard et ses collaborateurs se laissent convaincre par l'abbé Groulx qui les exhorte à modérer leur discours et à rentrer dans le rang des traditionalistes. Encore une fois, le mal est dans les esprits, non pas dans le régime. Il serait vain, répète Groulx, d'exiger la transformation des institutions parlementaires avant que les Canadiens français ne développent une conscience nationale digne de ce nom.[50]

Lorsque la guerre éclate, des lézardes ont donc déjà menacé l'intégrité de l'édifice groulxiste, minvillien et de l'Ecole sociale populaire sur son flanc droit. Quelques brèches sont également apparues à gauche. L'union étroite des questions nationale et religieuse, l'un des fondements essentiels de l'idéologie nationaliste traditionaliste, essuie le feu de l'épiscopat canadien-français, qui procède à la dénationalisation des mouvements d'action catholique, prétextant l'universalité du catholicisme et son caractère par définition transcendantal.[51] Les groulxistes auront beau ruer dans les brancards, le lien entre corporatisme, nationalisme et catholicisme social n'ira plus nécessairement de soi, dès lors, dans tous les esprits. Pendant la guerre, la question qui domine les débats intellectuels et politiques du Canada français est celle du service militaire obligatoire. Du coup, la réflexion sur le corporatisme est repoussée à la marge, d'autant plus que, dans certains milieux hostiles aux

49 Voir Robert COMEAU, «L'idéologie petite-bourgeoise des indépendantistes de *La Nation,* 1936-1938», *in:* Fernand DUMONT, Jean-Paul MONTMINY, Jean Hamelin (dirs.), *Idéologies au Canada français, 1930-1939,* Québec, Presses de l'Université Laval, 1978, pp. 201-214.

50 Michel BOCK, «Apogée et déclin du projet national groulxiste. Quelques réflexions autour de *Directives* (1937)», *in:* Yvan LAMONDE, Denis SAINT-JACQUES (dirs.), *1937: Un tournant culturel,* Québec, Presses de l'Université Laval, 2009, pp. 27-38.

51 *Cf.,* à ce sujet, Jean HAMELIN, Nicole GAGNON, *Le XXe Siècle,* t. 1, *1898-1940,* [*in:* Nive VOISINE (dir.), *Histoire du catholicisme québécois*], Montréal, Editions du Boréal, 1984; Louise BIENVENUE, *Quand la jeunesse entre en scène. L'Action catholique avant la Révolution tranquille,* Montréal, Editions du Boréal, 2003; Giselle HUOT, «De l'esprit, du cœur et des lettres. La correspondance Georges-Henri Lévesque – Lionel Groulx (1934-1937)», *in: Les Cahiers d'histoire du Québec au XXe siècle,* N° 2, été 1994, pp. 61-83; E.-Martin MEUNIER, Jean-Philippe WARREN, *Sortir de la «Grande Noirceur». L'horizon «personnaliste» de la Révolution tranquille,* Sillery, Septentrion, 2002; Michael GAUVREAU, *The Catholic Origins of Quebec's Quiet Revolution, 1931-1970,* Montréal-Kingston, McGill-Queen's University Press, 2005.

nationalistes, on s'applique à associer le corporatisme canadien-français à l'ennemi fasciste. On constate même une certaine prise de distance vis-à-vis du corporatisme à l'intérieur même des milieux nationalistes, pour peu que l'expérience du Bloc populaire canadien en soit révélatrice. Le Bloc, fondé pour combattre la conscription militaire et la vague impérialiste (britannique, s'entend) qui a emporté l'essentiel de la classe politique canadienne-anglaise, adopte un programme qui témoigne des incursions qu'a déjà faites le keynésianisme dans le champ intellectuel et politique canadien-français.[52] Après la guerre, si le gouvernement du Québec, que dirige de nouveau l'Union nationale de Maurice Duplessis, refuse de remettre en question son adhésion au libéralisme économique et encourage le grand capital américain à poursuivre son expansion dans la province,[53] ailleurs, on découvre l'Etat-providence. «Le corporatisme paraît à côté bien exigeant, bien sage et bien austère»,[54] de rappeler Pierre Trépanier. Au principe de subsidiarité qu'on trouve au centre du corporatisme, on substituera, graduellement, une autre forme de solidarité fondée plutôt sur le principe de redistribution.

Les critiques citélibriste et néonationaliste

Dans le contexte de la croissance économique spectaculaire que connaissent le Canada et le Québec après 1945, croissance fondée sur l'expansion des secteurs secondaire et tertiaire que cherche à encadrer un Etat fédéral fortement centralisateur et, pour sa part, entièrement converti au keynésianisme et à l'Etat-providence, la réflexion sur la question socio-économique se renouvelle au sein de milieux intellectuels canadiens-français. En 1950, de jeunes polémistes, parmi lesquels se trouve le futur premier ministre du Canada, Pierre Elliott Trudeau, fondent la revue *Cité libre,* qui loge largement à l'enseigne des idées personnalistes de Maritain, de Mounier et d'*Esprit.*[55] Les citélibristes formulent une critique sévère du traditionalisme canadien-français, ou encore du «clériconationalisme», auquel ils imputent l'infériorité économique des Canadiens français et leur incapacité chronique à entrer de plain-pied dans la modernité. Dans un essai important publié en 1956,

52 Paul-André COMEAU, *Le Bloc populaire canadien, 1942-1948,* Montréal, Québec-Amérique, 1982.

53 *Cf.* Gilles BOURQUE, Jules DUSCHATEL, Jacques BEACHEMIN (dirs.), *La société libérale duplessiste, 1944-1960,* Montréal, Presses de l'Université de Montréal, 1994.

54 Pierre TRÉPANIER, *loc. cit.,* p. 203.

55 E.-Martin MEUNIER et Jean-Philippe WARREN, «De la question sociale à la question nationale: la revue *Cité libre* (1950-1963)», *in: Recherches sociographiques,* vol. 39, N° 2-3, mai-décembre 1998, pp. 291-316.

Trudeau s'emploie à brosser un tableau accablant des milieux intellectuels et ecclésiastiques du Canada français. Au banc des accusés se trouvent les nationalistes, les traditionalistes et, bien entendu, les corporatistes:

> Le corporatisme est sans conteste la plus importante des réformes où aimaient à se complaire nos penseurs sociaux. L'univocité, la constance, l'enthousiasme et la futilité, – avec lesquels les hommes les plus divers, dans les circonstances les plus différentes, pour les fins les plus opposées, prêchèrent l'évangile corporatiste, – constituent la preuve la plus accablante de notre monolithisme idéologique. [...] Plusieurs décennies de pensée sociale se résument presque en un seul mot: corporatisme. Il nous suffisait que ce mot se soit rencontré dans la bouche du pape, et que les Anglais n'en aient guère vanté les mérites, pour que nous y voyions une panacée universelle. Chacun était heureux de recommander ce remède miraculeux qui avait l'avantage de ne présupposer de sa part aucune réflexion critique. Chacun se crut dispensé de chercher des positions sociales qui pussent s'intégrer à la trame de l'histoire, puisqu'il suffisait de sanctionner le préjugé à la mode pour décrocher le titre de sociologue catholique et national.[56]

Trudeau enchaîne en déplorant la naïveté des penseurs du corporatisme qui, se laissant bercer par l'illusion, pouvaient croire que l'imposition d'une «superstructure légale» ne modifiant d'aucune façon les institutions transformerait en profondeur les rapports de classe et les inégalités sociales. En réalité, l'élite traditionaliste aurait plutôt vu le corporatisme «comme un moyen de domestiquer la force *démocratique* du syndicalisme [et] de discipliner les forces populaires».[57] L'«irréalisme» de la pensée sociale de l'élite, tout en tenant le Canada français à l'écart des grands mouvements de l'Histoire, l'aurait aussi empêché de «déboucher sur l'action politique»[58] et d'exploiter à sa juste valeur le pouvoir institutionnel de l'Etat et surtout de l'Etat fédéral, dont un nationalisme mal avisé s'obstinerait encore à rejeter les lumières... Irréaliste, la pensée corporatiste et nationaliste de l'élite s'avérait également, aux yeux de Trudeau, profondément apolitique.

La critique du corporatisme ne provient pas uniquement des milieux citélibristes, toutefois. Elle parvient aussi à rallier une nouvelle génération d'intellectuels qui cherche non pas à rejeter l'idéologie nationaliste en tant que telle, mais plutôt à la réconcilier avec une certaine idée de la modernité et à la purger, du coup, de son contenu traditionaliste.[59] Les idées néonationa-

56 Pierre Elliott TRUDEAU, «La province de Québec au moment de la grève», *in:* Pierre Elliott TRUDEAU (dir.), *La grève de l'amiante. Une étape de la révolution industrielle au Québec,* Montréal, Editions Cité libre, 1956, pp. 35, 36.

57 *Ibid.,* p. 37.

58 *Ibid.,* p. 69.

59 Les néonationalistes rejoignent les citélibristes en ce sens qu'ils constatent que les Canadiens français vivent dans une situation d'infériorité économique qui les a condamnés à évoluer en marge des forces de la modernisation sociale, économique et

listes sont en partie distillées dans des organes longuement associés au traditionalisme canadien-français, dont *L'Action nationale,* qui connaît d'importants tiraillements idéologiques après la guerre. Mais c'est sans doute dans les travaux des chercheurs rattachés l'Ecole historique de Montréal (Michel Brunet, Guy Frégault et Maurice Séguin, qui ont tous trois été disciples de Lionel Groulx), qu'on les retrouve dans toute leur clarté, du moins pendant les années 1950. Dans un texte qui a fait date, intitulé «Trois dominantes de la pensée canadienne-française: l'agriculturisme, l'anti-étatisme et le messianisme», l'historien Michel Brunet y va d'une critique tout aussi cinglante que celle de Trudeau du corporatisme canadien-français:

> De génération en génération, les principaux porte-parole de la société canadienne-française ont toujours cherché à restreindre l'autorité du gouvernement québécois. Ils ont même rêvé de le remplacer par des corps intermédiaires et par des organismes bénévoles sans prestige, sans ressources et impotents. Ils ont préconisé des plans chimériques d'organisation sociale dont le principal but était finalement de réduire l'Etat canadien-français à l'impuissance. [...] Sauf en colonisation agricole et en agriculture – et même ici plusieurs songèrent à supplanter l'Etat par la Corporation de l'Agriculture – économistes, sociologues et théoriciens politiques enseignèrent que l'Etat provincial devait demeurer inactif et s'en remettre aux autres pour donner à la société canadienne-française les cadres nécessaires à sa survie et à son développement. Résultat: la nation canadienne-française a été abandonnée à elle-même.[60]

Les intellectuels des années 1950 comprennent, parfois mieux que certains de leurs successeurs, que le corporatisme canadien-français n'a rien d'étatique. C'est justement l'anti-étatisme de la pensée sociale et économique canadienne-française, réduit à une forme d'apolitisme, qu'ils déplorent. L'Etat-providence représente donc, à leurs yeux, la voie royale vers la modernité, la justice redistributive et la démocratie, qu'il s'agisse d'en précipiter l'avènement à Québec, comme le préconisent les néo-nationalistes, ou encore de faire accepter aux Canadiens français l'Etat-providence canadien, comme le revendiquent, à l'inverse, les citélibristes regroupés autour de Trudeau.

---

politique. A la différence des citélibristes, toutefois, ils imputent le phénomène à l'inégalité du rapport de forces qui unit les deux communautés nationales du Canada, française et anglaise, laquelle inégalité découlerait directement, selon certains d'entre eux, de la Conquête britannique de la Nouvelle-France en 1763. Depuis deux siècles, les effets déstructurants de la Conquête, qui n'ont jamais cessé de se faire sentir, ont permis à l'élite traditionaliste de se maintenir dans une position d'hégémonie idéologique au Canada français et de cautionner, ce faisant, la domination politique et économique étrangère, c'est-à-dire anglo-saxonne.

60 Michel BRUNET, «Trois dominantes de la pensée canadienne-française: l'agriculturisme, l'anti-étatisme et le messianisme», *in: La présence anglaise et les Canadiens,* Montréal, Beauchemin, 1958, pp. 143-144.

Le dernier souffle du corporatisme

Après la guerre, le corporatisme social connaît un déclin certain, ce qui ne signifie pas pour autant que ses promoteurs gardent le silence. Toujours actif, Esdras Minville est relayé par ses disciples, en particulier par François-Albert Angers et Richard Arès. Le premier, économiste comme son maître, suivra ses traces en enseignant à l'Ecole des hautes études commerciales de Montréal et en présidant la Ligue d'action nationale.[61] Le second, jésuite et professeur de collège, succèdera à Joseph-Papin Archambault, à qui il est étroitement lié, à la direction des Semaines sociales de l'Ecole sociale populaire.[62] Ensemble, ils tenteront, en vain, de revigorer le corporatisme devant l'anti-traditionalisme des citélibristes et des néo-nationalistes. Dans un long commentaire sur l'œuvre naissante de *Cité libre,* Angers se porte à la défense des penseurs du corporatisme en refusant de les accuser de ne pas avoir été socialistes:

> Pour pouvoir condamner ainsi le corporatisme parce qu'il ne détruit pas le capitalisme, il faut ou bien être complètement irresponsable et chercher à détruire sans savoir quoi mettre à la place, ou bien avoir en tête qu'il existe déjà un système qui, en fonction «d'une économie politique et d'une sociologie objective», [a] réussi à réconcilier ces intérêts en le détruisant.[63]

S'agissant cette fois de Michel Brunet, Angers écrira plus tard, en ridiculisant le «brunetisme», que sa vision de l'histoire du Canada français est «méconnaissable, démoralisante [et] caricaturale»,[64] critique qui n'est pas sans rappeler celle que destine Lionel Groulx, au même moment, à son ancien disciple.[65] Ce «sursaut» du corporatisme canadien-français des années 1950 est aussi l'œuvre de Marcel Clément, professeur de sciences sociales à l'Université Laval, puis à l'Université de Montréal, et grand défenseur de la doctrine sociale de l'Eglise, qui tentera de redonner du lustre à la façade du corporatisme en publiant coup sur coup plusieurs livres et articles, notamment dans les pages de l'Institut social populaire qui succède à l'Ecole sociale populaire.[66]

61 Pascale RYAN, *Penser la nation, op. cit.;* Xavier GÉLINAS, *La droite intellectuelle québécoise et la Révolution tranquille,* Québec, Presses de l'Université Laval, 2007.

62 Pierre TRÉPANIER, «Richard Arès», *loc. cit.,* pp. 167-198.

63 François-Albert ANGERS, «Mais ils n'étaient pas socialistes», *in: L'Action nationale,* mai 1958, pp. 577-578.

64 François-Albert ANGERS, «Le ‹brunetisme› et la déformation de l'histoire», *in: L'Action nationale,* avril 1959, p. 332.

65 Michel BOCK, *Quand la nation débordait les frontières, op. cit.,* pp. 358-368.

66 *Cf.,* entre autres: Marcel CLÉMENT, *Sciences sociales et catholicisme,* Montréal, Institut social populaire-Editions Bellarmin, 1949; Marcel CLÉMENT, *Introduction à la doctrine sociale catholique,* Paris, Fides, 1951; Marcel CLÉMENT, Richard ARÈS, *Vers la Corporation Agricole,* Sherbrooke, N. Ponton, 1951. *Cf.* aussi Michèle

Le dernier souffle du corporatisme au Canada français est sans doute poussé au moment des travaux de la Commission royale d'enquête sur les problèmes constitutionnels que met sur pied le gouvernement de Maurice Duplessis en 1953 pour étudier la légalité des empiètements que l'Etat-providence fédéral, élément moteur d'un nationalisme canadien revigoré et agressif, ne cesse de multiplier depuis la fin de la guerre dans les champs de compétence du Québec. Sous l'impulsion d'Esdras Minville, de François-Albert Angers et de Richard Arès, la Commission produira un rapport volumineux qui ira bien au-delà d'une simple analyse du problème constitutionnel et dans lequel l'historien Dominique Foisy-Geoffroy voit le «testament politique de la pensée traditionaliste canadienne-française».[67] Antilibéralisme, conception culturelle et spiritualiste de la nation, humanisme, subsidiarité, décentralisation, critique du matérialisme, du techno-scientifisme et de l'étatisme, mais acceptation des structures étatiques existantes, tout y est, y compris, bien sûr, le corporatisme, dont l'esprit imprègne le rapport de la Commission bien plus que le terme n'y est pas explicitement mentionné (sans doute en raison de l'odeur de soufre qui l'entoure depuis la fin de la guerre). Le rapport connaîtra cependant «un enterrement de première classe».[68] Duplessis n'en retiendra que la nécessité pour le Québec de repousser l'offensive centralisatrice du gouvernement central, et rejettera les fondements philosophiques et intellectuels du rapport, trop radicaux à ses yeux et trop éloignés de ses propres convictions libérales.

Le document est déposé en 1956. Quatre ans plus tard, sera déclenchée au Québec la Révolution tranquille, qui transformera puissamment la société canadienne-française en précipitant sa laïcisation, le retrait de l'institution ecclésiastique de son organisation sociale et la construction d'un Etat-providence centralisateur et technocratique à l'échelle du Québec qui multipliera les interventions en matière sociale, culturelle, économique et diplomatique. On y verra l'entrée du Québec dans la modernité, thèse longtemps soutenue par les chercheurs et qui continue, encore aujourd'hui, de meubler l'imaginaire d'une bonne partie de la population québécoise. Avec le rejet du traditionalisme canadien-français, on abandonnera également le corporatisme, devenu l'un des symboles d'une droite intellectuelle qui a

---

Savoie, *Essai de «bio-bibliographie» M. Marcel Clément, écrivain, sociologue, journaliste,* Montréal, Ecole de bibliothécaire de l'Université de Montréal, 1953.

67 Dominique FOISY-GEOFFROY, «Le Rapport de la Commission Tremblay (1953-1956), testament politique de la pensée traditionaliste canadienne-française», *in: Revue d'histoire de l'Amérique française,* vol. 60, N° 3, 2007, pp. 257-294.

68 *Ibid.,* p. 260. *Cf.* également Dominique FOISY-GEOFFROY, «Les idées politiques des intellectuels traditionnalistes canadiens-français (1940-1960)», thèse de doctorat, département d'histoire, Université Laval, 2008.

perdu le monopole de la réflexion sur la question nationale et que la Révolution tranquille a largement chassée de l'espace public québécois.[69]

Conclusion

Catholique, nationaliste canadien-français, autonomiste mais non indépendantiste, le corporatisme groulxiste, minvillien et de l'Ecole sociale populaire s'est articulé et mû dans une mer de contraintes, à commencer par l'ordre fédératif pouvant toujours étendre ses champs de juridiction et diminuer ainsi le pouvoir de la province de Québec. En résumé, toujours potentiellement menacés, désireux toutefois de voir croître l'autonomie et la richesse de la nation canadienne-française, et soucieux, malgré tout, de conserver une place dans la Confédération canadienne avec sa politique et son parlementarisme britannique, les idéologues du corporatisme social ont dû penser la question canadienne-française avec plusieurs variables en tête. Si l'on prend en compte cette arrière-scène nationaliste canadienne-française, on aperçoit mieux la spécificité du corporatisme d'association au Canada français. Et on comprend subitement un peu mieux pourquoi on insistait tant sur la mise en œuvre d'un programme de Restauration, œuvre de reconquête des territoires spirituels et matériels perdus. Le corporatisme d'association canadien-français cherchait en un sens à se fondre dans l'ordre colonial existant afin de profiter au maximum des interstices de liberté (des champs de juridiction provinciale) laissés en friche par le Conquérant britannique. Ainsi, le corporatisme volontariste, spiritualiste et associatif des nationalistes traditionalistes s'offrait tel un cheval de Troie cherchant à envahir ultimement le politique par la conquête en douce de l'économique ravigotée par le bien commun catholique.

Cet espoir de Restauration, économique, nationale et catholique, proposée principalement par les Groulx, Archambault, Minville, Arès et Angers durant les années 1930-1940, s'inscrit en quelque sorte dans le temps long de l'histoire du Canada français. Il peut être considéré comme une réponse au type particulier de colonisation préconisé par les Britanniques, ayant soustrait aux provinces (dont le Québec) les principaux leviers économiques.[70] Le

69 Xavier GÉLINAS, *La droite intellectuelle québécoise et la Révolution tranquille, op. cit.;* E.-Martin MEUNIER et Jean-Philippe WARREN, «De la question sociale à la question nationale», *loc. cit.*

70 *Cf.* notamment Hubert GUINDON, «La Couronne, l'Eglise catholique et le peuple canadien-français ou les racines historiques du nationalisme québécois», *in: Tradition, modernité et aspiration nationale de la société québécoise,* Montréal, Editions Saint-Martin, 1990, pp. 135-154.

corporatisme était donc un des moyens qu'avaient trouvés les nationalistes pour que l'organisation sociale canadienne-française parvienne à englober, en plus des sphères religieuse, sociale et culturelle, la sphère économique. Son échec ne marqua toutefois pas la fin des espoirs de reconquête pensés par les nationalistes canadiens-français et les artisans de l'Ecole des hautes études commerciales. Il prépara en un sens la venue du «modèle québécois»,[71] héritier de son antilibéralisme et d'une part de son nationalisme.[72]

71 *Cf.* Jean-Jacques SIMARD, *La longue marche des technocrates*, Montréal, Editions Saint-Martin, 1978.

72 *Cf.* Sylvie LACOMBE, «Sur le corporatisme», *in:* Gilles GAGNÉ (dir.), *L'anti-libéralisme au Québec au XXe siècle,* Montréal, Nota bene, 2003, pp. 41-51. *Cf.* également Clinton ARCHIBALD, *Un Québec corporatiste?, loc. cit.*

Conclusion

Conclusion

Didier MUSIEDLAK
Université Paris Ouest Nanterre La Défense

L'idée que l'aire francophone aurait disposé d'une matrice commune qui aurait favorisé l'éclosion de la pensée corporative et facilité les échanges internes concernant sa diffusion était séduisante. Elle constituait en réalité l'hypothèse principale de cette rencontre. En allant même plus loin, le thème d'un socle culturel riche, fortifié par la francophonie, qui aurait ainsi pu être à la naissance de l'idée corporative et dans le même temps disposer de remèdes originaux semblait même relever d'une certaine évidence.

Bien des aspects abondaient en faveur de la perception d'une unité, à commencer par le succès du concept de corporatisme qui s'est largement propagé dans l'aire concernée comme réponse potentielle à la crise engendrée par le passage à la société industrielle. Cette image d'une puissance exclusive dotée d'une harmonie liée à la détention d'une culture partagée ne saurait cependant masquer l'existence d'une certaine fragilité qui s'inscrit d'emblée dans une temporalité bien circonscrite qui n'excède pas 1945. Certes, l'usage du terme va perdurer en particulier auprès des traditionnalistes catholiques, notamment français, après cette date. Mais il apparaît, désormais, comme une forme de vestige, un lambeau d'un héritage culturel commun. Il s'inscrit dans le passé mais ne se conjugue plus au présent. Lorsqu'on tente d'en assurer la résurgence dans les années 1950, il peine à reprendre place et ne tarde pas à s'enliser dans des débats stériles qui en rendent son application concrète impossible. De son côté, la droite radicale, manifestement, ne croit plus au succès de la formule corporatiste pour remédier aux défis de la modernité. Et, à cet égard, on peut évoquer une forme de désinvestissement. Le terme semble s'être engourdi, saisi d'une forme d'obsolescence après avoir pourtant connu un véritable engouement durant l'entre-deux-guerres.

Le corporatisme a en effet connu un embrasement durant les années trente. Il semblait en mesure d'apaiser toutes les tensions et apparaissait comme un véritable sésame idéologique, une forme de panacée universelle, notamment en Belgique et au Canada. Le succès de sa diffusion puisait sa source dans le désarroi de l'homme moderne confronté au progrès du matérialisme et du socialisme. Il est, de ce fait, logique de retrouver dans cette aire francophone l'existence d'une culture commune concernant le rejet du libéralisme, la volonté de lutter contre le socialisme, irriguée par la pensée de figures d'autorité connues (René de La Tour du Pin, Charles Maurras), animée par la même exigence en termes de régénération de la société civile. Mais on y perçoit également une détermination identique pour opérer ce redressement au moyen de la société civile et non par le biais de l'Etat, pour lequel s'exprime une certaine méfiance. Il s'agit bien, en fait, de mener une véritable reconquête spirituelle ordonnée autour de l'idée d'un nouvel ordre chrétien revivifié par les encycliques dont l'importance ne saurait être minimisée.

L'existence d'un cycle corporatiste qui s'ouvre avec les années trente est acquise pour cette aire francophone. Bien des éléments concourent à sa formation. Sa naissance tient à l'effet de rebond lié à la dépression. Mais elle renvoie également à l'intensité du combat qui est mené contre le communisme dont la menace semble omniprésente. L'attachement à la culture religieuse demeure essentiel. L'essor du corporatisme est lié à la volonté d'organiser, selon un modèle chrétien, un monde ouvrier qu'on juge en pleine perdition. Et c'est bien cet élément qui irrigue la pensée d'un Louis Salleron dont la culture fait corps avec les doctrines contre-révolutionnaires associées à une pensée catholique et qu'on retrouve, d'ailleurs, en action dans la Corporation paysanne. C'est dans ce contexte que se multiplient un peu partout des expériences menées, aussi bien sur le terrain industriel en France, par Jacques Warnier, ou en Suisse, véritable laboratoire dans lequel se côtoient de multiples groupes d'études, des syndicats chrétiens (Genève) mais aussi de fervents admirateurs de l'expérience fasciste italienne.

La force de cette pensée est telle qu'elle semble avoir acquis la dimension d'un paradigme à la faveur de la crise. Enjeu du débat national, en particulier en Belgique, elle permet de tracer une démarcation entre les forces politiques. Le corporatisme mobilise incontestablement les intellectuels, en particulier les économistes et les juristes, que ce soit en France, en Belgique, en Suisse ou au Canada. La lecture de leurs écrits permet d'apprécier le degré de séduction exercé par les modèles étrangers. Cependant, cet éclat de la pensée corporative ne saurait dissimuler la faiblesse des réalisations concrètes.

Les craintes formulées à l'égard de l'Etat, sur le plan idéologique, se sont en fait transformées en une véritable défiance dès lors qu'il s'est agi de mettre en œuvre les expériences corporatives. L'Etat fasciste italien est apparu comme un repoussoir en raison de la prégnance de la pensée catholique. Certes, l'action de l'Etat n'a pas été totalement évacuée mais a été souvent réaménagée en faveur d'un secteur planifié dont l'importance ne peut menacer l'existence d'un espace public qu'il convient avant tout de préserver (Louis Salleron). L'idée d'une forme de régulation opérée par l'Etat se retrouve ainsi dans la Corporation paysanne, attentive à maintenir les prérogatives de l'Office du blé. L'utopie de créer un système corporatif sans Etat semble même avoir traversé le monde de l'entreprise (Jacques Warnier). Mais la pensée corporative semble n'avoir tiré aucun profit du débat qui s'est instauré à la fin des années trente sur la nécessité d'imposer un arbitrage de l'Etat au moyen des conventions collectives du travail en raison de l'attachement porté à l'autonomie du syndicat.

Sur le plan de l'organisation politique, la pensée corporatiste francophone a également échoué, d'ailleurs un peu pour les mêmes raisons. Là encore, l'hostilité envers l'Etat a en fait condamné des projets dont la cohérence laissait à désirer en termes de représentation politique. Ces derniers n'ont pas manqué, surtout en matière d'ordre fédératif et de décentralisation. Mais même dans ce cadre très délimité, les groupes corporatistes se sont heurtés un peu partout au refus de toute forme de contrôle politique au nom de la préservation de l'autonomie de la société civile. Le régime de Vichy a également été perçu comme un échec dans l'immédiat après-guerre et ce constat n'est pas étranger à l'évolution du traditionalisme vers la technocratie qui témoigne de l'épuisement idéologique de la veine corporative francophone.

La rencontre a ainsi permis de confirmer que le corporatisme avait bien trouvé dans le monde francophone une terre de prédilection pour son épanouissement idéologique. Dans le même temps, l'idée que le phénomène corporatiste était unifié par une prétendue appartenance à une culture commune a dû être écartée. Certes, l'échange a permis de mettre en relief la toute-puissance de la culture religieuse dans le registre de la matrice et de la fermentation doctrinale. Mais la rencontre a été l'occasion d'assigner des bornes à l'expansion du phénomène corporatiste hors de l'aire francophone en dissipant l'idée d'une éventuelle confusion entre aire francophone et aire latine.

L'aire étudiée, en effet, ne saurait se confondre avec l'aire latine qui, de son côté, a connu un champ d'expérimentations plus vastes en faisant de l'Etat l'agent principal de la transformation. La même culture semble présente. A la base, il y a incontestablement une forme de ressentiment contre la modernité qui est accusée d'avoir désagrégé une société harmonieuse et équilibrée. La corporation y est vue comme une sorte d'antidote avec le principe de la coopération et celui d'une organisation reposant sur un pouvoir de réglementation et de protection. L'œuvre entreprise par les catholiques sociaux, qui regroupent des ecclésiastiques comme des laïcs soucieux de restaurer un ordre social-chrétien accordant une autonomie aux groupes sociaux par rapport à l'Etat, existe dans toute l'Europe. L'influence de La Tour du Pin et de Maurras y est déterminante dans de nombreux pays latins. On relève notamment l'ascendant de cette culture à travers la diffusion de l'intégralisme dans les Etats monarchiques du Sud de l'Europe (Espagne, Portugal) mais aussi outre atlantique, au Brésil et en Argentine. Mais on y décèle également, et c'est là une différence notoire par rapport à l'aire francophone, une présence plus active d'une culture subversive véhiculée par ceux qui voient dans la corporation un instrument révolutionnaire conçu dans la perspective des syndicalistes révolutionnaires ou des partisans d'un Etat fort.

Ces disparités sont encore plus manifestes sur le terrain de la mise en œuvre du corporatisme. Même si l'expérience fasciste italienne a été incontestablement mythifiée, elle a séduit, à des degrés divers, l'Espagne franquiste et le Portugal de Salazar dans une perspective autoritaire et à des fins d'encadrement des masses. Comme le rappelait Gaetano Salvemini en 1935, on voyait accourir de tous les coins du monde des intellectuels, des journalistes, fascinés par cette nouvelle création qui suscitait l'admiration et même une certaine dévotion comme celle des pèlerins se rendant à La Mecque. C'est cependant de l'autre côté de l'Atlantique que le clivage entre aire latine et francophone apparaît le plus net. Dans ces sociétés nouvelles en construction, le corporatisme a joué un rôle déterminant, notamment dans le projet politique et social des sociétés brésilienne et argentine confrontées à la crise des années trente. Il y est devenu un instrument de la modernisation dans le creuset du populisme avec un chef disposant de l'autorité suffisante pour imposer aux classes dirigeantes des solutions en vue de transcender les frontières entre les classes sociales et surmonter le clivage monde rural-monde urbain. Cette originalité permet de comprendre pourquoi le corporatisme ne se confondit pas avec un type de régime politique donné dans l'aire sud-américaine, en l'occurrence avec la dictature, et sut se conjuguer ensuite, bien après 1945, avec la démocratie. Le corporatisme a offert ainsi, notamment à l'Argentine et au Brésil, la possibilité de repenser l'ensemble de la question économique et sociale, ce qui fut loin d'être le cas dans l'aire francophone.

L'aire culturelle latine s'est en conséquence avérée plus féconde et plus riche sur le plan des expériences corporatistes. Et en ce domaine, ce n'est pas la vieille Europe qui l'a emporté mais l'aire sud-américaine qui est parvenue à infléchir le concept en le mettant au service de la modernité. Ainsi, de façon inattendue, malgré l'intensité du débat idéologique, l'apport de l'aire francophone au corporatisme semble avoir été moindre en raison d'une culture essentiellement défensive de l'ordre social et politique qui permet de mieux comprendre la faiblesse de ses réalisations.

Résumés

Résumés

Corinne Bonafoux

Les thèses corporatistes connaissent un grand succès dans les années trente parmi de nombreux catholiques français. Le corporatisme est l'objet d'étude des Semaines sociales de 1935, il irrigue la presse de la Fédération nationale catholique. Ce corporatisme a une triple origine, les représentations des corporations au Moyen Age, les théories des catholiques sociaux du XIXe et l'enseignement pontifical à travers les encycliques de *Rerum novarum* ou *Quadragesimmo anno.* Ces trois apports ne sont pas d'égale importance, ce sont surtout les théories des grands catholiques sociaux du XIXe siècle qui inspirent le corporatisme catholique des années trente, borné par son double refus du libéralisme et du socialisme ou même du planisme.

Les propagandistes catholiques de l'idée corporatiste voient en général deux types d'intérêt à ce mode d'organisation de la société. D'une part, le corporatisme permet de résoudre la crise économique en réglementant la production, de sortir de la régulation par la loi de l'offre et de la demande; d'autre part, il permet d'instaurer des rapports plus humains dans le travail qui reposent sur la collaboration des classes et non leur affrontement. Dans la sphère catholique, Georges Coquelle-Viance apparaît comme le théoricien et le propagandiste le plus prolixe. Catholique social, disciple de La Tour du Pin et d'Albert de Mun, il fut pendant douze ans, à *La Croix,* sous le nom de Georges Viance, un des principaux collaborateurs de la «Page sociale hebdomadaire». Il publia assez souvent des articles dans *La Vie intellectuelle.* Il organise à la Fédération nationale catholique des journées d'études à ce sujet et crée même, avec Paul Chanson, une Association pour la restauration de la corporation française dont il dirige et soutient de ses deniers personnels le bulletin mensuel *Libertés corporatives:* Paul Chanson et Georges Viance espèrent susciter des «centres d'action» sur tout le territoire. En 1936, Georges Viance consacre à la *Restauration corporative de la nation française* un ouvrage de près de 300 pages, sans compter les multiples brochures qu'il publie. Paul Chanson et Georges Viance sont représentatifs de l'approche économique et sociale d'une large part de l'opinion, la question économique est vue à travers un prisme moral et politique. D'un point de vue politique, le corporatisme résulte du refus de l'individualisme et du libéralisme au sens politique, tout autant que de celui de la lutte des classes. Pour Georges Viance le corporatisme débouche sur une réforme de l'Etat: «On admet que notre anarchie parlementaire doit prendre fin, l'autorité politique relevée et libérée... La restauration française sera donc totale, politique et économique, conforme, à notre sens, dans les grandes lignes, aux vérités accumulées par La Tour du Pin, qui n'écrivait pas pour son temps mais pour le nôtre.»

C'est notamment cette filiation à La Tour du Pin que cette communication prend pour tâche de préciser et d'expliciter.

Alain Chatriot

La signification du terme corporatiste pour le monde agricole français au XXe siècle fait question. La fluidité de la notion est bien connue. Si l'épisode de la Corporation paysanne mise en place par le régime du maréchal Pétain est au cœur du sujet, les interventions de l'Etat en faveur de l'agriculture sont une constante depuis la fin du XIXe siècle. Elles ont cependant connu des mutations après la Première Guerre mondiale, l'Etat ne pouvant plus être seulement un gardien des frontières à coup de tarifs douaniers. La déstabilisation du marché du blé pose, dès lors, des nouvelles questions qui mobilisent de nombreux acteurs et cette dynamique est à l'arrière plan du débat des années trente sur le corporatisme. Durant la Seconde Guerre mondiale, de même, les contraintes du ravitaillement sont des enjeux majeurs pour comprendre le devenir des institutions en charge de l'agriculture. Plutôt que de compiler les déclarations corporatistes concernant le monde agricole, il semble plus efficace, pour saisir les enjeux de la corporation paysanne, de revenir d'abord sur les transformations du syndicalisme agricole durant l'entre-deux-guerres, avant de dresser un portrait contrasté de l'expérience vichyste entre corporatisme et étatisme. C'est à la lumière de ces deux étapes que l'on peut appréhender la mise en place d'une quasi cogestion après le second conflit mondial.

Guillaume Gros

Auteur d'une thèse de droit soutenue en 1937, *L'évolution de l'agriculture française, du régime foncier au régime corporatif,* Louis Salleron (1905-1989), a été un théoricien du corporatisme agricole dès le milieu des années trente. Doctrinaire, il est aussi un syndicaliste influent à l'Union nationale des syndicats agricoles (UNSA) tout en collaborant, à partir de 1935, à l'Institut d'études corporatives et sociales (IECS). Ce qui le conduit à jouer un rôle de premier plan dans la mise en œuvre de la Corporation paysanne sous Vichy.

Eternel partisan d'une «troisième voie», entre libéralisme et socialisme, proche des réseaux du comte de Paris, cet intellectuel de droite oriente ses travaux vers une apologie de la propriété cherchant une finalité pratique avec *Réflexions sur le régime à naître* (1944) ou dans *Six études sur la propriété collective* (Le Portulan, 1947) dans une perspective catholique (*Les catholiques et le capitalisme,* 1951). Il poursuit son sillon, entre autres, à la revue *Fédération* dont il devient la cheville ouvrière tout en collaborant à de nombreuses autres publications d'inspiration monarchiste et/ou catholique dont *La France catholique, La Nation française* ou *Itinéraires*. Professeur d'économie à l'Institut d'études catholiques de Paris, fin connaisseur du monde de l'entreprise (*Autorité et commandement dans l'entreprise,* 1960) Louis Salleron, ancre sa réflexion corporative, dans une démarche très pragmatique à l'instar des conférences qu'il anime au Centre d'études politiques, économiques et civiques (CEPEC), fondé en 1954.

Olivier Dard

En 1984, un ouvrage de 160 pages intitulé *Droite et démocratie économique* présentait la «doctrine économique et sociale» du Front national. Il sonnait le glas du corporatisme explicitement rejeté, en particulier dans ses applications ibériques, nommément citées. A l'heure où le Front national a effectué sa première grande percée électorale à l'occasion des élections européennes, cet enterrement du corporatisme peut être considéré comme la fin d'un cycle entamé avec l'émergence des ligues nationalistes auquel le corporatisme servait de soubassement doctrinal en matière économique et sociale. La fin de cette histoire, après le second conflit mondial et l'effondrement de l'Etat français qui a été, entre autres choses, une «expérience corporative», n'a jamais été traitée.

A la Libération, les droites nationalistes sont très affaiblies et le corporatisme comme ses soutiens sont également chancelants. La cause corporatiste n'est cependant pas complètement moribonde et ses promoteurs nationalistes cherchent, au cours des décennies suivantes, un moyen pour rebondir. Ce sont ces tentatives qu'il s'agit d'examiner dans le cadre de cette contribution qui entend explorer un processus marqué à la fois par une forme de rétraction de l'audience du corporatisme et un élargissement et un renouvellement de ses horizons puisque, sous l'égide d'un catholicisme traditionaliste en expansion, l'influence conjuguée du salazarisme et la recherche de solutions pour l'Algérie française remettent le corporatisme au goût du jour au tournant des années 1960. L'effondrement de l'Algérie française et l'avènement d'un nationalisme révolutionnaire soucieux d'explorer, contre le corporatisme, d'autres voies en matière économique et sociale battent en brèche cette résurgence qui sombre définitivement au cours des années 1970.

Régis Boulat

Né en 1901 dans une famille de lainiers catholiques de Reims, Jacques Warnier s'intéresse progressivement aux problèmes économiques, politiques et sociaux de la cité. Fondateur, en 1934, de l'Alliance corporative des industries textiles de Reims et de la région, il participe également, en 1936, dans le cadre de la réorganisation du patronat français, à la fondation du Comité central de l'organisation professionnelle (CCOP) comme à celle du Centre des jeunes patrons (CJP). Pendant la guerre, tout en restant fidèle à son idéal corporatiste, l'aspect modernisateur de Warnier l'emporte sur son aspect réactionnaire puisqu'il est à l'origine de l'Office des comités sociaux. Homme de réseaux, il exerce enfin, après-guerre, une influence importante au sein du patronat français *via* le Centre de recherche des chefs d'entreprises (CRC). En retraçant l'itinéraire de Jacques Warnier, à la fois praticien et théoricien du corporatisme, des années trente aux années cinquante, cette communication souhaite, d'abord, voir comment un jeune patron peu passionné par le monde de l'entreprise en vient à s'intéresser à la question sociale, à réfléchir à son rôle de chrétien et de chef et à jouer une part active dans les premières réalisations corporatives tant à Reims (AC, ...) qu'à Paris (CCOP)? Il s'agit, ensuite, de revenir brièvement sur son rôle dans la vie tourmentée de l'OCS, seul organisme de la Charte ayant fonctionné à avoir réussi son action, avant d'aborder, enfin, la phase d'après-guerre au cours de laquelle, grâce au CRC, dans un contexte de politique d'accroissement de la productivité et de pacification sociale, Warnier contribue, une dernière fois, à «l'organisation» du patronat français.

Hans-Ulrich Jost

L'avènement et le développement des concepts corporatistes dans la Suisse du XXe siècle furent largement influencés par les grands pays voisins: la France, l'Italie, l'Autriche et l'Allemagne. Il s'agit d'un processus très complexe, dans le sens où la structure compartimentée et fédéraliste du pays contrariait non seulement l'appropriation de l'une ou l'autre théorie étrangère, mais barrait la route à l'élaboration d'un projet autochtone cohérent. Modelé selon la spécificité de la région, de la langue, de la religion et de la tradition politique locale, le corporatisme helvétique restera donc très éclaté et privé d'un concept susceptible d'englober l'ensemble des projets mis en œuvre par ses différents courants.

Ainsi Fribourg se distingue, notamment depuis la rédaction de l'encyclique *Rerum Novarum,* comme un centre de réflexion et d'action important où la doctrine sociale catholique s'est largement imposée et où comptent les initiatives prises en cette matière par l'abbé Savoy. A Genève, cité de Calvin et de la finance, l'idée corporatiste, importée en partie de Fribourg, doit s'arranger avec le mouvement fasciste virulent du publiciste Georges Oltramare. A Lausanne, prédomine plutôt un amalgame entre la pensée maurassienne introduite par la Ligue vaudoise, et le fascisme italien présent à l'université par le truchement du professeur Pasquale Boninsegni. Quant à la Suisse alémanique, une extrême droite se réfère à l'Allemagne nazie, tandis que des courants proches des partis bourgeois tentent de construire un modèle corporatiste «utilitariste», c'est-à-dire qui incorpore les associations économiques et les institutions étatiques existantes.

Tenant compte de cette situation, cette contribution propose d'illustrer, par l'examen de ces quelques lieux forts, la pensée, les réseaux et les promoteurs des courants les plus représentatifs du corporatisme tel qu'il émerge à la fin du XIXe siècle, se développe ou se répercute dans le monde politique helvétique au cours de l'entre-deux-guerres. De cette démarche devrait découler un éclairage sur les raisons qui entravèrent, en fin de compte, l'instauration du corporatisme en Suisse.

Dirk Luyten

La Belgique, pays de tradition catholique, était un des pays où le corporatisme était proposé pour résoudre la crise économique et politique des années trente. Le corporatisme était au centre d'un débat politique et idéologique, dans lequel les modèles étrangers du corporatisme jouaient un rôle important. Ces modèles pouvaient servir d'exemple ou de source d'inspiration, mais aussi de contre-exemple, en particulier pour ce qui concerne les corporatismes autoritaires où fascistes.

Le corporatisme autoritaire ou fasciste était utilisé, surtout par les socialistes et les libéraux, pour jeter le discrédit sur les propositions corporatistes issues du monde catholique. Les modèles corporatistes étrangers étaient suivis et discutés dans des revues, livres et brochures et contribuaient positivement ou négativement à construire un «corporatisme belge»: un corporatisme adapté aux spécificités politiques, économiques et sociales belges.

Dans ma contribution, je donne, d'abord, un aperçu des lignes de force du débat sur les modèles corporatistes étrangers, la réception par les différents groupes et acteurs et l'évolution dans le temps. 1936 étant un tournant: le mouvement ouvrier chrétien ne veut pas être associé au fascisme et décide de remplacer le mot corporatisme par organisation professionnelle. Ensuite, j'analyserai les usages des modèles étrangers dans le débat politique et idéologique interne. Pour mieux comprendre la signification de la circulation des modèles corporatistes importés d'autre pays, le concept de transfert politique sera appliqué sur cette circulation d'idées et de modèles.

Francis Balace

Dans la Belgique des années 1930 foisonnent des mouvements concurrents, importants ou confidentiels, qui voient dans le corporatisme non pas un palliatif économique à la crise mais la panacée *politique* censée réformer, par la magie de son seul nom, toutes les tares du parlementarisme et du clientélisme. Tous ces groupes possèdent des *corpus* idéologiques fort identiques, souvent hérités de l'influence de l'Action française en Belgique dans les années 1920: la transformation du régime par l'adoption d'un corporatisme fondé sur la représentation au sein d'un Parlement rénové des intérêts socioprofessionnels et, *ex officio,* des grands corps de Etat pour y casser l'influence de la particratie et préparer l'avènement, dans la droite ligne des principes maurrassiens, d'une monarchie «autoritaire et décentralisée».

Charles Anciaux (1889-1940) haut fonctionnaire au ministère des Finances, réunit les journalistes Stanislas Delhaye et Robert Poulet pour lancer en juillet 1932 le groupe de réflexion Réaction, présidé par le général Octave Neuray, frère de Fernand Neuray, le célèbre fondateur et «patron» du quotidien d'inspiration maurrassienne *La Nation belge*. La petite équipe a des vues tellement «à droite» qu'elles gênent parfois le quotidien lui-même. En avril 1933, elle lance le mensuel *La Revue réactionnaire* qui se définit comme ennemie de «la démocratie parlementaire, avec ses complications fatales et conjuguées: socialisme et ploutocratie. Sous une façade électorale, le règne des clubs et des banques». Au comité de patronage de la rédaction, Maurras, Pierre Gaxotte et surtout Jacques Bainville, déjà bien en cour à *La Nation belge.* Le tirage de la revue oscille entre 300 et 1 000 exemplaires, et son action est soutenue par des sections du groupe Réaction apparues dès 1933 dans des villes du textile, Verviers et Courtrai. Réaction adhère au CLINABEL (Comité de liaison des associations nationalistes belges), plaque tournante entre Légion nationale (LN), Action Civique, Amis de la nation belge, et diverses ligues. Après avoir publié comme dernier numéro le copieux projet de constitution rédigé par Anciaux, *La Revue réactionnaire* se saborde en avril 1935 pour renaître, dès octobre, sous un nouveau nom, *Revue de l'Ordre Corporatif, alias ROC.* L'équipe dirigeante s'était aperçue que tout le monde (y compris la gauche, les parlementaires, les syndicats) est au fond devenu «réactionnaire» parce qu'attaché aux acquis obtenus et que la vraie «révolution» se trouve désormais à droite. Il y faut une petite dose d'«air du temps», non pas le fascisme mais un «régime d'autorité, de solidarité et de travail» basé sur l'héritage chrétien et la famille. Une nouvelle recrue, l'architecte Ivan Renchon, beau-frère de Georges Simenon, avait créé, de son côté, en juin 1935 des Cercles La Tour du Pin dont les militants sont plus jeunes – trente ans environ – que ceux de *La Revue réactionnaire:* Pierre Waucquez, les frères de Radiguès de Chenevière. La *ROC* est donc le résultat de la fusion des Cercles La Tour du Pin et des groupes Réaction qui, là où ils existaient adoptent ce nouveau nom. Fin juin 1936, alors que, déçus, ils boudent Degrelle et l'aventure rexiste qui vont faire échouer leur *brain-child,* le Front unique corporatif, la *ROC* lance l'Institut belge d'études corporatives qui remplace un peu le CLINABEL comme plaque tournante entre les cercles, la LN, les Croix-de-feu, les feuilles *Va Partout, L'Ordre social, Burgerstrijd-Action civique,* etc. L'Institut est une émanation de la *ROC*, a droit à y publier une tribune régulière, la *ROC* se définit comme son organe officiel.

Les Cercles La Tour du Pin essayent parallèlement d'infiltrer les Congrès catholiques de Malines et les Journées sociales de la Sarte. Dans la foulée, apparaît en janvier 1937 l'Union corporative des classes moyennes présidée par le prince Frédéric de Mérode, flanqué d'Anciaux et de Renchon, et dotée d'un hebdomadaire, *L'Ordre nouveau.* Puis, dans une admiration totale pour Léopold III, ce sera la création des Amitiés monarchistes en juin 1938. Avec le retour en grâce de Maurras dans les milieux catholiques belges, Anciaux organise une grande manifestation en son honneur en février 1939, suivie, en juin 1939, d'un hommage solennel à sa propre personne présidé par le général Neuray, cérémonie qui permet de voir combien le haut fonctionnaire est devenu l'idéologue patenté d'un certain traditionalisme catholique et ultra-monarchiste dont le corporatisme *stricto sensu* n'est qu'un aspect.

Martin Meunier, Michel Bock

Le corporatisme canadien-français a puisé à deux grandes sources: le catholicisme social, celui des encycliques, notamment, et le nationalisme traditionaliste. Sans aller jusqu'à le réduire à une simple application à la sphère économique de la logique du groulxisme, force est de constater l'étroitesse des liens qui unissent les principaux intellectuels du corporatisme à l'idéologie de l'abbé Lionel Groulx, celui qui a été le principal maître à penser du mouvement nationaliste canadien-français pendant la première moitié du XXe siècle. Dans le contexte canadien-français des années trente, c'est d'abord le corporatisme social (aussi dit corporatisme d'association) qui sera retenu par les penseurs nationalistes de l'époque. Plusieurs d'entre eux y voient le seul recours possible contre le désordre social engendré par la dérive du capitalisme et du libéralisme, et l'unique rempart contre la menace des totalitarismes communiste et fasciste. Ils y voient aussi un moyen prometteur pour accroître la place de la nation canadienne-française au sein d'une économie dominée par l'élite canadienne-anglaise.

Cet article se veut une introduction au corporatisme de l'Ecole sociale populaire et à celui de l'économiste Esdras Minville, professeur à l'Ecole des hautes études commerciales de Montréal et président de la Ligue d'action nationale. Leur corporatisme trouvera bien quelques appuis dans la sphère politique, mais bien peu dans l'ensemble. La guerre et ses suites donneront le coup de grâce au corporatisme, alors qu'une nouvelle génération d'intellectuels l'assimilera à une idéologie réactionnaire et à l'ensemble des facteurs qui auraient conduit, historiquement, à l'infériorité économique des Canadiens français et à leur incapacité à entrer de plain-pied dans la modernité. La Révolution tranquille des années 1960 achèvera de discréditer le corporatisme qui sera sacrifié sur l'autel de l'Etat-providence et oublié dans les méandres de l'histoire du Canada français.

Abstracts

Abstracts

Corinne Bonafoux

Corporatism is a great success in the 1930's among Catholics. Indeed it updates somehow, in a context of crisis, more ancient analysis from social Catholicism. It is of paramount importance to understand how original this catholic corporatist thought is, and what it owes to thinkers from the 19th century, among which La Tour du Pin appears to be a founding father. The French catholic corporatist thought is quite homogeneous and is relatively independent from foreigner models.

Among the numerous propagandists, Georges Viance (1884-1940) is probably the most important and prolix one. This engineer, practicing Catholic, close to George Valois in the early 1920's, was first in charge of the family organization of social insurance, then editor in chief for the publications of the Fédération nationale catholique, and finally became the theorist of corporatism. He wrote numerous books, leaflets and papers in several medias on this topic.

Alain Chatriot

The significance of the concept corporatism for twentieth century French farmers is complex, given its well-know fluidity. If the episode of the Farmers Corporation instituted by the Pétain regime represents a watershed in the history of corporatism, the state had nonetheless adopted a large number of agricultural policies since the end of the nineteenth century. To the old problem of unpredictability – bad harvests necessitated imports while more productive years required markets for exports – was added the shock of the First World War, after which the state's agricultural policies were modified in a significant way. The protectionist policies that had favoured French farmers since the late nineteenth century were no longer viable. It became clear that the state could no longer limit its action to tariff regulation. The destabilization of the wheat market raised new questions which mobilized a number of actors, creating a dynamic that constituted the backdrop of the Great Depression debate over agricultural corporatism. During the Second World War, difficulties linked to food shortages played a determining role in the evolution of the new institutions. To understand precisely the Farmers Corporation's issues, it is useful to analyze the mutations of farmers' trade unions during the twenties and thirties, as well as the war-time institutional experiment between corporatism and state control. All this history throws light on the specific form of co-management of agricultural policies between trade unions and the state after 1945.

Guillaume Gros

Author of a thesis in law sustained in 1937 and entitled *L'évolution de l'agriculture française, du régime foncier au régime corporatif,* Louis Salleron (1905-1989) has been a theorist of corporatism farm in the mid-thirties. Doctrinaire, he is also an influent trade unionist at the National Union of Agricultural Unions (UNSA) while working, from 1935 with the Institut d'études corporatives et sociales (IECS). This leads him to play a leading role in the implementation of the peasant Corporation under Vichy.

Eternal advocate of a «third way», between liberalism and socialism, and close to the Comte de Paris, this intellectual of the right wing directs his work towards an apology of the property looking for a practical purpose with *Réflexions sur le régime à naître* (1944) or in *Six études sur la propriété collective* (Le Portulan, 1947) in a catholic perspective (*Les catholiques et le capitalisme,* 1951). He continues his path, among other things, at the review *Fédération* while collaborating with many other monarchist and/or catholic inspired publications with *La France catholique, La Nation française* or *Itinéraires*. Teacher of economics at the Catholic Institute for Studies in Paris, expert in the business world (*Autorité et commandement dans l'entreprise,* 1960) Louis Salleron fixes his corporate thought in a very pragmatic approach like the conferences he leads at the Centre d'études politiques, économiques et civiques (CEPEC), founded in 1954.

Olivier Dard

In 1984, the authors of *Droite et démocratie économique* analyzed the Front national's social and economic doctrine. The publication of their work marked the end of corporatism, especially in its Iberian application. At a time when the Front national achieved its first significant electoral success in the context of the European elections, the burial of corporatist doctrine can perhaps be seen as the end of a cycle that began with the rise of the nationalist leagues for which corporatism represented the ideological foundation in social and economic matters. The way in which this story unfolded after both the 2nd World War and the collapse of the *Etat français,* itself a «corporatist experience», has yet to be studied.

With the *Libération,* right wing nationalists were considerably weakened, along with their corporatist supporters. The cause of corporatism was not completely dead, however, and its nationalist promoters would look for ways to reinvigorate it over the course of the following decades. This article proposes to examine those efforts, and to analyze a process marked not only by the atrophy of the corporatist «grass roots», but also by the broadening of its horizons. With the expansion of traditionalist Catholicism, the combined influence of Salazarism and the search for solutions to the Algerian question would greatly contribute to the renewal of interest for corporatism during the 1960's. However, the collapse of French Algeria and the rise of a revolutionary nationalism that rejected the corporatist solution to economic and social questions would stifle the resurgence of corporatism and condemn it to wither away over the course of the following decade.

Régis Boulat

Born in 1901 into a catholic family of woolmakers in Reims, Jacques Warnier is progressively taking an interest in economical, political and social problems of the city. Founder in 1934 of the Alliance corporative de l'industrie textile de Reims et de sa région, one of the first and successful corporatist union in France, he's also involved after 1936 in the reorganization of French employers, through the Comité central de l'organisation professionnelle (CCOP) and the Centre des jeunes patrons (CJP). During the war, while remaining faithful to his corporatist ideal, his progressive aspect prevails over the reactionary one thanks to the Office des comités sociaux (OCS), only useful body of the Charter. Man of networks, he has, after the war, a major influence on the main French employers via the Centre de recherche des chefs d'entreprises (CRC).

Hans-Ulrich Jost

During the 20th century, Switzerland's neighbors (France, Germany, Austria and Italy) much contributed to the emergence and development of corporatist concepts. This process of diffusion and adoption was all the more complex that the federalist and compartmentalized structure of the country not only thwarted the adoption of theories considered as «foreign», but also hampered the elaboration of a truly homogeneous national project. Shaped by regional, linguistic, religious and local political traditions, Swiss corporatism remained a splintered and incomplete movement, unable to federate under a common project the various initiatives launched by different currents.

After the publication in 1891 of the *Rerum Novarum* encyclic, Fribourg thus distinguished itself as an important center for the discussion and implementation of the Catholic social doctrine, exemplified for example in the works of the abbot Savoy. In Geneva, the city of Calvin but also of international finance, ideas originating from Fribourg were confronted to the virulent fascist movement orchestrated by journalist Georges Oltramare. In

Lausanne still another configuration, based on a blend between ultra-national French Maurrasism adopted by the Ligue vaudoise and Italian fascist tendencies represented by Pasquale Boninsegni at the University of Lausanne, prevailed. In the meantime, most of German-speaking Switzerland was influenced by Nazi Germany. In parallel, members of the bourgeois parties and political elites attempted to build a «utilitarian» corporatist model, which aimed to combine economic associations with existing state institutions.

This contribution surveys the trajectory of these different corporatist currents from their emergence during the late 19th century to their broader diffusion among the Swiss political scene during the Interwar period. It highlights the places where these currents were most influential, as well as their key ideas, networks and protagonists. This overview sets the foundation for a better comprehension of the factors that finally hindered the development of corporatism in Switzerland.

Dirk Luyten

In the 1930's, Belgium experienced an intense political and ideological debate on corporatism, in which the catholic world played a leading role. Those favoring corporatism aimed at a type of corporatism adapted to the specificities of Belgian society and politics. One of the central questions in this debate was the intervention of the state in economic and social life. The authoritarian experiments with corporatism in Italy, Nazi-Germany, Austria and to a lesser extent Portugal were analyzed closely and praised (by the catholic right) or criticized (by socialist and most liberals). Political groups critical of corporatism used the authoritarian corporatist experiments to discredit the projects of pro-corporatist movements in Belgium, while movements favoring a corporatist system compatible with parliamentary democracy as the catholic labor movement, distanced themselves from these authoritarian types of corporatism. The debate on the foreign corporatist experiments was integrated in and became part of the internal national debate on a corporatist model for Belgium.

Francis Balace

Belgium saw in the thirties the birth of many movements, from narrow groups to large professional unions, which found in corporatism more than a remedy to the current economical crisis but some sort of *political* panacea curing the evils of the parliamentary and party system. All these groups had a common background, deriving from the influence exerted in Belgium in the early twenties by the Action française. The magic word of corporatism would allow to bring into Parliament representatives of social and economic interests on one hand, and, on the other, seats would be given *ex officio* to the great bodies of the State (Army, Universities, Courts, etc.), thus ultimately killing the party system and bringing around the advent of a decentralized and authoritarian monarchy, as proposed in Maurras' writings.

Charles Anciaux (1889-1940), an important head of service at the Ministry of Finances, prompted the journalists Stanislas Delhaye and Robert Poulet into launching in July 1932 the group Reaction, presided by the retired General Octave Neuray, brother of Fernand Neuray, the influential director of the rightist daily *La Nation belge.* The four men held such strong rightist views that the newspaper itself felt sometimes uneasy about them. In April 1933, they issued the first number of the monthly *Revue réactionnaire,* a self-proclaimed deadly foe of parliamentary democracy, as it generated the plagues of socialism and plutocracy through manipulations by secret societies and banks. They took care to give symbolic seats in the board of editors to Maurras, Gaxotte and Bainville. The review ran only between 300 and 1 000 issues but was sustained by «Groupes Réaction» organized since 1933 in textile-industry towns as Verviers and Kortrijk. The groups affiliated themselves to CLINABEL, a liaison staff between all Belgian nationalist movements. The *Revue réactionnaire* disappeared after publishing as last issue in April 1935 a complete draft of a new Constitution written by Anciaux but was born again as soon as October as *Revue de l'Ordre Corporatif* or *ROC.* The staff had discovered that «everybody» (including the members of Parliament, the leftist organizations and the trade-unions) was in fact «reactionary» by wanting to preserve the old system, and that the «true revolution» stood on the right of the political spectrum. Thus the current state of society needed something new, not the real brand of Italian fascism, but a mixture of authority, class solidarity, respect to the working forces, all bound together by common Christian heritage and family values. A new recruit, the architect Ivan Renchon, brother-in-law of the novelist Georges Simenon, had started on his own in June 1935 the «Cercles La Tour du Pin» with members such as Pierre Waucquez and the brothers de Radiguès de Chenevière, slightly younger – mainly in their late twenties and thirties – than those of the *Revue réactionnaire*. The new *ROC* was the product of the merging together of groups Réaction and Cercles La Tour du Pin. It was from the start extremely hostile to Degrelle's Rexist Movement as it was a thorn in the side of their own *brain-child* the Front unique corporatif and ultimately accelerated its collapse. *ROC* launched the Institut Belge d'Etudes Corporatives which replaced CLINABEL as liaison between the circles, Corporatist unions, the Légion nationale, the War Veterans Croix-de-feu and publications as *Va Partout, L'Ordre social, La Griffe, Burgerstrijed-Action Civique.* The Institut was the avowed child of the *ROC,* was allowed to publish in good place in it and the *ROC* was proclaimed as its official organ. The Cercles La Tour du Pin tried also to infiltrate the Catholic Congresses held at Malines and the Social Studies Days at La Sarte. In January 1937, they managed to organize, under the leadership of Prince Frédéric de Mérode, a Corporatist Union of Middle-classes with the weekly *L'Ordre nouveau* as mouthpiece. Then, in an atmosphere of fanatical devotion to King Leopold III, the Amitiés monarchistes were created in June 1938 to give an ideological basis to the public affection towards the young King. Maurras, on his way of making his peace with the Catholic Church, was invited in Brussels and celebrated by Anciaux and his friends in hyperbolic terms in February 1939. Anciaux, in turn, was the object of a public and solemn laudation organized by General Neuray in June 1939. The list of attendants allows us to appreciate how much this discreet public servant had managed to become the undisputed intellectual leader – at least among French-speaking nobility and upper-classes- of a form of Catholic and ultra-monarchist traditionalism, which had very little to do with prospective corporatist reforms of the economic life.

Martin Meunier, Michel Bock

French Canadian corporatism drew from two main intellectual sources: social Catholicism, specifically that of the encyclicals, and traditionalist nationalism. Without going so far as to see corporatism as the mere application to the economic sphere of «Groulxist» ideology, the closeness of the relationship between the main corporatist thinkers and the abbot Lionel Groulx, the most influential nationalist intellectual of the first half of the 20th century, is undeniable. In the French Canadian context of the 1930's, social corporatism, as opposed to state corporatism, would heavily influence the nationalists' understanding of the socio-economic woes brought about by the Great Depression. Many of them would see in social corporatism the only solution to the chaos created by the failure of capitalism and liberalism, and the only safeguard against the threat of totalitarianism, whether communist or fascist. Social corporatism also offered itself as a means to increase French Canadians' influence in an economy heavily dominated by the English Canadian elite.

Index

Index

B

D

G

H

I

J

K

L

M

N

O

Q

R

S

T

W

X

Y

Z

Liste des contributeurs

Corinne BONAFOUX, Université de Savoie
corinne.bonafoux@gmail.com

Francis BALACE, Université de Liège
Francis.balace@ulg.ac.be

Michel BOCK, Université d'Ottawa
mbock@uottawa.ca

Régis BOULAT, Université Pierre-Mendès France – Grenoble 2
Regis.Boulat@wanadoo.fr

Alain CHATRIOT, Centre national de la recherche scientifique
Alain.Chatriot@ehess.fr

Olivier DARD, Université Paul Verlaine-Metz, MSH Lorraine
olivierdard@orange.fr

Guillaume GROS, Université de Toulouse 2-Le Mirail
grosg@free.fr

Hans-Ulrich JOST, Université de Lausanne
hans-ulrich.jost@unil.ch

Dirk LUYTEN, Centre d'études et de documentation guerre et sociétés contemporaines, Université de Gand
Dirk.luyten@cegesoma.be

Martin MEUNIER, Université d'Ottawa
mmeunier@uottawa.ca

Didier MUSIEDLAK, Université Paris Ouest Nanterre La Défense
d.musiedlak@libertysurf.fr

Liste des publications de la collection Convergences

Michel Grunewald (éd./Hrsg.) en collaboration avec Helga Abret et Hans Manfred Bock: *Le discours européen dans les revues allemandes (1871-1914) / Der Europadiskurs in den deutschen Zeitschriften (1871-1914).* Berne: Peter Lang (Convergences, vol./Bd. 1) 1996.

Paul Distelbarth: *Das andere Frankreich. Essays zur Gesellschaft, Politikund Kultur Frankreichs und zu den deutsch-französischen Beziehungen 1932 bis 1945.* Eingeleitet und mit Anmerkungen versehen von Hans Manfred Bock. Berne: Peter Lang (Convergences, Bd. 2) 1997.

Michel Grunewald (éd./Hrsg.) en collaboration avec Hans Manfred Bock: *Le discours européen dans les revues allemandes (1918-1933) / Der Europadiskurs in den deutschen Zeitschriften (1918-1933).* Berne: Peter Lang (Convergences, vol./Bd. 3) 1997.

Pierre-André Bois, Roland Krebs et Jean Moes (éds/Hrsg.): *Les lettres françaises dans les revues allemandes du XVIII*[e] *siècle / Die französische Literatur in den deutschen Zeitschriften des 18. Jahrhunderts.* Berne: Peter Lang (Convergences, vol./Bd. 4) 1997.

Catherine Julliard: *Gottsched et l'esthétique théâtrale française: la réception allemande des théories françaises.* Berne: Peter Lang (Convergences, vol. 5) 1998.

Helga Abret et Ilse Nagelschmidt (Hrsg.): *Zwischen Distanz und Nähe. Eine Autorinnengeneration in den 80er Jahren.* Berne: Peter Lang (Convergences, Bd. 6) 1998, 2000.

Michel Grunewald (éd./Hrsg.): *Le problème d'Alsace-Lorraine vu par les périodiques (1871-1914) / Die elsaß-lothringische Frage im Spiegel der Zeitschriften (1871-1914).* Berne: Peter Lang (Convergences, vol./Bd. 7) 1998.

Charles W. Schell et Damien Ehrhardt (éds/Hrsg.): *Karl Ristenpart et l'orchestre de chambre de la Sarre (1953-1967) / Karl Ristenpart und das Saarländische Kammerorchester (1953-1967).* Berne: Peter Lang (Convergences, vol./Bd. 8) 1999.

Frédérique Colombat-Didier: *La situation poétique de Peter Rühmkorf.* Berne: Peter Lang (Convergences, vol. 9) 2000.

Jeanne Benay et Gilbert Ravy (éds/Hrsg.): *Ecritures et langages satiriques en Autriche (1914-1938) / Satire in Österreich (1914-1938).* Berne: Peter Lang (Convergences, vol./Bd. 10) 1999.

Michel Grunewald (éd./Hrsg.) en collaboration avec Hans Manfred Bock: *Le discours européen dans les revues allemandes (1933-1939) / Der Europadiskurs in den deutschen Zeitschriften (1933-1939).* Berne: Peter Lang (Convergences, vol 11) 1999.

Hans Manfred Bock und Ilja Mieck (Hrsg.): *Berlin-Paris (1900-1933) – Begegnungsorte, Wahrnehmungsmuster, Infrastrukturprobleme im Vergleich.* Berne: Peter Lang (Convergences, Bd. 12) 2006.

Pierre-André Bois, Raymond Heitz et Roland Krebs (éds): *Voix conservatrices et réactionnaires dans les périodiques allemands de la Révolution française à la Restauration.* Berne: Peter Lang (Convergences, vol. 13) 1999.

Ilde Gorguet: *Les mouvements pacifistes et la réconciliation franco-allemande dans les années vingt (1919-1931).* Berne: Peter Lang (Convergences, vol. 14) 1999.

Stefan Woltersdorff: *Chronik einer Traumlandschaft: Elsaßmodelle in Prosatexten von René Schickele (1899-1932)*. Berne: Peter Lang (Convergences, Bd. 15) 2000.

Hans-Jürgen Lüsebrink et Jean-Yves Mollier (éds), avec la collaboration de Susanne Greilich: *Presse et événement: journaux, gazettes, almanachs (XVIIIe-XIXe siècles). Actes du colloque international «La perception de l'événement dans la presse de langue allemande et française» (Université de la Sarre, 12-14 mars 1998)*. Berne: Peter Lang (Convergences, vol. 16) 2000.

Michel Grunewald: *Moeller van den Brucks Geschichtsphilosophie: «Ewige Urzeugung», «Ewige Anderswerdung», «Ewige Weitergabe»*. Band I. Michel Grunewald (Hrsg.): *Moeller van den Brucks Geschichtsphilosophie: Rasse und Nation, Meinungen über deutsche Dinge, Der Untergang des Abendlandes. Drei Texte zur Geschichtsphilosophie*. Band II. Berne: Peter Lang (Convergences, Bd. 17) 2001.

Michel Grunewald (éd./Hrsg.) en collaboration avec Hans Manfred Bock: *Le discours européen dans les revues allemandes (1945-1955) / Der Europadiskurs in den deutschen Zeitschriften (1945-1955)*. Berne: Peter Lang (Convergences, vol./Bd. 18) 2001.

Patricia Brons: *Erich Kästner, un écrivain journaliste*. Berne: Peter Lang (Convergences, vol. 19) 2002.

Dominique Lingens: *Hermann Hesse et la musique*. Berne: Peter Lang (Convergences, vol. 20) 2001.

Valérie Chevassus: *Roman original et stratégies de la création littéraire chez Joseph Roth*. Berne: Peter Lang (Convergences, vol. 21) 2002.

Raymond Heitz et Roland Krebs (éd./Hrsg.): *Théâtre et «Publizistik» dans l'espace germanophone au XVIIIe siècle / Theater und Publizistik im deutschen Sprachraum im 18. Jahrhundert*. Berne: Peter Lang (Convergences, vol. 22) 2001.

Jeanne Benay und Gerald Stieg (Hrsg.): *Österreich (1945-2000). Das Land der Satire*. Berne: Peter Lang (Convergences, Bd. 23) 2002.

Michel Grunewald (éd./Hrsg.) en collaboration avec Hans Manfred Bock: *Le milieu intellectuel de gauche en Allemagne, sa presse et ses réseaux (1890-1960) / Das linke Intellektuellenmilieu in Deutschland, seine Presse und seine Netzwerke (1890-1960)*. Berne: Peter Lang (Convergences, vol./Bd. 24) 2002.

Martine Carré: *Les* Elégies de Duino, *tomes 1 et 2. Essai de lecture*. Berne: Peter Lang (Convergences, vol. 25) 2002.

Michel Durand und Volker Neuhaus (Hrsg./éd.): *Die Provinz des Weiblichen. Zum erzählerischen Werk von Clara Viebig / Terroirs au féminin. La province et la femme dans les récits de Clara Viebig*. Berne: Peter Lang (Convergences, Bd./vol. 26) 2004.

Michel Grunewald et Uwe Puschner (éds/Hrsg.) en collaboration avec Hans Manfred Bock: *Le milieu intellectuel conservateur en Allemagne, sa presse et ses réseaux (1890-1960) / Das konservative Intellektuellenmilieu in Deutschland, seine Presse und seine Netzwerke (1890-1960)*. Berne: Peter Lang (Convergences, vol./Bd. 27) 2003.

Christina Stange-Fayos: *Lumières et obscurantisme en Prusse. Le débat autour des édits de religion et de censure (1788-1797)*. Berne: Peter Lang (Convergences, vol. 28) 2003.

Jeanne Benay, Alfred Pfabigan und Anne Saint-Sauveur (Hrsg.): *Österreiche Satire (1933-2000). Exil – Reemigration – Assimilation*. Berne: Peter Lang (Convergences, Bd. 29) 2003.

Régine Battiston-Zuliani (Hrsg./éd.): *Funktion von Natur und Landschaft in der österreichischen Literatur / Nature et paysage: un enjeu autrichien.* Berne: Peter Lang (Convergences, Bd./vol. 30) 2004.

Pierluca Azzaro: *Deutsche Geschichtsdenker um die Jahrhundertwende und ihr Einfluss in Italien. Kurt Breysig, Walther Rathenau, Oswald Spengler.* Berne: Peter Lang (Convergences, Bd. 31) 2005.

Michel Durand: *Michael Georg Conrad à Paris (1878-1882). «Années d'apprentissage» d'un intellectuel critique.* Berne: Peter Lang (Convergences, vol. 32) 2004.

Maurice Godé et Michel Grunewald (éds): *La volonté de comprendre. Hommage à Roland Krebs.* Berne: Peter Lang (Convergences, vol. 33) 2005.

Jeanne Benay und Alfred Pfabigan (Hrsg.): *Hermann Bahr – Für eine andere Moderne. Anhang: Hermann Bahr,* Lenke. *Erzählung (1909) / Korrespondenz von Peter Altenberg an Hermann Bahr (1895-1913) (Erstveröffentlichung).* Berne: Peter Lang (Convergences, Bd. 34) 2004.

Claire Moreau Trichet: *Henri Pichot et l'Allemagne de 1930 à 1945.* Berne: Peter Lang (Convergences, vol. 35) 2004.

Friedrich Albrecht: *Bemühungen. Arbeiten zum Werk von Anna Seghers 1965–2004.* Berne: Peter Lang (Convergences, Bd. 36) 2005.

Anne Feuchter-Feler: *Le drame militaire en Allemagne au XVIIIe siècle. Esthétique et Cité.* Berne: Peter Lang (Convergences, vol. 37) 2005.

Pierre Béhar et Michel Grunewald (éds): *Frontières, transferts, échanges transfrontaliers et interculturels. Actes du XXXVIe Congrès de l'Association des Germanistes de l'Enseignement Supérieur.* Berne: Peter Lang (Convergences, vol. 38) 2005.

Jeanne Benay et Jean-Marc Leveratto (éds): *Culture et histoire des spectacles en Alsace et en Lorraine. De l'annexion à la décentralisation (1871-1946).* Berne: Peter Lang (Convergences, vol. 39) 2005.

Michel Grunewald et Uwe Puschner (éds/Hrsg.) en collaboration avec Hans Manfred Bock: *Le milieu intellectuel catholique en Allemagne, sa presse et ses réseaux (1871-1963) / Das katholische Intellektuellenmilieu in Deutschland, seine Presse und seine Netzwerke (1871-1963).* Berne: Peter Lang (Convergences, vol./Bd. 40) 2006.

Stéphanie Dalbin: *Visions croisées franco-allemandes de la Première Guerre mondiale. Etude de deux quotidiens: la* Metzer Zeitung *et* L'Est Républicain. Berne: Peter Lang (Convergences, vol. 41) 2007.

Raymond Heitz et Roland Krebs (éd./Hrsg.): *Schiller publiciste / Schiller als Publizist.* Berne: Peter Lang (Convergences, vol. 42) 2007.

Stefanie Müller: *Ernst Robert Curtius als journalistischer Autor (1918-1932). Auffassungen über Deutschland und Frankreich im Spiegel seiner publizistischen Tätigkeit.* Berne: Peter Lang (Convergences, Bd. 43) 2008.

Julia Schroda: *Nationaler Anspruch und regionale Identität im Reichsland Elsass-Lothringen im Spiegel des französischsprachigen Elsassromans (1871-1914).* Berne: Peter Lang (Convergences, Bd. 44) 2008.

Jean Schillinger et Philippe Alexandre (éds): *Le Barbare. Images phobiques et réflexions sur l'altérité dans la culture européenne.* Berne: Peter Lang (Convergences, vol. 45) 2008.

Françoise Lartillot und Axel Gellhaus (Hrsg.): *Dokument / Monument. Textvarianz in den verschiedenen Disziplinen der europäischen Germanistik – Akten des 38. Kongresses des französischen Hochschulgermanistikverbandes.* Berne: Peter Lang (Convergences, Bd. 46) 2008.

Michel Grunewald und Uwe Puschner (Hrsg.) in Zusammenarbeit mit Hans Manfred Bock: *Das evangelische Intellektuellenmilieu in Deutschland, seine Presse und seine Netzwerke (1871-1963) / Le milieu intellectuel protestant en Allemagne, sa presse et ses réseaux (1871-1963).* Berne: Peter Lang (Convergences, Bd./vol. 47) 2008.

Sabine Kremser-Dubois: *Dramaturgie de la provocation. Carl Sternheim.* Berne: Peter Lang (Convergences, vol. 48) 2008.

Christian Bank Pedersen: *Le suicide de Don Quichotte. Récits de Franz Kafka.* Berne: Peter Lang (Convergences, vol. 49) 2009.

Olivier Dard et Michel Grunewald (éds): *Charles Maurras et l'étranger – L'étranger et Charles Maurras. L'Action française – culture, politique, société II.* Berne: Peter Lang (Convergences, vol. 50) 2009.

Friedrich Albrecht: *Klaus Mann der Mittler. Studien aus vier Jahrzehnten.* Berne: Peter Lang (Convergences, vol. 51) 2009.

Françoise Lartillot et Axel Gellhaus (éds/Hrsg.): *Années vingt – Années soixante. Réseau du sens – Réseaux des sens / Zwanziger Jahre – Sechziger Jahre. Netzwerk des Sinns – Netzwerke der Sinne.* Berne: Peter Lang (Convergences Bd./vol. 52) 2009.

Didier Musiedlak (éd.): *Les expériences corporatives dans l'aire latine.* Berne: Peter Lang (Convergences, vol. 53) 2010.

Christine Aquatias et Catherine Desbois (Hrsg./éds): *Turbulenzen in Deutschland zu Beginn des 21. Jahrhunderts: Was bleibt von der deutschen wirtschaftlichen Identität? / Allemagne, début XXI*e *siècle: une identité économique en pleine transformation.* Berne: Peter Lang (Convergences Bd./vol. 54) 2010.

Michel Grunewald und Uwe Puschner (Hrsg.): *Krisenwahrnehmungen in Deutschland um 1900. – Zeitschriften als Foren der Umbruchszeit im wilhelminischen Reich / Perceptions de la crise en Allemagne au début du XX*e *siècle. – Les périodiques et la mutation de la société allemande à l'époque wilhelmienne.* Berne: Peter Lang (Convergences Bd./vol. 55) 2010.

Philippe Alexandre et Reiner Marcowitz (éd./Hrsg.): *La revue «Die Hilfe», un laboratoire d'idées en Allemagne, 1894-1944 / Die Zeitschrift «Die Hilfe», ein Ideelabor in Deutschland, 1894-1944.* Berne: Peter Lang (Convergences Bd./vol. 56) 2011.

Olivier Dard et Michel Grunewald (éd.): *Jacques Bainville – Profils et réceptions.* Berne: Peter Lang (Convergences vol. 57) 2010.

Olivier de Lapparent: *Raymond Aron et l'Europe. Itinéraire d'un Européen dans le siècle.* Berne: Peter Lang (Convergences vol. 58) 2010.

Olivier Dard (éd.): *Georges Valois: itinéraire et réceptions.* Berne: Peter Lang (Convergences vol. 59) 2011.

Jean Bonnet: *Dékantations. Fonctions idéologiques du kantisme dans le XIX*e *siècle français.* Berne: Peter Lang (Convergences vol. 60) 2011.

Dorle Merchiers et Gérard Siary (éd./Hrsg.): *Transmission de la mémoire allemande en Europe centrale et orientale depuis 1945 / Spuren deutscher Identität in Mittel- und Osteuropa seit 1945.* Berne: Peter Lang (Convergences vol. 61) 2011.

Olivier Dard, Michel Grunewald, Michel Leymarie et Jean-Michel Wittmann (éds): *Maurice Barrès, la Lorraine, la France et l'étranger.* Berne: Peter Lang (Convergences vol. 62) 2011.

Michel Grunewald, Roland Krebs, Jean Mondot, Roger Sauter (éd.): *Visages de la modernité. Hommage à Maurice Godé.* Berne: Peter Lang (Convergences vol. 63) 2011.

Michel Grunewald, Hans-Jürgen Lüsebrink, Reiner Marcowitz, Uwe Puschner (éd./Hrsg): *France-Allemagne au XXe siècle – La production de savoir sur l'Autre (vol. 1) / Deutschland und Frankreich im 20. Jahrhundert – Akademische Wissensproduktion über das andere Land (Bd. 1)*. Berne: Peter Lang (Convergences Bd./vol. 64) 2011.

Ulrich Pfeil (éd./Hrsg): *Mythes et tabous des relations franco-allemandes au XXe siècle / Mythen und Tabus der deutsch-französischen Beziehungen im 20. Jahrhundert.* Berne: Peter Lang (Convergences vol. 65) 2011.

Olivier Dard (éd.): *Le corporatisme dans l'aire francophone au XXe siècle*. Berne: Peter Lang (Convergences vol. 66) 2011.

Du même auteur

Dans Convergences

Olivier Dard et Michel Grunewald (éds): *Charles Maurras et l'étranger – L'étranger et Charles Maurras. L'Action française – culture, politique, société II.* Berne: Peter Lang (Convergences, vol. 50) 2009.

Olivier Dard et Michel Grunewald (éd.): *Jacques Bainville – Profils et réceptions*. Berne: Peter Lang (Convergences vol. 57) 2010.

Olivier Dard (éd.): *Georges Valois: itinéraire et réceptions*. Berne: Peter Lang (Convergences vol. 59) 2011.

Olivier Dard, Michel Grunewald, Michel Leymarie et Jean-Michel Wittmann (éds): *Maurice Barrès, la Lorraine, la France et l'étranger*. Berne: Peter Lang (Convergences vol. 62) 2011.

Olivier Dard (éd.): *Le corporatisme dans l'aire francophone au XXe siècle*. Berne: Peter Lang (Convergences vol. 66) 2011.

Dans Euroclio

Dard, Olivier / Deschamps, Etienne (dir.): *Les relèves en Europe d'un après-guerre à l'autre. Racines, réseaux, projets et postérités*. Bruxelles: Peter Lang (Euroclio vol. 33) 2005.

Kolibri 360 GmbH
Ferdinand-Jühlke-Straße 7
99095 Erfurt, Deutschland
produktsicherheit@kolibri360.de